MICHAEL JAHNKE

KINDERARBEIT
Kreaktiv

Mit Illustrationen von
Daniel Franke

AUSSAAT

Für Anke, Heinz, Hildegard, Birgit, Ruedi, Corinne, Chris, Carmi, Timo, Daniela, Christopher, Jaqueline, Rebekka, Svetlana, Julia, Sylvia, Oliver, Mischa, Nina, Stefan, Christoph, Christian, Felix, Steffanie, Daniel, Gabriel, Simon, Jakob, Rene Mathias, Johannes, Josefa, Patrick, Anna, Wolfram, Martin, Marius, Michael, Tobias, Katja, Valentina, Andrea, Jenifer, Rambo, Mateos, Binjam und Schwester Hilde Moser

© 1998 Aussaat Verlag,
Verlagsgesellschaft des Erziehungsvereins mbH,
Neukirchen-Vluyn
Titelgestaltung: Hartmut Namislow
Satz: DTP/AUSSAAT
Druck: Breklumer Druckerei Manfred Siegel KG
Printed in Germany
ISBN 3-7615-5003-0
Bestellnummer 155 003

Statt eines Vorworts

Guten Tag!
Dies ist ein Buch über die Arbeit mit Kindern. Da der Titel „Kinderarbeit" im deutschen Sprachgebrauch doppelt besetzt ist (je nachdem in welchen Kreisen man sich bewegt), muss das noch mal gesagt werden: Es geht hier um die Frage, wie die Kirche von heute mit den Kids von heute arbeiten kann. Ist es nicht häufig eine Kirche von gestern, die versucht, mit den Kids von heute zu arbeiten? Und die Aussage „Kirche arbeitet mit Kindern", die ja ein Gefälle beschreibt – ist die nicht auch schon von gestern? Und ist das Heute nicht morgen schon gestern? Fragen über Fragen, und das schon, bevor der Text richtig losgeht!

Was will dieses Buch?
Im theoretischen Teil will dieses Buch eine Perspektive für die Arbeit mit Kindern eröffnen, die das eigene Denken über die Arbeit bereichert, hinterfragt und möglicherweise verändert. Kinder von heute brauchen aufgrund ihrer Lebenssituation Räume in der Kirche, in denen sie Evangelium erleben und Beziehung zu den Mitarbeitenden und zu Christus aufbauen können. Die Bereitstellung solcher Erlebnis- und Beziehungsräume ist Arbeit mit Kindern. Dieser Grundgedanke zieht sich durch das gesamte Buch. Damit geht es in diesem Buch nicht um die Frage, wie die Vermittlung eines biblischen Inhalts um jeden Preis gewährleistet werden kann – und doch geht es um die Frage der Vermittlung eines biblischen Inhalts. Der Ansatz dazu ist ganzheitlich. Das Kind als Ganzes steht im Mittelpunkt des Arbeitsinteresses – und bestimmt die Arbeit gänzlich mit. Mit der Schaffung von Erlebnis- und Beziehungsräumen wird dem Kind der Platz eingeräumt, den es in der Kirche braucht. Ein Raum, in dem es ganz Kind und doch vollwertig und gleichwertig Kirchenmitglied sein kann. In diesem Raum kann Vermittlung im Miteinander gelebt und erlebt werden.
Im praktischen Teil will dieses Buch die eigene Praxis bereichern, ergänzen und verändern. Dazu dienen die Stundenvorschläge ebenso wie die Specials, die Wochenendgestaltung, die Projektideen usw. Im „Markt der Möglichkeiten" findet sich zudem ein ganzer Haufen von Ideen, Methoden und Gestaltungselementen, die für jede Situation, für jede Gruppe und für jedes Alter brauchbar sind. Es finden sich fertige Gestaltungseinheiten zum Sofortgebrauch ebenso wie Anregungen und Ideen, die ausgebrütet und weitergedacht werden wollen. Der erfahrene Mitarbeiter wird ebenso Neues entdecken wie der Mitarbeiter, der gerade in die Arbeit einsteigt.

Was will dieses Buch nicht?
Dieses Buch will kein Verständnis von Kirche grundlegen. Der durchgängig verwendete Begriff „Kirche" meint nicht die institutionelle Kirche, sondern die „Ekklesia" oder die „Kirche als Ereignis", wie Helmut Gollwitzer sie in Unter-

scheidung zur Kircheninstitution nennt. Dem Buch liegt ein Verständnis von Kirche zugrunde, das sich an der Beschreibung der Kirche als Glaubens-, Lebens- und Dienstgemeinschaft orientiert.

Dieses Buch will kein verbindliches Raster für die Gestaltung der Arbeit mit Kindern festlegen. Weder für den großen Rahmen noch für die einzelne Stundengestaltung. Als „Ersatz" schafft dieses Buch einen Rahmen für die Arbeit, der in der konkreten Situation vor Ort mit Hilfe des Buches gefüllt werden kann. Und schließlich will dieses Buch nicht die Arbeit machen. Aber es will die Arbeit bereichern und verändern.

Michael Jahnke

INHALTSVERZEICHNIS

KINDSEIN HEUTE 9
Einführung 9
Schonraum Kindheit 9
– Nutzraum Kindheit 9
- Schonraum – löchrig wie Schweizer Käse 10
– Spielraum Stadt 10
– Medien und Konsum 10
– Kindergarten und Schule 10
Kind und Schule 11
Kind und Familie 13
Kind und Medien 15
Grundkonzept einer Arbeit mit Kindern 16
Kind und Glaube 17
– Glaube? 17
– Glaube ist ein Geschenk 17
– Glaube ist menschliche Aktion 17
– Kind oder Erwachsener im Glauben werden 18
– Macht Kinderglaube gerecht? 18
– Wie Kinder glauben 19
   – Vorschulkind 19
   – Grundschulkind 20
Kind und Gemeinde 21
– Gemeinde als Abbild der Gesellschaft 21
– Die Tradition der Unterweisung 21
– Gehören Kinder zur Gemeinde? 22
– Gemeinde mit Kinderinseln 22
– Vorbildfunktion der Kinder 23
– Kind und Gottesdienst 23
Gemeindliche Arbeit mit Kindern 25

ERLEBNIS- UND BEZIEHUNGSRÄUME SCHAFFEN 26
Special: Mit Kindern spielen 30
Erlebnis- und Beziehungsraum Stundengestaltung 32
– Jesus-Geschichten 34
– Bildergeschichten 53
Special: Feste feiern 70

MARKT DER MÖGLICHKEITEN 73
mit ausführlichem Inhaltsverzeichnis „vor Ort"

Stundengestaltung 79
Arbeit mit Medien 84
Arbeit mit Text 86
Kreatives Gestalten 95

Rätselhafte Elemente ... 102
Erzählen und Zuhören ... 111
Spielerische Elemente ... 115
Darstellen und Theaterspielen ... 131
Special: Tagesgestaltung ... 134

ERLEBNIS- UND BEZIEHUNGSRAUM WOCHENENDFAHRT ... 137
mit ausführlichem Inhaltsverzeichnis „vor Ort"

Ritterwochenende ... 139

ERLEBNIS- UND BEZIEHUNGSRAUM KINDERSPIELWOCHE ... 155
mit ausführlichem Inhaltsverzeichnis „vor Ort"

Indianerwoche ... 157

Alternative Wochenthemen ... 184

Special: Projektarbeit ... 185

ERLEBNIS- UND BEZIEHUNGSRAUM KIRCHE ... 189

Kids in der Kirche ... 190
Gemeinsam singen ... 190
Kreativ für Kids ... 190
Kreativ mit Kids ... 192
Aktionen mit Medien ... 195
Spielerische Elemente ... 196
Sonstige Aktionen ... 198
Theater für Kinder/mit Kindern ... 199
Aktionen für alle ... 199
Anteil nehmen an den Kids ... 201
Special: Elternarbeit ... 203
– Informieren ... 203
– Interessieren ... 204
– Integrieren ... 205

KINDSEIN HEUTE

Einführung
Wenn ich heute mit Kindern arbeiten möchte, dann muss ich wissen, mit wem ich es zu tun habe. Wer sitzt mir da im Sonntagschulraum gegenüber, mit wem fahre ich ins Jungscharlager und welche Knirpse lümmeln sich wöchentlich bei mir in der Kinderstunde rum. Um etwas über Kinder und Kindheit herauszufinden, kann ich die Kinder selbst fragen. In einer guten, intensiven Beziehung zu ihnen werde ich viel erfahren über die Lebensumstände, in denen sie leben. Um die Kinder, mit denen ich zu tun habe, kennenzulernen, komme ich in der heutigen Arbeit mit Kindern nicht um eine intensive Beziehung mit ihnen herum. Ich kann in meiner Erinnerung kramen und mir meine eigene Kindheit ins Gedächtnis rufen. Ist Kindheit heute immer noch so? Hat die Kindheit sich im Vergleich zu früher verändert? Im folgenden soll versucht werden, einige Eckpunkte für das Verstehen von Kindern und den Umgang mit ihnen festzumachen.

Schonraum Kindheit
Was ist Kindheit eigentlich? Kindheit ist, allgemein gedacht, eine Zeitdauer, in der das Kind Zeit hat, Kind zu sein. Diese Sicht von Kindheit ist eine gesellschaftliche Errungenschaft, die noch nicht so lange selbstverständlich ist. So war es im 19. Jahrhundert, im Zeitalter der Industrialisierung, durchaus üblich, Kinder schon sehr früh als Arbeitskräfte zu benutzen. Zeit zum Kindsein blieb da nicht mehr. Bedauerlicherweise ist dies in einigen Ländern heute noch ebenso. In der Zeit davor gab es eine Kindheit im neuzeitlichen Sinne gar nicht. Kinder wurden als kleine Erwachsene angesehen, dementsprechend behandelt und gekleidet. Wenn ihnen nicht der Vorteil einer adeligen Herkunft zukam, stand der Nutzen der kleinen Erwachsenen im Vordergrund des Umgangs mit ihnen. Heutige Kindheit soll einen Schutz vor einer solchen ökonomischen Ausbeutung bieten. Ich denke, dass die Kindheit heute diesen Schutz leistet.

Nutzraum Kindheit
Vor allem aber ist die Kindheit ein pädagogischer Nutzraum. Hier von „Nutzraum" zu sprechen, ist nicht unproblematisch. In dem pädagogischen Raum „Kindheit" sollen sich Kinder entfalten und entwickeln können. Dabei werden sie von den Eltern und von Kindergärtnern/innen, Erziehern/innen und Lehrern/innen begleitet. Und doch fällt es mir schwer, in diesem Zusammenhang ebenfalls von einem „Schonraum" zu sprechen. Mit der zunehmenden Bedeutung, die der Kindheit im historischen Überblick beigemessen wird, wächst auch das Bemühen, diese Zeitspanne erzieherisch zu nutzen. Dem gewachsenen Eigenleben der Kinder steht ein verstärktes erzieherisches Bemühen gegenüber. In diesem Spannungsverhältnis zwischen Erziehung und Eigenleben findet Kindheit heute allgemein statt.

Schonraum – löchrig wie Schweizer Käse!

Mir fällt auf, dass die Familie, die heute oft zwischen Berufs- und Privatleben hin- und hergerissen ist, diesen Raum des Schutzes häufig nicht in ausreichendem Maß zur Verfügung stellen kann. Dies ist auch bedingt durch den häufigen Verlust eines Elternteils. Der eigenständige Bereich „Kindheit" und die damit verbundene Trennung zwischen Kinder- und Erwachsenenwelt wird aber nicht nur hier immer wieder durchbrochen. Über die Medien sind die Kinder mit der Erwachsenenwelt konfrontiert, während sie gleichzeitig von denen, die den Schonraum „Kindheit" sichern wollen (z.B. Kindergarten), von der Erwachsenenwelt ferngehalten werden.

Aber auch aus anderen Blickwinkeln fällt es mir schwer, ohne Einschränkung von einem „Schonraum Kindheit" zu sprechen. Die Entfaltungs- und Entwicklungsmöglichkeiten, die dem Kind in der Kindheit zugestanden werden, werden gleichzeitig von anderen Entwicklungen beschränkt und blockiert.

Spielraum Stadt

Die städtebaulichen Entwicklungen machen den Kindern eine freie Ausbreitung und die Aneignung ihrer Nachbarschaft und ihres Umfeldes vielfach unmöglich. Kinder werden heute in anregungsarme Spielreservate abgedrängt, in denen sie artgerecht spielen können sollen. Das funktioniert nur nicht. Die dementsprechenden Gegenbewegungen der Kinder, seien es Alternativabenteuer in der Großstadt (Autoklau, Crash-kids etc.) oder die spielerische Umdeutung der Gegebenheiten (Skaten in der Fußgängerzone etc.) werden zumeist nicht toleriert und sind überdies noch gefährlich für die Kinder.

Medien und Konsum

Über das Konsumangebot und die Medien werden die Kinder von heute mit einer Eindruckswelt überschüttet, die zwar eine Menge an Reizen mitbringt, aber dennoch überaus erlebnisarm ist. Die Eindruckswelt „Medien" überfordert gleichzeitig die entwicklungsbedingten Möglichkeiten des Kindes. Die Erfahrungen und Eindrücke, die Kinder mit und durch die Medien sammeln, können nur selten umgestaltet und genutzt werden, meistens werden die Eindrücke nur verbraucht.

Kindergarten und Schule

Die Einrichtungen, die das Kind außerhalb der Familie begleiten, nehmen für sich zwar in Anspruch, das Kind schützen und fördern zu können, scheitern aber gleichzeitig an diesem Anspruch. Die „Innenwelt" solcher Einrichtungen ist nur selten tatsächlich kinderfreundlich gestaltet. Zugestanden, hier scheint sich langsam ein Umdenken abzuzeichnen. Es mehren sich die Projekte an Schulen, in denen es um die eigenbestimmte Umgestaltung der Räumlichkeiten geht.

Solche und ähnliche Diskrepanzen, die für den Alltag der Kinder heute üblich sind, müssen immer wieder ausbalanciert werden. Ich glaube, dass die Kinder heute sehr häufig diesen Widerspruch zwischen gesellschaftlich hochgepriesener Kinderfreundlichkeit und alltäglich neu entstehender und nicht zugegebener Kinderfeindlichkeit auszuhalten haben.

Kind und Schule

Der Eintritt in die Grundschule bedeutet für die Kinder einen deutlichen Einschnitt und läutet den Beginn einer neuen Zeitspanne innerhalb der Kindheit ein. Dieser Schuleintritt bedeutet einerseits im Vergleich zum Besuch des Kindergartens eine deutliche Erweiterung des räumlichen und des sozialen Umfeldes. Der Weg zur Schule wird zumeist eigenbestimmt bewältigt, ist also nicht mehr so abhängig von der Elternaufsicht wie der Weg zum Kindergarten. Zudem werden die eigenen Spielräume in zunehmender Entfernung zur Wohnung vielfältiger und selbstverständlicher. Das Wesentliche aber ist, dass die Zeitstruktur der Schule ab sofort die Zeitstruktur des Kinderalltags bestimmt und zwar in einem vergleichsweise einschneidenden Maß. Die Kinder müssen zur Schule gehen und sich an die strikte und deutlich geregelte Organisationsform anpassen. Zugleich bringt die Schule eine neue Struktur in die oben schon angesprochene Spannung zwischen Erziehung und Eigenleben: eine Lebensführung, die sich rational auf die Zukunft hin ausrichtet, muss eingeübt werden. Um es anders zu sagen, die Schule ist auf Vermittlung von Fähigkeiten und Fertigkeiten ausgelegt, die zumeist erst später im Erwachsenenalter ihren Sinn erhalten. Was in der Schule gelernt wird, so lautet immer noch die gängige Meinung, ist für das spätere Leben in der Gesellschaft unverzichtbar. Bemerkenswert ist für mich hier die Prägung, dass das Kind erst noch zu etwas Vollwertigem werden muss, in seiner jetzigen Lebensspanne noch nicht gleichwertiger und gleichberechtigter Teil der Gesellschaft ist. Die Kinder allerdings überblicken diese Ausrichtung auf zukünftige Kompetenz nur selten. Sie erleben aber andererseits, dass sie eingebunden werden in eine ganz neue Maßeinheit: der Lehrplan gibt Stoffmengen und Ziele vor, die in den Zeiteinheiten Unterrichtsstunde und Schuljahr bewältigt werden müssen. Das aktuelle Alltagsleben der Kinder wird mit Eintritt in dieses System fast vollständig diesem Bildungsziel und damit einer Zukunftsvorstellung untergeordnet. Die kindtypische Gegenwartsorientierung verliert hier nicht selten ihre Eigenständigkeit. Vielfach unverständlich für mich ist, dass die Eltern die Einbindung in die Zukunftsorientierung noch massiv unterstützen. Schon in der dritten Grundschulklasse wird spekuliert, ob das Kind wohl geeignet für weiterführende Schulen ist; Eltern stehen unter der Zukunftsspannung, ihr Kind könne angesichts von Bildungs- und Arbeitsplatzkonkurrenz nicht früh genug gefordert und gefördert und auf das spätere (wirkliche) Leben vorbereitet werden. Wenn ich noch dazurechne, dass viele Kinder auch in ihrer Freizeit sorgfältig auf das wahre Leben vorbereitet werden (Flöten, Ballett, Sportverein etc.), d.h. auch ein Großteil ihrer Freizeit in Zeit und Ablauf genormt ist, so kommt unter diesem Blickwinkel eine beachtenswerte Konstellation des Kinderalltags zustande: Die Schule vermittelt eine Zeitnormierung und einen Lerngeschwindigkeitsdruck, die Eltern sind zwiespältig zwischen Verstärkung und Entspannung dieser Anforderung, und die kindliche Freizeit leidet zunehmend an Terminnot und erfordert strategische Organisation. Ich erlebe in der Arbeit mit Kindern, dass angesichts dieser

Zunahme an Leistungsorientierung in Schule und Freizeit die allgemein soziale Komponente auf der Strecke bleibt, die durch die vielfach instabile Familiensituation noch verstärkt wird (siehe unten). Als Folge davon beobachte ich Mangelerscheinungen im Blick auf eine grundlegende Sozialkompetenz: der Gedanke des Miteinanders und der Gruppe scheint vielen Kindern heute fremd zu sein.

Angesichts dieser Entwicklung sollen bewußt Räume für kindliches Eigenleben, freies Spielen und offene Gruppenerlebnisse freigemacht werden, die nicht nur die Freizeitgestaltung, sondern auch den Schulalltag beeinflussen.

Kind und Familie

Die Modernisierung der Lebensverhältnisse hat vor den Familien und den Kindern und damit vor der Kindheit im allgemeinen nicht haltgemacht. Gleichzeitig beeinflußt das Folgeproblem dieser Entwicklung, die Individualisierung, die Kindheit. Waren die früher verläßlichen Familienmuster mit den eindeutigen Partner,- Eltern- und Kindheitsbeziehungen der soziale Nährboden, in dem ein Kind aufwachsen konnte, so haben diese Beziehungsmuster heute ihre Selbstverständlichkeit verloren. Die prägende Kraft, die diesen traditionellen Sozialmilieus innewohnte, ist heute nicht mehr unbefragt vorhanden. So wie sich das jeweilige Verständnis von partnerschaftlicher Beziehung nicht mehr aus dem Vorbild der Elternschaft oder der erlebten Familienzusammengehörigkeit ableitet, so wenig ist ein verbindliches Kindsein in der Familie möglich – die Engführung und Verbindlichkeit der familiären Beziehung hat ihre eindeutige Prägekraft verloren. Die Familie gerät damit auf ihre Weise in den Sog der Individualisierung. Traditionell ist die Familie sozialer Nährboden, geprägt durch die unbezweifelte Sebstverständlichkeit der Generationenhierarchie von Eltern und Kindern. Diese Hierarchie verliert in der heutigen Kindheit ihre Eindeutigkeit. Dies hat Auswirkungen auf das Selbstverständnis einer Kindheit. Kinder heute geben sich eher als Subjekte, die auch neben der klassischen Kinderrolle leben können und sich damit den pädagogischen Anforderungen der Eltern zumindest teilweise entziehen können. Sie fühlen sich in ihrer eigenen Welt, die ihren Platz neben der Welt der Erwachsenen beansprucht. Sie entwickeln den Habitus selbständiger Kunden und Adressaten des Medien-und Konsummarktes (ich denke an die Werbesendungen während des Kinderprogramms am Sonntagmorgen, die genau auf ihre Zielgruppe zugeschnitten sind) und lassen sich damit eben nicht nur auf das vertrösten, was ihnen in den Augen der Erwachsenen erst später zukommt. Die Familien werden heute für die Kinder vermehrt zu Orten der Interessenvertretung und des Interessenausgleichs, weniger zu Orten, in denen Kindheit gelebt und genossen werden kann. Dieser Entwicklung innerhalb der Familien entspricht eine Entwicklung ausserhalb der Familien. Die traditionellen kompakten Kindermilieus, in denen die Wohnung, die Spielorte und die Treffpunkte mit Freunden nah und erreichbar zusammenlagen, haben sich heute teilweise aufgelöst. Es kann von einer „Verinselung" der Lebenswelten gesprochen werden. Das meint: die unterschiedlichen Bestandteile des Kinderalltags verknüpfen sich nicht homogen, sondern müssen wie von einer Insel zur anderen aufgesucht werden und haben wenig miteinander zu tun. Diese Verknüpfung und Einrichtung des Kinderalltags ist nicht einfach. „Wenn die ausserhäuslich gelegenen Besuchsorte, wie Treffpunkte mit Spielkameraden, Wohnungen von Freunden und Freundinnen oder Einkaufs- und Freizeitstätten aufgesucht werden sollen, müssen darüber Absprachen erfolgen. Das heißt, Kinder scheinen heute früher ihre Bedürfnisbefriedigung zu organisieren und die Rahmenbdingungen dafür auszuhandeln. Dafür muss ein hohes Maß an Mobilität, Flexibilität und Ausdauer vorausgesetzt werden. Diesbezüglich kann von einer frühzeitigen Selbständigkeit der Kinder gesprochen werden" (A. Hopf: Außenflächen, Straßen und Verkehr in der Wohnumwelt bei Kindern, in: Völling-Albers (Hg.), Veränderte Kindheit – veränderte Grundschule, Frankfurt 1991, S.90).

Angesichts dieser Entwicklung sollen Kindern Inhalte und Werte vermittelt werden, die ihnen ihr Umfeld so nicht mehr vermitteln kann. Zugleich sollen längerfristige und verläßliche Begleiter angeboten werden. Die Erfahrungen mit diesen Begleitern können den innerfamiliären Umgang anregen und beleben (aber auch komplizieren). Im kindlichen Umfeld sollen Räume erschlossen werden, in denen sich Kinder ohne sozialorganisatorische Kompetenz zusammenfinden können, zugleich soll diese sozialorganisatorische Kompetenz vermittelt werden.

Kind und Medien

Die Thematik ist in den letzten Jahren breit diskutiert worden – gute Veröffentlichungen liegen vor. Ein Aufgreifen der Auswirkungen, die dem Medium Fernsehen bezüglich der kindlichen Entwicklung zugeschrieben werden können, würde den Rahmen dieser Auseinandersetzung sprengen. Um an die vorangegangenen Gedanken anzuknüpfen, soll hier noch einmal deutlich gemacht werden, dass das Medium Fernsehen wie kein anderer Faktor zur Veränderung der Kindheit beigetragen hat. Durch den zumeist unkontrollierten Fernsehkonsum erschließt sich dem Kind ein Zugang zu Eindrücken, Informationen und Erlebnissen, die den Entwicklungsstand und das Vermögen, mit diesen Eindrücken umzugehen, weit überschreiten. Eine Verarbeitung dieser Eindrücke ist an vielen Stellen so gut wie unmöglich. Die mögliche Verarbeitung über die Folge von „Sehen – Erspielen – Verstehen" bleibt vielfach ungenutzt oder bringt seltsame Blüten hervor – nicht selten liest man von Fällen, in denen Kinder beim Nachspielen von filmischen Handlungen ums Leben kommen oder verunglücken („Komm, wir spielen erhängen!"). Der kindliche Zuschauer bleibt in einer Reizwelt, die zwar zum Konsum anregt, zur aktiven und förderlichen Auseinandersetzung allerdings ungeeignet ist. Zugleich kann hier von einer „Entmythologisierung" fremder Lebenswelten gesprochen werden. Durch den ungehinderten medialen Zugang zu Erlebnissen, Erfahrungen und Inhalten anderer Lebenswelten verschieben sich die Übergangsmomente nach vorne und lösen sich Eigenständigkeiten auf. Ein achtjähriges Kind weiß heute „Bescheid" und hat in seine Lebenswirklichkeit Bestandteile aufgenommen, die sonst einem Jugendlichen oder einem Erwachsenen zustehen würden. Der Übergang zum Jugendlichen hat nichts Besonderes mehr an sich, da die typischen jugendlichen Inhalte schon vorher beschaut werden und begehbar gemacht werden können.

Peter Müller schreibt in seiner exegetischen Habilitationsschrift „In der Mitte der Gemeinde – Kinder im Neuen Testament" schlußfolgernd: „Kindheit ist nach alledem in der gegenwärtigen bundesrepublikanischen Gesellschaft ein widersprüchliches Phänomen. Auf der einen Seite kann man von einer „Super-Kindheit" sprechen. Es sind eigens für Kinder geschaffene Lebensräume vorhanden; als Erwachsener stelle ich mir vor, dass die Kinder sich im Kindergarten unserer Gemeinde eigentlich rundherum wohlfühlen können; Kinder werden nach dem jeweils neuesten Stand von Pädagogik, Psychologie, Soziologie und verschiedener Therapieformen erzogen, gefördert, unterrichtet, betreut, behandelt. (...) Viel Zeit zum Kindsein hat das Kind allerdings nicht. Die Grenze zwischen Kinderwelt und Erwachsenenwelt wird fließend, schon früh werden Kinder als „kleine Erwachsene" dargestellt und behandelt"(P.Müller; In der Mitte der Gemeinde – Kinder im Neuen Testament, Neukirchener Verlag 1992, S.22).

Grundkonzept einer Arbeit mit Kindern

Das Grundkonzept einer wie auch immer ausgerichteten Arbeit mit Kindern muss für mich heute heißen:
– Kindern müssen eigene, erlebnisanregende Räume zum Erleben und Ausleben ihrer Kindheit aufgetan werden. Diese Räume können im gesellschaftlichen Kontext wohl kaum mehr gänzlich abgeschirmte Räume sein, sollen aber Räume sein, die behutsam in das sonstige Umfeld übergehen und nicht von der sozialräumlichen Umwelt überformt und erdrückt werden.
– Kinder brauchen Erlebnis- und Erfahrungsräume, in denen sie andere Erfahrungen mit Erwachsenen machen können, als sie gewohnt sind. Sie müssen erleben können, dass sie sich sowohl auf die Welt der Erwachsenen als auch auf die Eigenwelt beziehen und verlassen können.
– Kinder müssen einen Raum erleben können, in dem das Miteinander im Vordergrund steht und in dem eine soziale Kompetenz im Umgang miteinander erlernbar ist.
– Kinder müssen erleben können, dass sich das gesellschaftliche Umfeld um ihrer selbst willen auf sie einläßt, und zwar dauerhaft.

Kind und Glaube

Glaube?

Über den Glauben von Kindern nachzudenken, heißt auch, sich der Frage zu stellen, was denn Glaube eigentlich ist. Natürlich kann ein Arbeitsbuch für die Gestaltung der Arbeit mit Kindern sich dieser Frage nicht erschöpfend und theologisch genügend widmen. Dennoch sind einige grundlegende Gedanken notwendig.

In der kirchlichen Arbeit mit Kindern hat der „Glaube" zuweilen einen seltsamen Charakter angenommen. In einer Gefällebeziehung zwischen Erwachsenen und Kindern ist er ein Gut, das die Erwachsenen oder die in der Kirche/Gemeinde Mitarbeitenden haben und besitzen und die Kinder eben nicht. Deshalb muss er in kleinen, anregenden und kindgerecht zugeschnittenen Happen an die „Anbefohlenen" weitergegeben werden, damit die Nicht-Besitzenden zu Besitzern werden, die Noch-Nicht-Fündigen zu Findern. Die geistliche Wertigkeit des Kindes hängt dann von der Frage ab, ob Kinder den Glauben haben oder nicht.

Diesem Verständnis stimme ich nicht zu. Glaube ist kein Gut, das man besitzen könnte. Glaube ist ein Geschenk, das sich, aus der menschlichen Perspektive gesprochen, verändert. Die Veränderung ist abhängig von den Veränderungen, die ein Mensch aufgrund seiner Entwicklung durchläuft. Um den kindlichen Glauben (und den eigenen?) entsprechend verstehen und „werten" zu können, ist diese zweigeteilte Blickrichtung notwendig.

Glaube ist ein Geschenk

Der Mensch kann sich seinen Glauben nicht verdienen oder erarbeiten. Noch weniger kann er eine Leistung erbringen, deren Resultat ein Glaube ist. Glaube, oder besser, die Fähigkeit zu glauben, ist ein Geschenk, das Gott in seine Schöpfung hineingelegt hat, auch wenn sich das Geschöpf dessen nicht bewußt ist. Der Glaube beginnt nicht erst in einem Moment der Bekehrung, des Christwerdens oder der Kirchengliedschaft, er beginnt nicht mehr oder weniger Geschenk zu sein mit einer Taufe oder einer Einsegnung. Den Glauben als Geschenk legt Gott in seiner Gnade in jeden Menschen hinein. Dieser Glaube erfährt Wandlungen – in dem Moment beispielsweise, in dem er sich an Jesus Christus festmacht und zu einem Glauben wird, der „gerecht macht". Der Glaube bleibt jedoch ein Geschenk, sowohl in dem Moment, in dem er in die Schöpfung hineingelegt ist, als auch in dem Moment, in dem er sich an Christus festmacht.

Glaube ist menschliche Aktion

Das Geschenk Gottes, die Befähigung zum Glauben, braucht die menschliche Komponente. Der Mensch ist es, der glaubt. Der Psychologe J.Fowler versteht dieses menschliche Glauben als die menschliche Möglichkeit, „in der Vielfalt von Kräften und Beziehungen, die unser Leben bestimmen, einen Zusammenhang und Sinn zu finden" (zitiert aus F.Bridger: Wie Kinder glauben, blb-Verlag 1996, S.16).

Damit ist der Mensch derjenige, der seinen Glauben sucht und lebt. Diese Suche und das Ausleben des Glaubens sind menschliche Aktivitäten, die von den jeweiligen entwicklungsbedingten Möglichkeiten abhängig sind. Es ist möglich, von Phasen der menschlichen Glaubensentwicklung zu sprechen. Da jede Lebensphase des Menschen ihren eigenen Wert und ihre eigene Berechtigung hat, ist auch der Glaube als Suche und Tat des Menschen in jeder Lebensphase wertvoll und berechtigt. Eine „Glaubensphase" darf gegenüber der anderen nicht gewertet werden, sondern hat ihr je eigenes Recht auf Entfaltung. Wenn ich als Erwachsener Kinder in ihrer Zeit des Aufwachsens begleiten will, dann muss ich ihren Glauben als etwas Gleichwertiges und -berechtigtes wahrnehmen. Diese Entwicklungsphasen sind übrigens nicht zwangsläufig von einem menschlichen Alter abhängig. Den Glauben eines vernunftbegabten Erwachsenen als „normal", „richtig" und „erstrebenswert" hinzustellen, mißachtet alle Menschen, die aufgrund einer Behinderung diese Stufe niemals erreichen werden. Können diese Menschen nie „richtig" glauben? Es wird deutlich, dass sich die unterschiedlichen Glaubensphasen wohl unterscheiden, sich aber nicht im Sinne eines unterschiedlich zu wertenden Entwicklungsprozesses voneinander abgrenzen lassen.

Kind oder Erwachsener im Glauben werden?

In der Veröffentlichung der EKD „Kinder in Gemeinde und Gesellschaft" findet sich der Satz: „Zwischen dem Erwachsenwerden im Glauben und dem, dass Christen ihr Leben lang Kinder Gottes sind und wie Kinder glauben sollten, besteht ein spannungsvoller Zusammenhang" (Gütersloher Verlagshaus 1995, S.69). Zweifellos besteht dieser spannungsvolle Zusammenhang. Er läßt sich dort ertragen, wo jeder entwicklungsbedingten Glaubensphase die Vollwertigkeit und die Eigenständigkeit zugesprochen wird. Kinder müssen nicht erwachsen glauben und Erwachsene nicht kindisch. In dem spannungsvollen Zusammenhang innerhalb einer Glaubens-, Lebens- und Dienstgemeinschaft „Kirche" darf aber voneinander gelernt werden. Da können Erwachsenen von dem kindlichen Vertrauen und dem selbstverständlichen Fürwahrhalten der Kinder lernen und Kinder von dem Wissen, der Erfahrung und dem Verstehen der Erwachsenen profitieren. Dafür muss es Orte der Begegnung und die Entwicklung einer Tradition geben, die dies möglich macht.

Aus diesem Blickwinkel versteht sich Arbeit mit Kindern nicht als Vermittlungstätigkeit des Habenden zum Suchenden, sondern als Schaffung von Räumen, in denen miteinander gelebt und gelernt werden kann – und in denen Kindern das Erleben und die Begegnung mit Christus, auch über die Beziehung zum Erwachsenen, möglich gemacht wird. Manchmal glaube ich, dass davon die Erwachsenen mehr profitieren würden als die Kinder.

Macht Kinderglaube gerecht?

Wenn der kindliche Glaube, der sich den entwicklungsbedingten Möglichkeiten folgend gestaltet und äußert, ein vollwertiger Glaube ist, der seine Berechtigung hat, ist er dann auch „gerecht machend"? Diese Frage ist im Überblick der entsprechenden Veröffentlichungen nicht eindeutig zu beantworten. Meiner Arbeit mit Kindern liegt die Auffasung zugrunde, dass Kinder in Gottes Versöhnungshandlung durch Jesus Christus eingeschlossen sind. Ihnen ist damit das Reich Gottes geschenkt worden. Dies gilt, solange sie sich nicht bewußt von Gott abgewandt haben und bis sie die Möglichkeit haben, ihrer Entwicklung gemäß eine lebensbedeutende Entscheidung zu treffen. Kinder können eine solche Entscheidung, die ihr ganzes Leben betrifft, noch nicht treffen. Die Möglichkeit, eine solche Entscheidung zu treffen, setze ich in dem Zeitraum der Pubertät an. Damit ist die Auseinandersetzung, die zu diesem Thema geführt wurde und wird, natürlich nicht aufgehoben. Mit diesen Gedanken klärt sich aber die Perspektive, die diesem Arbeitsbuch zugrunde liegt.

Wie Kinder glauben

„Kinder haben ihren ganz eigenen Glauben", schreibt S.Reissing (Abendmahl mit Kindern, Christliches Verlagshaus Stuttgart 1995, S.6) und fährt fort: „Der Glaube der Kinder ist in seiner Art und Weise etwas Vollgültiges" (ebd. S.7). Aus diesem Blickwinkel heraus sollen die Entwicklungsmomente in der Lebensphase Kindheit wahrgenommen werden.

Vorschulkind (bis zum 6.Lebensjahr)

Über das direkte Erleben erfassen Kinder in diesem Alter ihre Umgebung. Sie begreifen das am besten, was sie „greifen", also mit ihren Sinnen erleben können. Die Beziehung zum Mitarbeiter und die Erlebnisse innerhalb dieser Beziehung sind nicht selten die Brücke zum Verständnis einer biblischen Botschaft. Innerhalb dieser Beziehung wird die Zuwendung Christi für die Kinder spürbar. Der Glaube der Kinder bildet sich in dieser Zeit in einem Vertrauen ab, das sie Jesus entgegenbringen. Dieses Vertrauen braucht ein erlebbares Gegenüber. Kinder müssen erleben können, was es bedeutet, Vertrauen und Treue, Annahme und Geborgenheit, Zuwendung und Liebe zu erfahren. In der Beziehung zum Mitarbeiter müssen diese Erfahrungen erlebbar sein. Nicht selten werden biblische Inhalte auf dem Boden solcher Erfahrungen interpretiert. Ich kann nicht von Jesus als vertrauenswürdigem Freund sprechen, wenn ich nicht bereit bin, mich dem Kind gegenüber als vertrauenswürdiger Freund zu erweisen. Der Erlebnis- und Beziehungsraum, den ich dem Kind öffne, muss dem entsprechen, was ich ihm vermitteln möchte.

Kinder können in diesem Alter mit abstrakten Begriffen nicht umgehen. Insiderkanaanäische Begrifflichkeiten wie „das schwarze Herzchen weiß waschen", „in den Herzen wohnen" oder „von dem Blut Christi reingewaschen werden" sind für Kinder in diesem Alter unverständlich und beängstigend. Die kindliche Vorstellungswelt kann diesen Redewendungen nicht folgen. Die Äußerungen werden bildhaft umgesetzt. Da gibt es Waschmaschinen im Kirchenkeller, in denen viele schwarze Herzen mit Persil frühlingsfrisch und porentief reingewaschen werden. Wie kommen die Herzen aus dem Körper in die Waschmaschine und wieder zurück? Oder die Kinder suchen am Kreuz nach dem Duschkopf, aus dem das Blut Christi kommt, von dem man sich reinwaschen lassen soll. Soll ich mich dann ein zweites Mal duschen, damit das ganze eklige Blut auch wieder abgeht?

Die theologische Sprache von Sünde, Gnade, Erlösung oder Buße und die entsprechenden Verknüpfungen sind für Kinder nur in einem sehr begrenzten Maße verständlich. Eine verbale Vermittlung von heilsgeschichtlichen Grundlagen ist in diesem Alter so nicht möglich. Das heißt nicht, dass es in dieser Zeit der Entwicklung keine Möglichkeit gäbe, Kindern von Jesus zu erzählen (s.o). Das einfache Erzählen von biblischen Geschichten, in denen die Begegnung mit Christus möglich ist, und das Erleben innerhalb der Beziehung zum Mitarbeiter sind die Anknüpfungspunkte für die Gestaltung der Arbeit mit Kindern in diesem Alter.

Grundschulkind (bis 11 Jahre)

Mit dem Eintritt in die Grundschule beginnen Veränderungen beim Kind. Die Neigung, sich selbst als Mittelpunkt des Universums zu betrachten, nimmt ab. Dies geschieht auch durch das deutlichere Erleben innerhalb der Gruppe „Schulklasse". Der eigene Stellenwert wird im Bezug zu anderen wahrgenommen; die Fähigkeit, sich als Mitglied einer Gruppe zu sehen und zu verhalten, nimmt zu. Dies wird auch bedingt durch die wachsende Fähigkeit, sich in die Gefühle anderer einzufühlen und Dinge und Ereignisse aus der Perspektive anderer zu betrachten. Damit wächst auch die Neigung, nach Ursache und Wirkung einer Handlung oder eines Geschehens zu fragen. Durch die zunehmende Fähigkeit, Phantasie und Wirklichkeit voneinander abzugrenzen, versucht das Kind in diesem Alter, sich von der Vorstellungswelt des Kleinkindes zu lösen und neue Zugänge zur Wirklichkeit zu finden. Dabei bewegt sich das Denken und Verstehen durchaus auf konkreten Bahnen, Zusammenhänge werden erfasst.

Der Glaube des Kindes in diesem Alter ist deutlich an das erlebte und dann erwiderte Vertrauen gebunden. Nicht mehr alle biblischen Geschichten werden unangefragt für wahr gehalten, Wundergeschichten werden bezweifelt. Der kindliche Glaube kann sich in einem ersten Tun äußern. So werden Freunde eingeladen und mitgebracht, erste Konsequenzen aus der Freundschaft zu Jesus werden verständlich und umgesetzt. Kinder in diesem Alter suchen nach einer Möglichkeit, die biblischen Geschichten mit ihrem Alltag zu verknüpfen, mit Belehrungen über theoretische Zusammenhänge können sie wenig anfangen. Im Mittelpunkt der Arbeit mit ihnen steht das Bemühen, sie Jesus als einem Freund begegnen zu lassen, der in der Lebenswirklichkeit der Kinder einen erlebbaren Platz einnehmen kann. Dabei wird Jesus nicht zu einem Zauberer oder Ersatz-Transformer (Supermann zieht bei Kids nicht mehr!), sondern zu einem Helfer, der sich um die Not und Sorgen der Kinder kümmern kann. In der Beziehung zum Mitarbeiter, aber auch in der konkreten Auseinandersetzung mit biblischen Geschichten, die sich in den Alltag übertragen lassen, kann dies erlebt werden.

Als vertiefende Literatur kann ich empfehlen:
– Francis Bridger, Wie Kinder glauben, BLB-Verlag 1996

Kind und Gemeinde

Gemeinde als Abbild der Gesellschaft

Im Umgang mit „ihren" Kinder bildet die Gemeinde nach meinem Verständnis die oben zitierte gesellschaftliche Widersprüchlichkeit ab. So stellen die Mitglieder des Arbeitsausschusses II „Leben und Welt in der Sicht von Kindern" in der Veröffentlichung „Aufwachsen in schwieriger Zeit – Kinder in Gemeinde und Gesellschaft" einerseits fest: „Bis heute gibt es in Gesellschaft und Kirche keine Tradition, das den Kindern eigene Verständnis von Leben und Welt und die ihnen eigenen Wünsche und Vorstellungen zu erfragen oder gar ernst zu nehmen" (Synode der Evangelischen Kirche in Deutschland, 1995, S.49). Auf der anderen Seite läßt es sich wohl kaum bestreiten, dass es viele Bemühungen innerhalb der Gemeinden gibt, sich im Besonderen den Kindern zu widmen. Neben der Anstellung von hauptamtlichen Beauftragten für die Arbeit mit Kindern und dem Unterhalt von kircheneigenen Kindergärten sind Angebote wie Sonntagschule, Kinderstunde oder Jungschar die Gruppenangebote, für die sich selbst in einer angespannten Mitarbeitersituation noch die meisten Mitarbeiter finden lassen.

Die Tradition der Unterweisung

Der scheinbare Widerspruch löst sich da auf, wo die Begriffe „Unterweisungsauftrag" und „gleichberechtigte Teilnahme" einander gegenübergestellt werden. Die Bemühungen, die Unterweisung der Kinder in der Gemeinde sicherzustellen, sind vielfältig; gleichwertig oder gleichberechtigt sind die Kinder im Gemeindealltag aber keineswegs. Die Tradition der kirchlichen Arbeit mit Kindern ist von dem Unterweisungsauftrag geprägt und bestimmt den Stellenwert der Kinder in der Gemeinde. In den entsprechenden Mitarbeiterhilfen und Veröffentlichungen mangelt es zwar nicht an Hinweisen auf die „Wertigkeit" der Kinder, die auch unter der Prämisse der Unterweisungs-und Lehrbedürftigkeit nicht beschnitten werden dürfe, dennoch bestimmt die Zuschreibung des „Noch nicht" die Arbeitsperspektive. Kinder sind noch nicht Gemeinde, sie sind noch nicht vollwertig und deshalb noch nicht für voll zu nehmen, sie sind noch nicht Glaubende, sie haben sich noch nicht entschieden, sie haben noch nicht verstanden, worum es im Evangelium eigentlich geht. Obwohl zugestanden wird, dass sie prinzipiell gleichwertig sind, wird diese zugestandene Gleichwertigkeit in der Gemeinde noch nicht umgesetzt. Oder die Gleichwertigkeit findet ihre Umsetzung lediglich im unterweisenden und lehrhaften Bemühen um die Kinder. Es gibt genügend Räume (räumlich und zeitlich) innerhalb der Gemeinden, die die Umsetzung des Unterweisungsauftrags gewährleisten, und das ist auch gut so. Für mich hat sich an der Aufgabe innerhalb der Arbeit mit Kindern, nämlich ihnen das Evangelium so zu vermitteln, dass sie es erleben und für sich erfassen können, nichts geändert. Aber diese Aufgabe bestimmt nicht die Perspektive, aus der ich Kinder in der Gemeinde betrachte – genausowenig wie die Betreuungsarbeit, die oft und in zunehmendem Maße die Arbeit mit den Senioren in der Gemeinde prägt, mein Verständnis von Senioren in der Gemeinde bestimmt, zumindest nicht so, dass ich aus diesem Grunde die gleichberechtigten Teilnahmemöglichkeiten von Senioren beschneiden müßte. Für Senioren müßte dann nämlich die Zuordnung des „Nicht mehr" die Perspektive bestimmen. Die Bestätigung der Notwendigkeit einer „Unterweisung" beantwortet aber nicht die Frage nach einer Gleichwertung der Kinder im Gemeindealltag.

Gehören Kinder zur Gemeinde?

An dieser Stelle kann ich mit P. Müller sprechen: „Die Grundfrage, um die es geht, ist: Wer gehört dazu und wer nicht – zur Gemeinde....?" (P .Müller, S.77). Die Diskussion dazu ist im Rahmen eines solchen Arbeitsbuches nicht zu leisten. Im Spiegel der derzeitigen Veröffentlichungen möchte ich als These festhalten: Kinder gehören voll- und gleichwertig zur Gemeinde dazu. Ich berufe mich dabei u.a. auf das Fazit P. Müllers: „Damit stellt sich auch die Frage nach der „Zugehörigkeit" von Kindern.(...)Es sind (...) deutliche Hinweise vorhanden, dass die Zugehörigkeit von Kindern zur Gemeinde als Problem erkannt und eindeutig im Sinne der Akzeptanz gelöst wird, (...)"(P. Müller, S.407). Für mich erfährt damit das Postulat der Unterweisung eine Neubewertung. Der Auftrag zur Unterweisung ist eine Aufgabe, die aufgrund der Lebensphase „Kindheit" notwendig und den Möglichkeiten des Kindes entsprechend umzusetzen ist. Damit ist er gleichwertig mit einer Lehrbeauftragung gegenüber den Erwachsenen innerhalb der Gemeinde. Er bestimmt aber nicht die Wertigkeit des Kindes. An der gleichwertigen Zugehörigkeit bestimmt sich die Perspektive im Umgang mit den Kindern in der Gemeinde.

Das bringt Probleme mit und zieht Fragen nach sich. Probleme, die weniger mit den biblischen Aussagen zum Stellenwert des Kindes in der Gemeinde zu tun haben als vielmehr mit der Gemeindepraxis. Können Kinder am Abendmahl teilnehmen? Wann sind Kinder kirchlich mündig? Glauben Kinder? Werden Kinder getauft oder nicht? Diese Fragen können hier nicht beantwortet werden. Ich möchte es mit S. Reissing halten: „Kinder sollen nicht Gemeinde werden, sie sind Gemeinde! Kinder sollen Gemeinde als Gemeinschaft von Menschen erfahren, die sich an den Kindern und mit ihnen freuen. Arbeit mit Kindern darf und kann nicht losgelöst werden von der Gemeinde. Sie ist offen und geschieht im Auftrag der Gemeinde für alle Kinder. Im Umgang miteinander erfahren, spüren und sehen die Kinder an den Erwachsenen, was es bedeutet, Jesus zu vertrauen und ihm nachzufolgen" (EmK-Forum 3, Abendmahl mit Kindern, 1995, S.9).

Gemeinde mit Kinderinseln

Die Umsetzung dieser Gleichwertigkeit in der Gemeindepraxis ist nicht einfach. Wie oben schon erwähnt, gibt es umfassende Angebote und Bemühungen der Gemeinde für die Arbeit mit Kindern. Damit sind die Kinder aber nicht gleichsam in der Mitte der Gemeinde. In den Kinderstunden, Kindergottesdiensten und Familiengottesdiensten kommen die Kinder vor, gleichsam auf „Kinderinseln" – sind aber ansonsten in der „Mitte" der Gemeinde nicht erwünscht. P .Müller schreibt pointiert: „Kinder sind ausgesprochen beliebt als Engel beim Krippen-

spiel, sollen aber, wenn sie nicht dran sind, den Mund halten. Häufig dienen Kinder im Familiengottesdienst der Ergötzung der Erwachsenen, die sich jedoch an den übrigen Sonntagen den "Hauptgottesdienst" vorbehalten" (P. Müller, S.406).
Natürlich haben Kinder und Jugendliche ebenso wie die Erwachsenen je eigene Bedürfnisse, die in entsprechenden Gemeinde- und Gruppenveranstaltungen berücksichtigt werden sollen. Die Frage aber ist: Wo findet sich die Mitte der Gemeinde, in der eine Begegnung möglich wird? Wo gibt es die Möglichkeit, miteinander Glauben zu leben und zu feiern? Wo können Kinder von Erwachsenen und Erwachsene von Kindern lernen?

Vorbildfunktion der Kinder

Eine solche Vorbild-und Lehrfunktion kommt Kindern den Erwachsenen gegenüber in der Gesamtheit der Gemeinde, zu der Kinder bedingungslos zählen, zu. Neben der „missionarischen Wirksamkeit", die Vreni und Dieter Theobald betonen (Handbuch für Kinderarbeit, Brunnen Verlag [7]1988, S.15f), geht es auch und vor allem um die Vorbildfunktion für die Erwachsenen innerhalb der Gemeinde. H.Ulonska schreibt: „Kinder werden Erwachsenen als Vorbild hingestellt! Ihr Verhalten wird als Einlassbedingung in das kommende Reich Gottes den Erwachsenen vor Augen gestellt. Was Kindern schon geschenkt ist, können Erwachsene „wie Kinder" erwerben, um in das Gottesreich zu gelangen" (in: Aufwachsen in schwieriger Zeit – Kinder in Gemeinde und Gesellschaft, EKD 1995, S.93). Vorbildlich ist hier die Unbelastetheit, die Unbeschwertheit, mit der Kinder Christus begegnen. Ohne Vorleistung und mit leeren Händen, ohne im Tausch eine Gegenleistung bringen zu können, lassen sich Kinder von Gott beschenken. Das hat Vorbildcharakter. In der Arbeit mit Kindern gibt es unzählige Momente, in denen ich vom „kindlichen Glauben" profitieren und lernen kann. Ich staune über das bedingungslose Vertrauen, das Kinder Jesus entgegenbringen, eine Form von selbstverständlichem Umgang mit dem Evangelium, der mir schon fremd geworden ist. H.B.Kaufmann schreibt: „Im Leben mit Kindern wird eine Gemeinde immer wieder an das einfache und kindliche Vertrauen erinnert, das dem Glauben entspricht, durch den wir gerechtfertigt sind" (Mit Kindern Glauben erfahren – Kindergottedienst wohin? Gütersloher Verlagshaus 1987, S.13). Damit sollen Kinder nicht als „Helden des Glaubens" dargestellt werden – vielmehr soll deutlich werden, dass von Kindern gelernt werden kann. Dazu braucht es einen Ort der gleichberechtigten Begegnung.

Kind und Gottesdienst

Ich verstehe den Gottesdienst als einen solchen Ort der gleichberechtigten Begegnung. Damit erschließt sich natürlich nicht die gesamte Bedeutung einer gottesdienstlichen Veranstaltung, aber ein wesentlicher Aspekt. Wer hier fragt, ob Kinder denn am Gottesdienst teilnehmen können und sollen, der hat noch nicht verstanden: Die Frage ist nicht, ob Kinder teilnehmen sollten, die Frage ist, warum sie es nicht sollten und wo Strukturen in der (Gesamt-) Gemeindeveranstaltung Gottesdienst die Teilnahme von Kindern verhindern. Auch wenn ich die Forderung nach einer Vermehrung der zielgruppenorientierten Gottesdienste (Gottesdienste für Kinder, Gottesdienste für Jugendliche, Gottesdienste für Kirchenferne etc.) nicht teile, so gehe ich doch konform mit der Feststellung: „...in der Regel sind die traditionellen Gottesdienste nur für eine Zielgruppe interessant. (...) Man muss es einfach akzeptieren: Der 10-Uhr-Gottesdienst hat sich unfreiwillig zur Zielgruppenveranstaltung für über 50jährige entwickelt" (J.Knoblauch, Kann Kirche Kinder kriegen – Der zielgruppenorientierte Gottesdienst, R.Brockhaus 1996, S.10f). Wo haben Kinder mit der ihnen eigenen Art zu glauben und ihren Glauben zu artikulieren in unseren Gemeinden und insbesondere in unseren Gottesdiensten Platz? Denn es stimmt, „wenn junge Familien dazustoßen, dann gibt es Beschwerden über das Kindergeplärr und ältere, treue Gottesdienstbesucher bleiben weg" (J.Knoblauch, S.10). Sarkastisch könnte man anmerken: Wie gut, dass Kinder durch unseren Umgang mit ihnen spüren können, dass sie von Gott bedingungslos geliebt werden und diese Erfahrung ihre Einstellung zu Kirche, Christentum und Gott prägen wird. Ich frage mich, ob eine Gemeinde sich der Wirkung, die ein solches Verhalten den Kindern gegenüber beinhalten kann, bewußt ist. Um an einem Gottesdienst teilnehmen zu können, müssen Vorleistungen erbracht werden. Die Teilnahmemöglichkeit ist geknüpft an ein gewisses Alter; an die Fähigkeit, 60 Minuten lang einigermaßen still zu sitzen und sich den Umständen entsprechend „normal" zu verhalten; an ein intellektuelles Vermögen, der sprachlichen Vermittlung eines biblischen Inhaltes für ca.12-20 Minuten folgen zu können, und an die Konzentrationsfähigkeit für die Dauer einer Gottesdienstveranstaltung. Da dies Kindern nicht zuzumuten ist, werden sie aus dem Gottesdienstraum geleitet und mit einem ihrem Alter entsprechenden Angebot versorgt. Die Begründung für das Angebot der Sonntagschule ist dann zumeist, dass es für die Kinder besser wäre, ein entsprechendes Angebot zu haben, schließlich würden sie sich in dem Erwachsenengottesdienst nur langweilen. Und da sich die Kinder unbestritten in der Sonntagschule wohler fühlen als im Gottesdienst, sollte man Kinder nicht dazu bringen, am Gottesdienst teilzunehmen. Bei Fortbestand der „Erwachsenengottesdienststruktur" ist dem nichts hinzuzufügen. Ich glaube schon, dass Kinder merken, dass sie von unseren Gemeinden zwar erwünscht, im Gottesdienst aber nicht willkommen sind. Es ist dringend Zeit für Modelle und Ideen, die den Familiengottesdienst, oder besser, den „Gottesdienst für alle", zum Normalfall am Sonntag in unseren Gemeinden werden lassen.

Ich möchte mit zwei Zitaten schließen: „Kinder gehören zur Gemeinde von heute. Darum haben sie ein Recht darauf, integriert zu sein. Sie dürfen nicht ausgeschlossen werden, in keinem Bereich", schreibt S. Reissing (EmK-Forum 3 „Abendmahl mit Kindern", 1995). N. Mette zitiert in der Veröffentlichung der EKD „Aufwachsen in schwieriger Zeit – Kinder in Gesellschaft und Kirche" aus einer Studie des britischen Kirchenrates: „Kinder sind ein Geschenk für die Kirche. Der Herr der Kirche setzt sie in die Mitte der Kirche, heute und hier ebenso wie einst in Galiläa, nicht als Objekte unserer Wohltätigkeit oder gar als Empfänger unserer Anweisungen, sondern in letzter Konsequenz als Vorbilder für die Jüngerschaft. Eine Kirche, die nicht vorbehaltlos Kinder in ihre Gemeinschaft aufnimmt, beraubt diese Kinder dessen, was ihnen rechtmäßig zusteht. Aber der Verlust, den eine solche Kirche selbst erleidet, ist noch viel schwerwiegender" (S.90).

Gemeindliche Arbeit mit Kindern

In der gemeindlichen Arbeit mit Kindern rückt deshalb für mich immer mehr die Aufgabe in den Mittelpunkt, einen Raum für Kinder zu schaffen, in denen die kindheitlichen Erfahrungen, die ansonsten häufig nur beeinträchtigt zu machen sind, nachgeholt werden können:
– die Erfahrung der bedingungslosen Annahme,
– die Entdeckung eines Raumes zur kindgemäßen Entfaltung,
– das Erlebnis der Ganzheitlichkeit im Umgang mit Kindern,
– der Versuch, Möglichkeiten für die gleichwertige Begegnung, den Austausch und das Teilen von Glaubensinhalten von Kindern und „Rest-Gemeinde" zu fördern.

Arbeit mit Kindern heute richtet sich nach diesen vier Grundstrukturen aus.

ERLEBNIS- UND BEZIEHUNGSRÄUME SCHAFFEN

Wenn ich heute Arbeit mit Kindern gestalten möchte, dann geht es darum, Erlebnis- und Beziehungsräume für Kinder zu schaffen. Es spielt dabei keine Rolle, ob ich im kirchlichen Rahmen mit Kindern umgehe, oder in einem sonstigen Bereich der Arbeit mit Kindern tätig bin. Kinder sind Kinder.
Kinder brauchen eigene, erlebnisanregende Räume zum Erleben und Ausleben ihrer Kindheit. Diese Räume können im gesellschaftlichen Zusammenhang, bedingt durch die ständige Berührung mit anderen Lebenswelten, wohl kaum mehr gänzlich abgeschirmte Räume sein. Diese kindeigenen Erlebnis- und Beziehungsräume sollen aber Räume sein, die behutsam in das gesellschaftliche Umfeld übergehen und nicht von der sonstigen Umwelt überformt und erdrückt werden.
Kinder brauchen Erlebnis- und Begegnungsräume, in denen sie andere Erfahrungen mit Erwachsenen machen können, als sie gewohnt sind. Das meint nicht, dass ihre Erfahrungen und Erlebnisse mit Erwachsenen generell schlecht sind. Dennoch macht sich an den Erwachsenen am ehesten die Zweiwertigkeit der Kindheit, oder besser: des Kindes, fest. Die Kinder müssen in den Beziehungen erleben können, dass sie sich sowohl auf die Welt der Erwachsenen als auch auf die Eigenwelt beziehen und verlassen können.
Kinder müssen in Erlebnis- und Beziehungsräumen leben können, in denen das Verbindende im Vordergrund steht und in denen soziale Kompetenzen im Umgang miteinander erlernbar sind. Besonders angesichts der bestehenden Konkurrenzverhältnisse in Schule und Umfeld ist dies ein wesentliches Anliegen. Kritisch ist hier anzufragen, ob die Eltern und sonstigen Erwachsenen nicht ein denkbar schlechtes Vorbild abgeben. Wie soll ein Kind soziale Kompetenz erlernen, wenn der eigene Vater sich selbst der Nächste ist und dies deutlich in die Familie hineinlebt. In einem gesellschaftlichen Umfeld, in dem der eigene Vorteil vor der Barmherzigkeit und der eigene Nutzen vor dem gemeinsamen Interesse steht, ist es um die Bereitschaft eines Kindes, sozial denken und handeln zu lernen, denkbar schlecht bestellt.
Kinder müssen innerhalb der Erlebnis- und Beziehungsräume erleben können, dass sich das gesellschaftliche Umfeld um ihrer selbst willen auf sie einläßt, und zwar dauerhaft. Zu häufig geht es um die Nutzung des „Kinder-Images". Die Sache „Kind" an sich ist gut, aber der Umgang mit dem tatsächlichen Kind wird oft als lästig und störend empfunden.
Der Grundgedanke „Schaffung von Erlebnis- und Beziehungsräumen" in der Arbeit mit Kindern (oder besser: als Arbeit mit Kindern) bestimmt auch die Arbeit mit Kindern, die im kirchlichen Kontext geschehen soll. Die Kirche an sich kann aus dieser Perspektive als kindlicher Erlebnis- und Beziehungsraum verstanden werden. Kinder erschließen sich ihre Einstellungen und Verhaltensweisen innerhalb

dieses Erlebnis- und Beziehungsraumes über das, was sie erleben und wahrnehmen. Wie sollen Kinder begreifen können, dass sie einen Platz in der Gemeinde haben, wenn die Tatsache, dass es eine Kindergruppe gibt, zwar als schön bewertet wird, gleichzeitig aber Kinder im Gottesdienst als störend empfunden werden. Wie sollen Kinder begreifen, dass es in der Gemeinde um das Gemeinschaftliche und Verbindende geht, wenn der Einzelne nur dann zufrieden ist, wenn er zu seinem Recht kommt, auf seinem Platz sitzen kann und in Ruhe seinen Gottesdienst genießen kann. Kirchliche Praxis und Praxis der Arbeit mit Kindern müssen sich fragen lassen, was sie als Erlebnis- und Beziehungsraum für Kinder bereit halten. Dann geht es nicht in erster Linie darum, einen biblischen Inhalt möglichst kindgerecht zu vermitteln, sondern dann geht es um die Schaffung solcher Erlebnis- und Beziehungsräume, in denen sich das Kind wohlfühlt. War es sonst im Mittelpunkt des Interesses, dem Kind einen biblischen Inhalt zu vermitteln und sicherzustellen, dass dieser Stoff auch verstanden wird, so muss heute das Interesse da liegen, wo es in erster Linie um das Kind an sich geht. Es ist nicht ein Objekt einer Vermittlungs- und Unterweisungsabsicht, sondern vollwertiges und gleichberechtigtes Gegenüber, mit dem ich im Rahmen der Arbeit mit Kindern zu tun habe. Wichtiger Teil dieser Arbeit, und das macht nach wie vor das Eigentliche der kirchlichen Arbeit mit Kindern aus, ist das Mitteilen eines biblischen Inhalts. Neben der sozialisatorischen, persönlichkeitsbildenden und freizeitpädagogischen Komponente ist und bleibt die biblische Vermittlung das Besondere in der kirchlichen Arbeit im Vergleich zu Kindergarten, Schule oder Vereinsarbeit. Innerhalb der Erlebnisse und der bestehenden Beziehungen im kindlichen Erlebnis- und Beziehungsraum „Kirche" ist der biblische Inhalt das eigentliche Element, das Kinder mitnehmen können.

Dabei geschieht das evangelistisch Eigentliche, die Vermittlung, nicht unbedingt und schon gar nicht ausschließlich über eine kindgerechte „Vermittlung" im traditionellen Sinne. Oft spielt sich das evangelistisch Eigentliche innerhalb der Erlebnisse oder Beziehungen ab.

Innerhalb des Erlebnis- und Beziehungsraumes macht das Kind die Erfahrung, dass es bedingungslos angenommen ist. Die Möglichkeit, den Kindern diese Erfahrung zugänglich zu machen, resultiert beim Mitarbeiter aus zwei eigenen Erlebnissen: Er selbst weiß sich von Gott bedingungslos angenommen und er weiß um die Wertigkeit, die Jesus den Kindern beimisst. Diese Erfahrung prägt seine Arbeit mit den Kindern.

Innerhalb der Erlebnis- und Beziehungsräume kann sich das Kind nach seinen Möglichkeiten kindgemäß entfalten (sowohl zeitlich als auch räumlich). Dieser Raum kann nicht durch Einschränkungen Erwachsener begrenzt werden. Erlebnis- und Beziehungsraum „Kinderstunde" ist ein kindereigener Raum. Während der Veranstaltung können nicht die Beauftragten für Zeitschriftendienst die Zeitschriften in die Fächer verteilen (die sich im gleichen Raum befinden) und können die Senioren nicht hinter dem Vorhang schon den Kaffeetisch für den kommenden Seniorenkreis decken. Und Frau Müller kann nicht mal eben reinschauen, weil sie mit dem Mitarbeiter X eh noch reden wollte. Macht ja nix, sind ja nur die Kinder. Kinder müssen erfahren und erleben können, dass ihnen ihr eigenständiger Raum ebenso zusteht wie allen anderen in der Gemeinde.

Innerhalb eines kindgerechten Erlebnis- und Beziehungsraumes kann es nicht angehen, dass Kinder als Objekt religiöser Indoktrination betrachtet werden oder für die Zuschussgelder als Gesamtzahl wichtig sind. Auch das Gerede von kinderfreundlicher Gemeinde bei gleichzeitigem Bestehen auf der traditionellen Gottesdienstform wird von Kindern erstaunlich schnell durchschaut. Kinder müssen erleben können, dass sie um ihrer selbst willen wichtig sind.

Kinder müssen erleben können, dass dem Mitarbeiter und den anderen in der Gemeinde die Schaffung, der Erhalt und die Teilhabe solcher Räume, die Beziehung und das gemeinsame Erleben in dem Erlebnis- und Beziehungsraum „Kirche" an sich wichtig sind. Dabei steht nicht das intellektuelle Erfassen einer Botschaft im Mittelpunkt des Interesses, sondern die Kinder haben mit ihren eigenen Bedürfnissen, Wünschen und Vorstellungen Platz in diesem kirchlichen Erlebnis- und Beziehungsraum.

Die Schaffung solcher Erlebnis- und Beziehungsräume ermöglicht einen ganzheitlichen Umgang mit den Kindern. Dieser ganzheitliche Ansatz muss die Arbeit mit ihnen bestimmen.

Schließlich muss innerhalb (und in Überschreitung) dieses Erlebnis- und Beziehungsraumes „Kirche" nach Möglichkeiten für die gleichwertige Begegnung, den Austausch und das Teilen von Glaubensinhalten von Kindern und Rest-Gemeinde gesucht werden. Damit trägt die Arbeit mit Kindern dem Gedanken Rechnung, dass Kinder im Glauben den Erwachsenen zum Vorbild gesetzt sind und dass diese Komponente des Miteinanders einen Platz in der Gemeindepraxis braucht.

In der kirchlichen Arbeit mit Kindern rückt für mich immer mehr die Aufgabe in den Mittelpunkt, diesen Erlebnis- und Begegnungsraum für Kinder zu schaffen. Dieser Ansatz zieht sich auf den verschiedenen Ebenen durch alle Formen der kirchlichen Arbeit mit Kindern. Dabei kann die Kinderstunde, die Jungschar, die Tagesgestaltung, die Wochenendfreizeit, die Projektwoche, der Gottesdienst oder die gesamte Kirche als Erlebnis- und Beziehungsraum für Kinder betrachtet werden.

Es geht nicht darum, aus der Kirche an sich einen Erlebnis- und Beziehungsraum für Kinder zu schaffen. Kirche ist kein Freizeitpark für Kinder. Es geht um die Öffnung des Erwachsenenraumes „Kirche" auch zum Erlebnis- und Beziehungsraum für Kinder. Daran mißt sich die Glaubwürdigkeit der neuzeitlichen und traditionellen Kirche Christi.

Wenn die Arbeit mit Kindern heute an ihrer Erlebnis- und Beziehungsqualität gemessen wird, dann reicht dazu das Anbeot einer wöchentlichen Kinderstunde nicht aus. Eine Beziehung läßt sich nicht oder nur sehr schleppend gestalten, wenn sich die Kinder und die Mitarbeiter nur einmal in der Woche begegnen. Erlebbare Beziehung und gemeinsames Erleben finden dann statt, wenn sich die Arbeit mit Kindern in die generelle Möglichkeit des „Miteinander-Lebens" einbettet.

Die Anforderung, Formen des gemeinsamen Lebens mit den Kindern möglich zu machen, kann von den Mitarbeitern alleine nicht erfüllt werden. Um so wichtiger scheint es zu sein, dass die gesamte Gemeinde die Kinder als „ihre" Kinder entdeckt und die Räume öffnet (zeitlich, räumlich, finanziell), die es braucht, um Kindern einen Erlebnis- und Beziehungsraum zu schaffen, in dem sie Kind sein können. Es braucht oft erstaunlich wenig, um diesen Raum zu schaffen und zu erweitern. Wenn ich über den Alltag der Kinder Bescheid weiß, kann ich Begegnungsräume schaffen, die außerhalb der organisierten Stunden liegen und Raum für Beziehung schaffen. Dazu muss ich mir Zeit nehmen.

Wenn ich den Alltag der Kinder kenne, weiß ich um ihre Nöte und Bedürfnisse und kann entsprechende Angebote machen (Hausaufgabenhilfe, Nachhilfe, etc.). Dazu muss ich mir Zeit nehmen.

Die Erfahrungen, die innerhalb dieses Erlebnis- und Beziehungsraums von den Kindern gemacht werden, können biblische Inhalte transportieren. Dennoch können diese Erfahrungen als Bedingung zur Vermittlung eines biblischen Inhaltes nicht vollständig einem biblischen Ideal entsprechen. H. Schmidt schreibt dazu: „Man kann sich zwar vornehmen, in den alltäglichen Interaktionen die Erfahrung unbedingter(!) Anerkennung und Liebe zu vermitteln. Unvermeidbar sind aber unzählige Erfahrungen bedingter Anerkennung und Zuwendung" (Leitfaden Religionspädagogik, Kohlhammer Verlag 1991, S.145). Dies stimmt auch für die Arbeit mit Kindern. Unbestritten weisen die Erfahrungen, die ein Kind innerhalb dieses Erlebnis- und Beziehungsraums machen kann, symbolisch auf den zu vermittelnden Inhalt hin. H. Schmidt löst diese Tatsache einer missverständlichen Erfahrung mit dem Hinweis auf den Verheißungscharakter innerhalb der Vermittlung eines biblischen Inhalts. Die Erfahrung, die Kinder innerhalb eines Erlebnis- und Beziehungsraums machen, ist immer nur Abbild einer Erfahrung, die mit Christus direkt zu machen ist. Einer negativen Erfahrung steht die Verheißung einer korrigierten Erfahrung in der Begegnung mit Christus gegenüber. Die Verknüpfung der beiden Erfahrungsebenen ist deshalb notwendig. Die reale Erfahrung im Alltag und innerhalb der Stundengestaltung braucht die Verknüpfung mit einer (verheißenen) Erfahrung, die in der Begegnung mit Christus möglich ist. So bedingen sich die Schaffung eines Erlebnis- und Beziehungsraums und die Vermittlung eines biblischen Inhaltes gegenseitig. Ohne den Erlebnis- und Beziehungsraum ist keine glaubwürdige Vermittlung und ohne eine verheißungsorientierte Vermittlung ist kein Erlebnis- und Beziehungsraum möglich.

Special: Mit Kindern spielen

Das Spiel ist für Kinder enorm wichtig. Deshalb nimmt es in der Arbeit mit Kindern einen wesentlichen Platz ein. In Anlehnung an den Abschnitt „Special Spieltheorie" (M. Jahnke, P. Depuhl, Jugendarbeit kreaktiv, Aussaat Verlag 1995, S.51-54) sollen einige Gedanken dazu geäußert werden.
Spiel ist für Kinder nicht nur einfach ein netter (aber nutzloser) Zeitvertreib. Im Gegenteil! Spiel gehört als wesentliches Element in den Kinderalltag hinein und ist für die Entwicklung des Kindes unersetzlich.

Spiel macht Spaß
Kinder spielen in erster Linie, weil es ihnen Spaß macht. Die Möglichkeit, von einer Rolle in eine andere zu springen, etwas zu bauen und wieder zu zerstören, willkürlich und zwecklos handeln zu können, sich bis zur Erschöpfung zu bewegen, die Nutzlosigkeit zum Prinzip erklären zu können und so zu tun als ob, sind Bestandteile des Spiels, die für Kinder ihren eigenen Reiz haben und Spaß machen. Dieser Gedanke der „Zweckfreiheit" – das Spiel dient keinem Ziel und hat keine funktionelle Bedeutung – ist das Eigentliche und Wesentliche am Spiel der Kinder. Das Kind braucht keine Unterstützung, um diesen Spaßeffekt zu finden. Das kindliche Spiel entwickelt eine Eigendynamik, die sich von Formen und Grenzen und von der Einflussnahme anderer frei macht. Bei allen anderen Gedanken soll dies im Vordergrund bleiben.

Spiel hat Inhalt
Auch wenn Spiel Spaß macht, ist der Spaß am Spiel nicht der einzige Inhalt oder Zweck, der im Spiel enthalten ist. Wenn ein Kind spielt, dann bringt das „sinnvolle" Effekte mit sich, die für die Entwicklung des Kindes eine Rolle spielen – den Spaßeffekt aber nicht trüben.
Über das Spiel setzen sich Kinder mit der Umwelt auseinander und lernen so, sich in dieser Umwelt zu bewegen. Durch Rollenspiele werden Verhaltensweisen und Rollenmuster erspielt und gesellschaftliche Strukturen begehbar gemacht. Im Spiel nach Regeln lernen Kinder das Verhalten in der Gruppe oder das Verhalten in bestimmten Situationen, und nicht zuletzt bietet das Spiel die Möglichkeit, erlebte Situationen einmal anders aufzulösen. Spiel, aus dieser Perspektive betrachtet, ist nötig, damit sich ein Kind in seiner Umgebung und schließlich in dieser Welt zurechtfinden kann.
Gleichzeitig nimmt das Kind im Spiel von seiner realen Umwelt Abstand und betritt eine entspannte Spielwelt, in der die Umwelt und die Realität ihm nichts anhaben können.

Spiel kann heilen

Das Spiel ermöglicht dem Kind die Bewältigung von Ereignissen und Erlebnissen, an denen es emotional stark beteiligt war (oder sein wird). So spielen Kinder unangenehme Situationen vielfach nach und machen so den Schrecken der Situation für sich erträgbar. Deutlich wird dies bei dem Nachspielen von Krankenhauserlebnissen, Missbrauchserlebnissen oder Unglücken, die von den Kindern viele Male spielerisch nachgestellt werden.
Oft ist das „stellvertretende" Spiel (eine Figur oder Puppe nimmt die Rolle des Kindes ein) die einzige Möglichkeit für ein Kind, mit einer solchen Situation fertig zu werden. Verschiedene Therapieformen nutzen diese Art von Spiel, um Kindern helfen zu können.

Folgerung

Spiel soll und darf in der Arbeit mit Kindern weder als wertloser Lückenfüller noch als funktionale Möglichkeit gesehen werden. Spiel gehört als wichtiges Element in den Kinderalltag und darum auch in die Arbeit mit Kindern hinein. Spiel in dem Erlebnis- und Beziehungsraum „Arbeit mit Kindern" soll Spaß machen. Dabei darf es helfen, biblische Inhalte erlebnisstark zu gestalten.

Mit Kindern spielen

Es braucht nicht viel, um mit Kindern zu spielen. Eigentlich braucht es nur die Bereitschaft, sich auf die Ideen der Kinder, eine kindliche Spieldynamik und eine grenzenlose Ausdauer einzulassen. Das fällt vielen Erwachsenen schwer. Und ein unmotivierter Erwachsener, der sich mit großer Mühe ein Kinderspiel abringt, ist überaus frustrierend für alle anderen. Mit Kindern spielen kann ich dann, wenn ich gerne mit Kindern spiele und mich auf ihre Ideen und Einfälle einlasse.
Dazu ist in der Gestaltung der Stunden nicht immer Platz. Soll das Spiel zu einem Erlebnis innerhalb eines Themas beitragen, dann reichen einige kurze Erklärungen und Hinweise zum Ablauf, und die Kinder lassen sich gerne auf den neuen Spielverlauf ein. Diese „Funktionalität" hat dann ihre Grenze, wenn die Kinder innerhalb dieses Spiels eigene Ideen entwickeln und umsetzen wollen. Ein zwanghaftes Festhalten am ursprünglichen Spielverlauf, „weil es ja so sein muss", macht dann mehr kaputt als es nutzt. Ein gutes Spiel am Thema vorbei ist besser als ein schlechtes Spiel zum Thema hin.
Wenn in den folgenden Praxisbeispielen das Spiel einen funktionalen Touch hat, dann nur, weil es in eine Thematik eingebunden ist. Es bleibt den Kindern überlassen, ob sie sich auf den Verlauf des Spiels und eine mögliche Überleitung zum Thema einlassen oder nicht!

Als Literatur kann ich empfehlen:
– A.Fluegelman, D.LeFevre, Die Neuen Spiele 1+2, ahorn Verlag 1982
– D.LeFevre, Das kleine Buch der neuen Spiele, ahorn Verlag 1985
– Breucker, Gerwin, Schüssler, Kinderspielekartei, Ökotopia Verlag
– Alex, Vopel, Lehre mich nicht, laß mich lernen. Neue Interaktionsspiele Band 1-4, iskopress 1987

Erlebnis- und Beziehungsraum Stundengestaltung

In der Tradition der kirchlichen Arbeit mit Kindern ist die Gestaltung einer Kinder-, Sonntagschul- oder Jungscharstunde die übliche Form. Dabei kommt den einzelnen Gestaltungsformen unterschiedliche Bedeutung zu. Die Kinderstunde ist die Gestaltungsform in der Woche, an der Kinder aus der Gemeinde und „aus der Welt" teilnehmen. Üblicherweise steht ein biblischer Text im Mittelpunkt der Gestaltung, der über die Elemente „Erzählen" und „Gestalten" vermittelt werden soll. In der Sonntagschule steht, in Anlehnung an den Erwachsenengottesdienst, die lehrhafte Unterweisung im Vordergrund. In der Jungschar können die Kinder eher ihren „Bewegungstrieb" entfalten und spielerisch ihre Freizeit gestalten. Eine Andacht ist innerhalb der Jungscharstunde das vermittelnde Element.
Aus der Erlebnis- und Beziehungsperspektive betrachtet lösen sich diese Formen nicht zwangsläufig auf, auch wenn die Konturen verschwimmen. Erlebbare und beziehungsfördernde Elemente gehören in jeden Bereich der Arbeit mit Kindern. Sie finden sich in der Sonntagschule genauso wie in der Kinderstunde oder der Jungschar. Die Intensität und Bewertung der einzelnen Elemente kann dabei unterschiedlich sein. Wichtig scheint mir nicht die Frage zu sein, ob in der Jungschar das geleistet wird, was eben in einer Jungschar geleistet werden soll. Wichtig scheint mir die Frage zu sein, ob das, was in der Jungschar ist, Erlebnis- und Beziehungscharakter hat. Daran messen sich heute die Gestaltungsentwürfe, nicht an einer Abgleichung mit traditionellen Formen.
Die folgenden Stundenentwürfe (die meisten dauern länger als eine Stunde) versuchen, sich in der Ausrichtung eher an der Frage der Erlebbarkeit und dem Beziehungscharakter zu orientieren. Sie sind deshalb nicht zuzuordnen. Die Orientierung an einer Geschichte hat eher Sonntagschulcharakter, die starke Betonung der spielerischen Elemente kommt aus der Jungscharecke und der Verzicht auf eine detaillierte Auseinandersetzung mit der Geschichte aus der Kinderstunde. Deshalb können sie auch in jeder Form eingesetzt werden.
Um einem Erlebnis- und Beziehungscharakter gerecht zu werden, reicht die Zeit einer Stundengestaltung pro Woche nicht aus. Arbeit mit Kindern heißt in diesem Zusammenhang, Leben mit den Kindern teilen. Zu den regelmäßigen Veranstaltungen in der Woche müssen Möglichkeiten geschaffen werden, die über diese gemeinsame Zeit in der Woche hinausgehen. Dazu bieten sich die weiteren Praxiselemente „Tagesgestaltung", Wochenendfahrt", „Projektarbeit" und „Wochengestaltung" an. Zusätzlich ist zu fragen, wo Kinder in den Lebensraum Kirche so eingebunden werden können, dass sich auch dort ein von ihnen mitbestimmter Erlebnis- und Beziehungsraum auftut.
In den folgenden Beschreibungen gibt die Zeile „ART" den Grad der Verbindung mit dem Thema oder der Geschichte an. Annähernde Elemente schaffen einen Boden für die Gestaltung der Stunde, weil sie sich im weitesten Sinne mit dem

Thema oder der Geschichte verbinden lassen. Einsteigende Elemente weisen deutlicher auf das Thema hin oder greifen dieses direkt auf. Vertiefende Elemente schließlich fördern die direkte und intensive Auseinandersetzung mit der Thematik oder dem Text. Bei der Arbeit mit jüngeren Kindern ist an vielen Stellen eine Unterstützung notwendig, damit das methodische Element eingesetzt werden kann.

In diesem Kapitel finden Sie

Jesus-Geschichten

Volles Netz 34
Der Fischfang des Petrus

Vom Baum weg 38
Zachäus

Voll auf die Augen 42
Der blinde Bartimäus

Feiern, Pech und Pannen 46
Die Hochzeit zu Kana

Stürmisch bis orkanisch 50
Jesus stillt den Sturm

Bildergeschichten

Das Bild vom Markstück, das in den Gulli gefallen war 53
Das Gleichnis vom verlorenen Groschen

Das Bild von der wackeligen Villa 57
Vom Hausbau

Das Bild von der Schatztruhe im Acker 60
Das Gleichnis vom Schatz im Acker

Das Bild vom blöden Schaf 64
Das Gleichnis vom verlorenen Schaf

Das Bild vom Feld, auf dem was wachsen soll 67
Der vierfache Acker

Volles Netz
Der Fischzug des Petrus
TEXT: Lukas 5, 1-11

ERLEBNIS- UND BEZIEHUNGSRAUM
Die Kids erleben mit Petrus eine Enttäuschung. Nichts ist ins Netz gegangen. Die Begegnung mit Jesus wandelt die Enttäuschung in Freude. Das Erleben des übervollen Netzes macht deutlich, dass es bei Jesus genug für alle gibt. Sie erleben, dass sich Jesus um die Sorgen und Nöte kümmert, die Petrus hat. Sie begegnen Jesus als einem Freund, der andere zu sich in die Freundschaft ruft. Dieses Angebot wird den Kindern deutlich. Sie entdecken die Möglichkeit, anderen von ihrem Freund Jesus weiterzusagen. In der Planung eines Festes wird dies konkret.

STUNDENGESTALTUNG

Begrüßung und Lied
Ein paar „Fischli"-Cräcker auf dem Tisch oder auf den Stühlen geben den ersten Hinweis auf die Stundengestaltung

Fischzug
ALTER: ab 5 Jahren
ART: Annäherung/Einstieg
Bewegungsspiel zur Fischthematik
MATERIAL: Kein Material erforderlich
DURCHFÜHRUNG: In Anlehnung an das Spiel „Wer fürchtet sich vor dem schwarzen Mann?" steht auf der einen Seite des Spielfeldes der Fischer, auf der anderen Seite stehen die Fische.
Auf Zuruf versuchen die Fische, die andere Spielfeldseite zu erreichen, ohne vom Fischer abgeschlagen zu werden. Die abgeschlagenen Fische bilden eine Art Netz. Sie bleiben auf der Stelle stehen, strecken die Arme aus und versuchen, einen vorbeilaufenden Fisch zu berühren. Gelingt dies, bleibt der Fisch im Netz hängen und vergrößert dieses. Wer zuletzt übrig ist, wird neuer Fischer.

Fisch-Blob
ALTER: ab 5 Jahren
ART: Annäherung/Einstieg
Bewegungsspiel zur Fischthematik
MATERIAL: Kein Material erforderlich
DURCHFÜHRUNG: Gespielt wird auf einem abgegrenzten Spielfeld. Zwei Kids bilden das Netz und fassen sich an den Händen, die anderen sind Fische und müssen entkommen. Wird ein Fisch gefangen, wird er zur Masche und verstärkt das Netz. Wer schafft es am längsten, dem Netz zu entkommen?

Lied
Die Kinder sammeln sich in einem bootsförmig gestellten Stuhlkreis

Fisch-Puzzle angeln
ALTER: ab 5 Jahren
ART: Einstieg
Die Kids angeln Puzzleteile und setzen diese zusammen
MATERIAL: Karton, Puzzleteile, Büroklammern, Stock, Schur, Magnet
(→ Kopiervorlage Seite 36)
DURCHFÜHRUNG: An die Puzzle-Teile wird eine Büroklammer gesteckt. Aus der Schnur, dem Magnet und dem Stock wird eine Angel gebaut. Die Puzzleteile kommen in den Karton. Reihum angeln die Kids die Teile heraus. Sind alle Teile geangelt, wird das Puzzle zusammengesetzt.

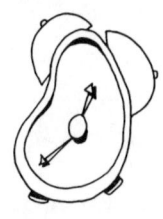

Geschichte 1
Eine ganze Nacht lang hatten Petrus und seine Freunde gefischt. Und was war? Nicht eine Makrele hatten sie erwischt. So ein Pech. Und nun saßen sie da, wuschen die Netze aus und dachten daran, dass sie ohne Essen nach Hause kommen würden. Doch was war das? Eine Menge Menschen drängt sich immer weiter auf das Ufer zu. Und vorneweg ein Mann mit Namen Jesus, der den anderen etwas zu erzählen hat. Beinahe schubsen sie ihn ins Wasser, so drängeln sie. Da kommt er auf Petrus zu. Er sagt: Bitte fahre mich ein wenig vom Ufer weg, damit ich besser zu den Menschen reden kann. Petrus tut das.
Als Jesus fertig geredet hat, sagt er zu Petrus und seinen Freunden: Werft hier eure Netze aus und ihr werdet etwas fangen! Beinahe hätte Petrus gelacht. Aber dieser Jesus scheint es ernst zu meinen. Petrus sagt: Am helllichten Tag kann man eigentlich keine Fische fangen. Aber weil du es sagst, will ich es tun.

Fisch-Flut
ALTER: ab 5 Jahren
ART: Vertiefung
Aufhören! Eine solche Menge Fische kann keiner verkraften!
MATERIAL: Luftballons
DURCHFÜHRUNG: Der Schiffstuhlkreis wird zu einem Bootstuhlkreis reduziert, zwei Kids sind die Fischer, die anderen das Netz. Die Luftballons (mindestens 30 Stück) werden aufgeblasen (evtl. vorher aufblasen und in Plastiksäcken verwahren) und um das Boot verteilt. Auf Kommando werfen die Netzkinder die Luftballons in das Boot, während die Fischer versuchen, ihr Boot fischfrei zu halten. Nach 30 Sekunden werden die Rollen getauscht.
ANMERKUNG: Die Fischer werden in einer Flut von Luftballons untergehen

Erfrischung
Die Fischflut-Aktion ist schweißtreibend. Es gibt ein kühles Getränk.

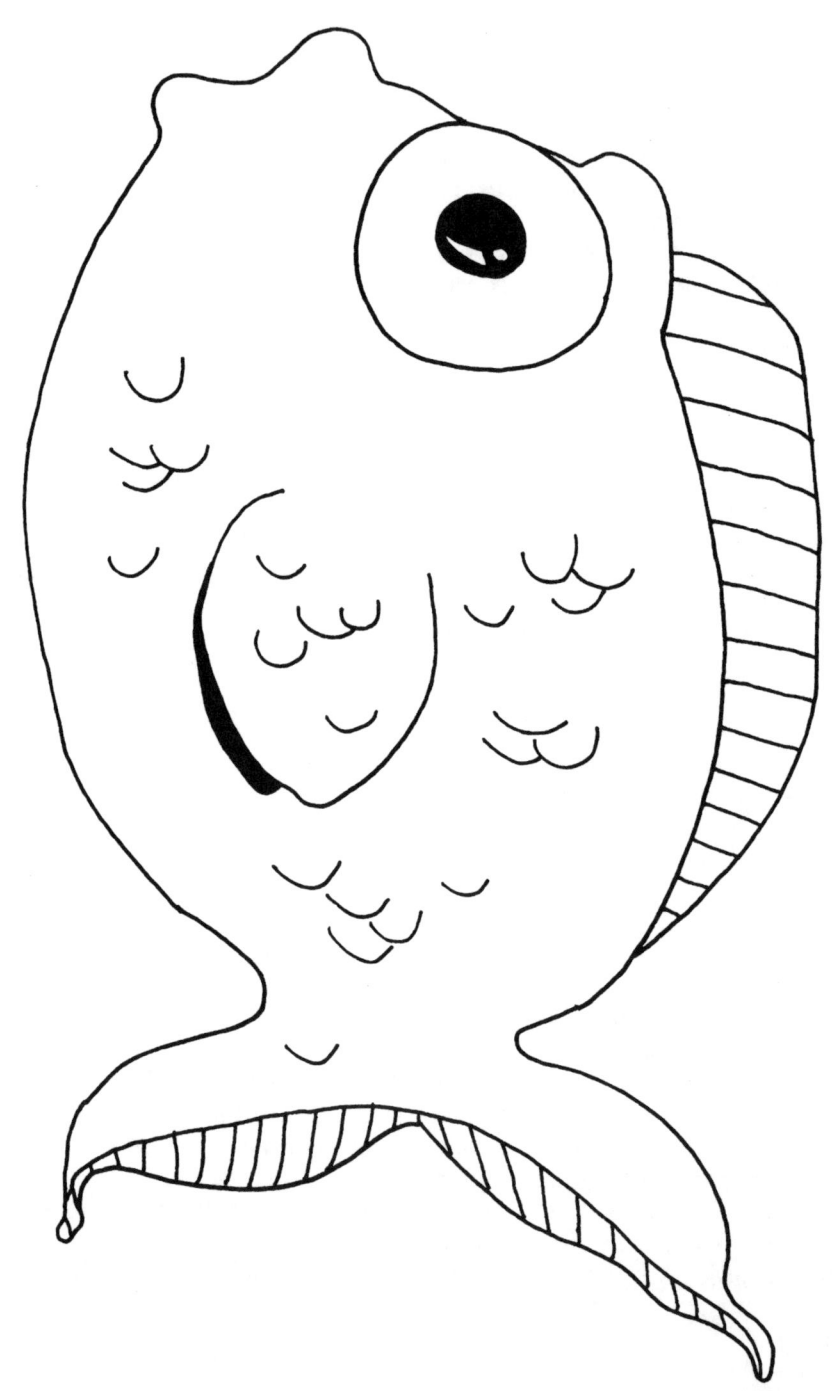

Fisch-Netz-Collage
ALTER: ab 5 Jahren
ART: Vertiefung
Hier ein Fisch, da eine Qualle – ins Netz gehen sie alle!
MATERIAL: Altes Einkaufsnetz, Jute (als Trägermaterial), Leder-oder Stoffreste, Scheren, Tacker, Kleber
DURCHFÜHRUNG: Aus den Leder- und Stoffresten werden Seetiere, Boot und Menschen ausgeschnitten. Das Einkaufsnetz wird aufgeschnitten und ergibt das Fischnetz. Auf dem Jutestoff wird daraus eine Collage erstellt.

Geschichte 2
(An das Spiel und das Bild anknüpfen)
Als Petrus und seine Freunde das Netz wieder einholen wollen, merken sie, dass es im Netz von Fischen nur so wimmelt. Sie schaffen es alleine gar nicht. Schnell rufen sie ein anderes Boot zu Hilfe. Gemeinsam gelingt es, den Fang an Land zu bringen.
Petrus merkt: Dieser Jesus ist ein ganz besonderer Mensch. Jesus sagt zu Petrus: Ich möchte, dass du mit mir kommst und mir hilfst, Menschen von Gott zu erzählen.
Das tut Petrus.

ANMERKUNG ZUR ÜBERTRAGUNG
Die Reaktion des Petrus „Ich bin ein sündiger Mensch" muss, wenn sie mit eingebracht wird, den Kindern erklärt werden. Auch die Redewendung „Menschen fischen" ist nicht einfach zu übertragen. „Anderen von Gott erzählen" ist eine Deutung, die für Kinder verständlich ist. Diese Deutung kann eine praktische Umsetzung finden.

Fischfest
Für einen Nachmittag in absehbarer Zeit wird gemeinsam ein Fischfest mit Spielen, Essen und Spaß geplant. Die Kids planen fleißig mit. Gemeinsam werden Einladungsplakate gemalt, Handzettel gestaltet usw. Die Kids laden ihre Freunde ein.

Lied
Zum Abschluss der Gestaltung wird miteinander gesungen.

Vom Baum weg
Zachäus
TEXT: Lukas 19, 1-10

ERLEBNIS- UND BEZIEHUNGSRAUM
Die Kids erleben die Ungerechtigkeit und Willkür, mit der Zachäus gehandelt hat. Gleichzeitig entdecken sie aber auch an sich das gleiche „gierige" Verhalten. Sie machen sich mit Zachäus auf die Reise, um Jesus zu begegnen. Sie merken, dass es wichtig ist, Jesus kennenzulernen. Sie erleben, wie sich Jesus um den kümmert, der sonst am Rande steht und übersehen wird – oder negativ auffällt. Sie begegnen Jesus als einem Freund, der sich auf die einläßt, auf die sich sonst keiner einlassen will. Sie erleben mit Zachäus, dass die Begegnung mit Jesus verändert. Durch die Korrektur des „Zollstellenerlebnisses" wird deutlich, dass Vergebung und Wiedergutmachung möglich ist. Im gemeinsamen Essen und Trinken wird dieses Erleben noch verstärkt.

STUNDENGESTALTUNG

Zoll-Stelle
Die Kids warten vor dem Gruppenraum. Hinter der Tür wird eine Zollstelle eingerichtet. Ein Zöllner nimmt dort Platz und wartet auf die Kids. Einer nach dem anderen wird durch den Zoll geschleust. Um den Raum betreten zu können, muss Zoll bezahlt werden. Willkürlich nimmt der Zöllner beim einen die Uhr, beim anderen die Schuhe und beim dritten Schuhe und Pullover. Der Willkürcharakter muss deutlich werden.

Begrüßung und Lied
Die Aktion wird zunächst nicht geklärt. Die Kids werden begrüßt. Miteinander wird ein Lied gesungen (zum Thema Zachäus gibt es etliche Lieder).

Gierig
ALTER: ab 5 Jahren
ART: Einstieg
Hätt' ich doch bloß nicht: Uraltes Spiel zum Thema „Gier und Genügsamkeit"
MATERIAL: Eine Tüte Gummibärchen oder ähnliches
DURCHFÜHRUNG: Ein Kind wird rausgeschickt. Sieben Gummibärchen werden auf den Tisch gelegt, davon werden zwei als „giftig" bezeichnet. Die anderen Kids wissen, welche Gummibärchen giftig sind. Das Kind wird hereingerufen und darf sich Gummibärchen nehmen. Alle Gummibärchen, die gewählt werden und nicht giftig sind, dürfen behalten und gegessen werden – wird allerdings ein giftiges Gummibärchen gewählt, schreien alle Kids „giftig" und alle vorher gewählten Bärchen müssen zurückgegeben werden. Das Kind entscheidet, wieviel Gummibärchen es nimmt, oder wann es besser ist, keins mehr zu nehmen, weil die Gefahr, ein giftiges zu nehmen und alle anderen zu verlieren, zu groß wird.
ANMERKUNG: Die meisten Kinder sind „gierig" – verlieren also alle Gummibärchen, weil sie nicht früh genug aufhören zu nehmen. Jedes Kind sollte die

Möglichkeit haben zu spielen (auch mehrfach). Dazu in Kleingruppen teilen und gleichzeitig spielen.

Gierig
ALTER: ab 8 Jahren
ART: Einstieg
Wer zuviel nimmt, bezahlt alles: Spiel zum Thema „Gier"
MATERIAL: Tüte Gummibärchen
DURCHFÜHRUNG: Es werden 18 Gummibärchen auf den Tisch gelegt. Ein Kind spielt gegen einen Mitarbeiter. Abwechselnd dürfen (müssen) mindestens ein und maximal drei Gummibärchen vom Tisch genommen werden. Wer als letzter nehmen kann, hat gewonnen und bekommt alle.
ANMERKUNG: Die Kids nehmen meistens drei Bärchen pro Zug und achten wenig auf die Anzahl der verbleibenden Gummibärchen. Nicht selten verlieren sie deshalb am Ende alle genommenen Bärchen.

Gummibärchen mampfen
Damit die Enttäuschung über die verlorenen Gummibärchen nicht ganz so groß ist, werden die Bärchen gerecht verteilt und gemampft.

Lied
Sammelt die Kinder wieder im Stuhlkreis oder auf dem Boden

Geschichte 1
Zachäus wird vorgestellt. Seine Position als Oberer der Zöllner wird erklärt und in Verknüpfung mit den Spielen und dem Zollerlebnis wird deutlich gemacht, dass er aufgrund seines gierigen Verhaltens recht unbeliebt war. Dann passiert etwas im Alltag des Zachäus. Er hört, dass Jesus in die Stadt kommen soll. Natürlich will er Jesus sehen. Da er aber klein ist und seine Neugierde größer als die Angst, sich zu blamieren, steigt er auf einen Baum.

Baumspiel
ALTER: ab 5 Jahren
ART: Einstieg
Rauf auf den Baum: Die Kids würfeln Zachäus auf seinen Ausguck
MATERIAL: Baumspiel, Würfel, Spielfiguren (→ Kopiervorlage Seite 40)
DURCHFÜHRUNG
VARIANTE 1
Es wird mit einem Baum und Fragen zum Thema Zachäus gespielt. Die Kids beantworten Fragen und rücken Zachäus damit immer höher.
Fragen
Was war Zachäus von Beruf?
Wieso war er unbeliebt?
Welchen Körperbau hatte Zachäus? etc.
VARIANTE 2
Die Felder werden von eins bis sechs numeriert. Mit dem Würfel wird solange reihum gewürfelt, bis Zachäus von Zahl zu Zahl auf den Baum gestiegen ist.

Rauf auf den Baum
ALTER: ab 5 Jahren
ART: Einstieg
Immer höher: Wir begleiten Zachäus auf den Baum
MATERIAL: Würfel
DURCHFÜHRUNG: Die Kids setzen sich auf den Boden. Reihum wird gewürfelt. Bei einer Sechs darf das Kind in eine höhere Position. In der Folge: aufstehen, auf einen Stuhl steigen, auf den Tisch steigen und sich dort setzen, würfeln sich alle auf den Tisch.

Baum besteigen
ALTER: ab 5 Jahren (mit Unterstützung)
ART: Einstieg
Beeindruckend: Wir klettern auf den Baum und von da geht es weiter
MATERIAL: Geeigneter Baum
DURCHFÜHRUNG: Ist bei einer kleinen Gruppe und ausreichenden Sicherheitsvorkehrungen durchaus möglich. Alle klettern auf den Baum und von dort aus wird weitererzählt.

Geschichte 2
Zachäus sitzt also, wie wir, auf seinem Baum und wartet darauf, dass Jesus kommt.
Und tatsächlich! An dem Geräusch, das die anderen wartenden Menschen machen, ist deutlich zu erkennen, dass Jesus kommt.

Geräusch-Chor
Die Kids werden in mehrere Gruppen geteilt. Folgende Geräusche/Worte werden eingeübt:
GRUPPE 1: „Ist er das?" – „Das ist er!"
GRUPPE 2: „Eh, nicht drängeln!" – „Mach mal Platz!"
GRUPPE 3: „Hurra! Hurra!"
GRUPPE 4: Klatschen und johlen
Die Geräusche werden zu einem Geräusch-Chor zusammengemischt. Dazu zeigt man in schneller Folge auf die Gruppe, die ihr Geräusch erzeugen soll. Im Finale machen alle gleichzeitig und anhaltend ihr Geräusch.

Geschichte 3
Plötzlich passiert es. Jesus bleibt unter dem Baum stehen, auf dem Zachäus sitzt. Dann sagt er: „Zachäus, komm runter. Ich möchte mich heute bei dir einladen". Zachäus ist ganz verblüfft. Zu ihm will Jesus kommen? Zachäus freut sich! Schnell klettert er vom Baum herunter (runter vom Tisch/Baum). Doch dann fällt ihm etwas ein! Er muss erst noch was in Ordnung bringen!

Zoll-Vergabe
Die Kids bekommen ihre abgegebenen Zoll-Zahlungen wieder zurück. Dabei spricht der Mitarbeiter mit Zachäus: „Es tut mir leid, dass ich dir zuviel abgenommen habe. Das soll nicht wieder vorkommen. Ab jetzt wird das anders."

Geschichte 4
Zachäus ist ganz verändert, so freut er sich darüber, dass Jesus sein Freund sein will. Er tut mehr, als das zuviel Eingenommene wieder zurückzugeben.

Veränderung
ALTER: ab 5 Jahren
ART: Ausklang
Deine Brille ist doch nicht deine Brille: Veränderungen aufspüren
MATERIAL: Kein Material erforderlich
DURCHFÜHRUNG: Die Kids sitzen im Kreis. Einer geht raus. Die Kinder vertauschen Kleidungsstücke, Brillen, Schuhe etc. Das Kind wird hereingerufen und muss erkennen, was sich verändert hat.

Geschichte 5
Eine Deutung der Geschichte kann sich anschließen. Wenn wir Jesus zum Freund haben, was verändert sich?

Feiern
Es gibt Baumkuchen und Kakao. Dazu werden noch einige Lieder gesungen.

Voll auf die Augen
Der blinde Bartimäus
TEXT: Markus 10, 46-52

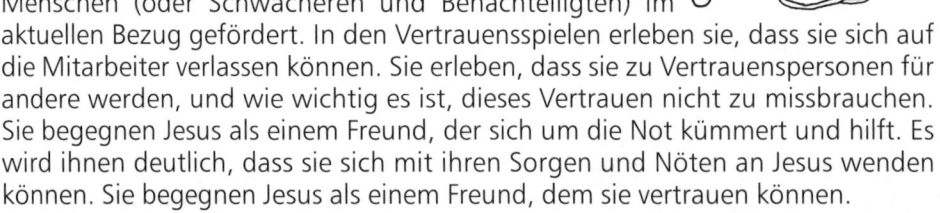

ERLEBNIS- UND BEZIEHUNGSRAUM
Die Kids erleben die Problematik „Blindheit" am eigenen Leib. Damit wird Verständnis nicht nur für die biblische Geschichte, sondern auch für den Umgang mit blinden Menschen (oder Schwächeren und Benachteiligten) im aktuellen Bezug gefördert. In den Vertrauensspielen erleben sie, dass sie sich auf die Mitarbeiter verlassen können. Sie erleben, dass sie zu Vertrauenspersonen für andere werden, und wie wichtig es ist, dieses Vertrauen nicht zu missbrauchen. Sie begegnen Jesus als einem Freund, der sich um die Not kümmert und hilft. Es wird ihnen deutlich, dass sie sich mit ihren Sorgen und Nöten an Jesus wenden können. Sie begegnen Jesus als einem Freund, dem sie vertrauen können.

STUNDENGESTALTUNG

Lied und Begrüßung
Zum Einstieg wird gesungen. Nach der Begrüssung wird eingeführt, dass es heute um eine Geschichte mit einem blinden Menschen geht.

Wie es ist, blind zu sein

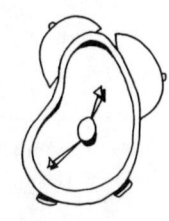

Dinge tasten
ALTER: ab 5 Jahren
ART: Annäherung/Einstieg
Igitt, was ist das denn? Eine Vogelspinne! Ahhhrrrgh!
MATERIAL: Tücher für die Augen, Gegenstände
DURCHFÜHRUNG: Den Kids werden die Augen verbunden. Sie nehmen einen Gegenstand in die Hand und müssen erfühlen, welcher Gegenstand es ist.
VARIATIONEN: Geht auch mit einer Grabbelkiste

Raum ertasten
ALTER: ab 5 Jahren
ART: Annäherung/Einstieg
Das stand doch noch nie hier, oder?
MATERIAL: Tücher für die Augen
DURCHFÜHRUNG: Mit verbundenen Augen ertasten die Kids den Raum (alle gleichzeitig)

Menschen erfühlen
ALTER: ab 5 Jahren
ART: Annäherung/Einstieg
Ist das deine Nase oder ein Pickel?
MATERIAL: Tücher für die Augen
DURCHFÜHRUNG: Ein Kind bekommt die Augen verbunden und muss ein anderes Kind durch das Ertasten der Gesichtszüge etc. erkennen

Lied
Schließt diesen ersten Annäherungsteil ab.

Geschichte 1
Heute geht es um Bartimäus. Er ist blind. Wenn man blind ist, dann bringt das viele Probleme mit sich (sammeln). Man ist auf andere Menschen angewiesen, wenn man blind ist.

Auf Hilfe angewiesen sein

Blind fühlen
ALTER: ab 5 Jahren
ART: Einstieg
Vorsicht mit dem Kopf! Bong!
MATERIAL: Tücher für die Augen
DURCHFÜHRUNG: Die Kids suchen sich zu Paaren zusammen. Ein Kind bekommt die Augen verbunden. Das blinde Kind wird von dem Partner durch das Haus, durch den Park, durch die Stadt, über einen Parcours geführt. Nach einiger Zeit wechseln die Rollen. Es ist wichtig, dem führenden Kind deutlich zu machen, dass es Verantwortung für das blinde Kind übernehmen muss.

Blindlauf
ALTER: ab 5 Jahren (manchmal)
ART: Einstieg
Mit geschlossenen Augen laufen – gar nicht leicht!
MATERIAL: Tücher für die Augen
DURCHFÜHRUNG: Die Kids bilden eine Gasse und strecken die Arme so in Schulterhöhe aus, dass sie die Hände ihres Gegenübers berühren können. Ein Mitarbeiter verbindet einem Freiwilligen die Augen, ein anderer Mitarbeiter bildet den „Stöpsel" für das Gassenende. Die Gasse sollte schon über eine Distanz von mindestens sechs Metern aufgebaut werden (die Lücken zwischen den „Gassenkindern" können größer gehalten werden). Das blinde Kind geht in die Gasse hinein. Die ausgestreckten Arme der anderen Kinder werden den Weg weisen. Am Ende der Gasse fängt der „Stöpsel" das Kind ab. Der Nächste bitte!

Wer blind ist, muß anderen vertrauen

Vertrauensfall
ALTER: ab 5 Jahren (mit Unterstützung)
ART: Einstieg/Vertiefung (gehört Mut zu!)
MATERIAL: Kein Material erforderlich
DURCHFÜHRUNG: Die Gruppe bildet einen engen Kreis (Mitarbeiter verteilen sich gut). Ein Kind geht in die Mitte, macht sich steif und läßt sich in eine beliebige Richtung kippen. Die Kids im Kreis strecken die Arme aus und stützen das Kind ab und reichen es dabei im Kreis herum (Mitarbeiter müssen gut aufpassen). Es dauert eine Weile, bis die Kids den Mut haben, sich kippen zu lassen.

Vertrauenssprung
ALTER: ab 6 Jahren
ART: Einstieg/Vertiefung
Auch als „Stage-Diving" bekannt: Kids hüpfen von Tischen und Schränken
MATERIAL: Kein Material erforderlich
DURCHFÜHRUNG: Die älteren Kids und die Mitarbeiter bilden eine Auffangmatte. Dazu stehen sie sich in einer engen Reihe jeweils gegenüber und verschränken die Hände miteinander, so dass eine Matte aus Armen entsteht. Ein Kind steigt auf einen Stuhl an einem Ende der Reihe und läßt sich steif in die Matte fallen. Dazu winkelt es die Arme neben dem Körper an und nimmt die Hände vor das Gesicht (Brille abnehmen). Die auffangende Matte wippt leicht nach unten nach, um den Aufprall angenehm zu gestalten (über die Arme kann eine Decke gelegt werden). Wer sich traut, kann die Absprunghöhe steigern.

Geschichte 2
Bartimäus hatte wenig Menschen, die ihm geholfen haben und auf die er sich verlassen konnte. Er saß am Strassenrand und bettelte. Sonst hätte er sich nicht versorgen können. Eines Tages passiert es. Jesus kommt genau den Weg entlang, an dem Bartimäus sitzt und bettelt. Bartimäus ruft: „Jesus, hilf mir!" Er weiß, wenn ihm einer helfen kann, dann Jesus.

Weiterspiel
ALTER: ab 5 Jahren (mit Unterstützung)
ART: Vertiefung
Hier: Die Kids spielen die Geschichte nach eigenem Ermessen weiter
MATERIAL: Verkleidungsmaterial für die Beteiligten
DURCHFÜHRUNG: Die Kids bekommen eine Rollenvorgabe (in Kleingruppen arbeiten). Beteiligte am Stück sind der blinde Bartimäus, Jesus und einige Menschen, die den Blinden rufen hören. Die Kinder verkleiden sich und entwickeln eine Fortsetzung. Die Stücke werden vorgespielt.

Geschichte 3
(Je nach Weiterspiel-Varianten anknüpfen)
Die Menschen, die Bartimäus rufen hörten, waren ärgerlich. Sie dachten, Jesus würde sich durch den blinden Bettler gestört fühlen. Sie gehen zu Bartimäus und schimpfen mit ihm. Sie sagen ihm, er soll ruhig sein. Aber Bartimäus weiß es genau: Wenn ihm einer helfen kann, dann ist es Jesus. Also schreit er noch lauter.

Tuch-Schrei
ALTER: ab 5 Jahren
ART: Annäherung/Einstieg
Hier: Vertiefung der Geschichte: Schrei so laut du kannst!
MATERIAL: Tuch
DURCHFÜHRUNG: Die Kids dürfen schreien, so laut sie können. Dazu wird das Tuch in die Luft geworfen. Solange das Tuch fällt, ist Schrei-Zeit. Landet das Tuch auf dem Boden, hört das Geschrei auf.

Geschichte 4
So laut hat Bartimäus geschrien. Tatsächlich (möglicherweise an Weiterspiel-Geschichten anknüpfen), Jesus hat ihn gehört. Er sagt den Menschen, dass sie ihn nicht daran hindern sollen, zu ihm zu kommen. Er sagt: Bringt den blinden Mann her. Bartimäus springt auf und läuft zu Jesus. Er sagt Jesus, dass er sich so sehr wünscht, wieder sehen zu können. Jesus hilft ihm. Er sagt: Weil du geglaubt hast, dass ich dir helfen kann, sollst du wieder sehen können.
Bartimäus ist froh. Weil er wieder sehen kann. Und weil er in Jesus einen gefunden hat, dem er vertrauen kann. Er bleibt bei Jesus.

ÜBERTRAGUNG
An dieser Stelle kann deutlich gemacht werden, dass wir Jesus vertrauen können. Mit all dem, was uns Not macht, können wir zu Jesus kommen.

ANMERKUNG ZUR ÜBERTRAGUNG
Kinder haben nicht selten mit Krankheit in der eigenen Familie zu tun gehabt. Es ist möglich, dass sie nachfragen, warum Jesus den Bartimäus heilt, aber die Tante oder den Onkel nicht. Ich glaube schon, dass Kindern der Hinweis zuzumuten ist, dass es Jesus nicht in erster Linie um körperliche Heilung geht, sondern darum, mit den Menschen Freundschaft zu schließen. Die Unmöglichkeit einer rationalen Antwort bleibt aber auch Kindern nicht verborgen.

Lied
Schließt an dieser Stelle die Gestaltung ab.

VARIATIONEN
Ab Geschichte II bekommen alle Kids die Augen verbunden und erleben den Rest der Stunde mit geschlossenen Augen (auch das Weiterspiel). Das Element „Tuch-Schrei" wird beibehalten – allerdings ohne Tuch. Wenn Bartimäus wieder sehen kann, bekommen auch die Kinder die Tücher abgenommen.

Feiern, Pech und Pannen
Die Hochzeit zu Kana
TEXT: Johannes 2,1-11

ERLEBNIS- UND BEZIEHUNGSRAUM
Da (in einer Variante der Stundengestaltung) alles für die Kids vorbereitet ist, erleben sie eine konkrete Zuwendung zu ihnen. Die liebevolle Zuwendung wird noch deutlicher, wenn die Mitarbeiter die Rolle der Diener einnehmen. Im gemeinsamen Vorbereiten der Festtafel und des Raumes wird der gemeinschaftliche Aspekt erlebbar. Gemeinsam wird etwas erreicht und geleistet – nur wenn alle mitmachen, ist es möglich. Die Kids werden in die Situation der Hochzeit zu Kana über den durchgängigen „Spiel"-Charakter mit hineingenommen und nehmen an der Handlung teil. Damit das Spiel gelingen kann, hat jeder seine Rolle. Die Kinder erleben: Ich bin wichtig, damit das Ganze gelingt. Ohne mich klappt es nicht. Die Kids begegnen Jesus als einem Freund, der nicht den Spielverderber macht, sondern hilft, dass das Fest weitergehen kann. Gleichzeitig ist er nicht der große Zauberer, sondern hält sich im Hintergrund. Die Wunderhandlung Jesu wird damit von den Kindern nicht als große Magie, sondern als Geschenk erlebt. Die Kids erleben: mit allem, was mir Not macht, kann ich zu Jesus kommen.

STUNDENGESTALTUNG
Die Hochzeit zu Kana wird als durchgängiges „Spiel" veranstaltet, in dem die Kids die Rollen der Beteiligten übernehmen. Ein Mitarbeiter führt durch die Hochzeit, indem er den Text bis auf die wörtliche Rede liest. Für die Leseteile müssen Karten vorbereitet werden, die die Kids bekommen. Auf den Karten stehen die Texte, die sie sprechen sollen. Die Texte werden dann spontan gelesen (numerieren und benennen).

VORLAUF
Der Raum wird hochzeitlich geschmückt. Dazu wird ein Tisch festlich gedeckt (die Gestaltung eines Gelages ist ebenfalls denkbar) und die Wände werden dekoriert. Die Kids können in diesen Gestaltungsteil mit einbezogen werden.

ROLLENVERGABE UND VERKLEIDUNG
Folgende Rollen sind zu besetzen:
Braut, Bräutigam, Rabbi, Onkel Mosche, Sohn Jakob, Brautvater, Brautmutter, Bräutigamvater, Bräutigammutter, Koch, Diener, Tante Lea, Cousine Rahel, Maria, Jesus, Türsteher.
Für die jeweiligen Rollen werden Verkleidungsutensilien besorgt (Gardinen, Decken, Tücher, Kochmütze etc.). Die Kids verkleiden sich entsprechend ihren Rollen.

Hochzeitsfeier
Alle Kids, bis auf Onkel Mosche, Sohn Jakob und das Brautpaar betreten den festlich geschmückten Raum und nehmen Platz. (Können auch durch einen Türsteher hereingerufen und zu Tisch geleitet werden).
Das Brautpaar betritt den Saal.
Die Gäste stehen auf und rufen mehrmals: „Hoch lebe das Brautpaar".
Die Frischvermählten setzen sich an ihren Ehrenplatz.
Der Rabbi steht auf, räuspert sich mehrfach und vernehmlich, schreitet in die Mitte der Festgesellschaft und spricht: „Mein sehr verehrtes Brautpaar, hoch geschätzte Eltern der Brautleute, werte Verwandte, Freunde und Bekannte. Wir sind hier zusammengekommen, um miteinander ein freudiges Ereignis gebührend zu feiern. Die Hochzeit der Brautleute! Zu diesem Anlaß begrüße ich euch alle recht herzlich. Möge dieses Fest uns allen lange in guter Erinnerung bleiben".
Die Festgesellschaft klatscht Beifall für diese gelungenen Begrüßungsworte.
Der Rabbi verneigt sich verlegen und setzt sich dann aufatmend auf seinen Stuhl.
Die Tür geht auf, Onkel Mosche und sein Sohn Jakob betreten den Raum. Die Brautmutter ruft: „Mosche, hast du dich denn nicht beeilen können? Die ganze Trauung hast du verpasst"!
Onkel Mosche bleibt verlegen in der Mitte des Raumes stehen. Er sagt: „Ein Hoch auf das Brautpaar! Verzeiht uns! Eines unserer Kamele hatte einen Plattfuß und wir konnten so schnell keine Werkstatt finden."
Sohn Jakob fällt ihm ins Wort: „Stimmt gar nicht! Onkel Mosche hat bloß verschlafen! Schäm dich!"
Onkel Mosche und sein Sohn Jakob setzen sich auf die noch freien Plätze am Tisch. Der Bräutigamvater erhebt sich schwerfällig und sagt: „Wir wollen zwei Lieder singen." Die Festgesellschaft singt zwei Lieder.
Der Brautvater steht von seinem Platz auf und begibt sich in die Mitte der Festgesellschaft. Er setzt an: „Meine lieben....."
Doch er wird von einem Hustenanfall der Bräutigammutter unterbrochen.
Als der Hustenanfall vorbei ist, beginnt der Brautvater erneut: „Meine lieben Kinder, liebe Gäste. Ich freue mich darüber, dass ihr alle gekommen seid, um mit meinen Kindern und mir diesen Tag zu feiern. Es ist nicht immer einfach, einen Tag wie diesen zu feiern! Denn schließlich verlieren wir unsere Tochter!"
Die Festgesellschaft murmelt beifällig.
Die Brautmutter fängt an zu schluchzen und zückt ein Taschentuch.
Der Brautvater fährt fort: „Unsere Tochter, die so lange Jahre mit uns unter einem

Dach gelebt hat, wird nun ihren eigenen Weg gehen und uns verlassen. Ist das nicht traurig?"
Tante Lea seufzt aus vollem Herzen: „Ja!"
Die Festgesellschaft murmelt zustimmend.
Der Brautvater spricht weiter: „Und zugleich ist dies ein freudiger Tag. Zu unserer Tochter bekommen wir noch einen Sohn geschenkt. Ist dies nicht ein Grund zur Freude?"
Die Brautmutter hört auf zu schluchzen.
Die Bräutigammutter fängt an zu schluchzen.
Die Brautmutter reicht der Bräutigammutter das Taschentuch.
Die Festgesellschaft murmelt zustimmend.
Der Brautvater endet: „Aus einem Kind werden zwei. Das ist ein Grund zu feiern. Seid also alle meine Gäste, eßt, trinkt und seid fröhlich." Der Brautvater setzt sich.
Die Bräutigammutter schneuzt kräftig in das Taschentuch und steckt dieses dann weg.
Der Koch läuft beschwingt in die Mitte des Raumes, wedelt mit seinem Küchentuch und spricht mit deutlicher Stimme: „Sehr verehrte Festgemeinde. Es ist mir eine besondere Freude, Ihnen heute folgende Köstlichkeiten kredenzen zu können: Es gibt delikate Schaumzuckerberge in den Geschmacksrichtungen Zartbitter, Vollmilch und weiße Schokolade (Mini-Dickmanns); dazu eine meisterliche Küchleinauswahl (Madeleines und Prinzenrolle) und Sahnewaffeln an heißen Kirschen mit Schokostreuseldekor. Dazu serviere ich Ihnen einen Zitronenteesaft aus dem Anbaugebiet Aldi. Greifen Sie zu und genießen Sie." (Entsprechend abändern). Der Koch eilt hinter das Buffet, wo die Diener schon auf ihn warten.
Die Festgesellschaft läßt sich am Buffet bedienen.
(Der Zitronentee ist dünn angerührt und reicht nicht für alle zum Nachholen.)
Haben sich alle bedient und sind zum Platz zurückgekehrt, erhebt sich der Brautvater, hebt sein Glas und ruft: „Auf das Wohl unserer Kinder trinken wir dieses Glas. Prost!" Er setzt sich wieder.
Die Festgesellschaft stößt an. Jeder will mit dem Brautpaar anstoßen.
Die Bräutigammutter erhebt sich und spricht: „Laßt uns ein Gebet sprechen! Alle guten Gaben, alles was wir haben, kommt, oh Gott, von dir, wir danken dir dafür. Amen!" Sie setzt sich wieder.
Die Festgesellschaft ißt. Dazu wird feine Musik gespielt.
Tante Lea verschluckt sich am Essen, hustet laut und ruft: „Hilfe, ich ersticke!"
Cousine Rahel klopft ihr auf den Rücken und sagt beschwichtigend: „Immer muss sie den Mund so voll nehmen. Kein Wunder, dass sie sich verschluckt. Es geht gleich besser!"
Tante Lea erholt sich von dem Erstickungsanfall und kann weiter essen.
Der Diener eilt zum Koch und flüstert (laut): „Der Saft ist alle!"
(Es kann eine Situation abgewartet werden, in der ein Hochzeitsgast Getränk nachholen kommt und kein Saft mehr da ist. Dazu müssen gegebenenfalls die Saftbestände versteckt werden.)
Der Koch eilt zum Brautvater und tuschelt laut: „Der Saft ist alle!"
Die Brautmutter ruft laut: „Oh, welche Blamage, oh welche Blamage!"
Die Braut fängt an zu weinen.
Der Bräutigam springt auf und ruft: „Das darf doch wohl nicht wahr sein!"

Maria mischt sich ein. Sie geht zum Brautvater und sagt: „Ich kann Jesus fragen, ob er helfen kann!"
Der Brautvater nickt.
Maria geht zu Jesus und sagt: „Etwas Furchtbares ist passiert. Der Saft ist alle. Die Hochzeitsgesellschaft kann nicht weiter feiern. Das ist schlimm für die Brautleute. Kannst du helfen? Wenn du ein Wunder tust, würden alle sehen können, dass du Gottes Sohn bist."
Jesus antwortet: „Ich will mich hier nicht als Wundermann aufspielen. Aber helfen kann ich wohl."
Maria läuft zu dem Diener und sagt: „Jesus wird helfen können. Wenn er euch eine Anweisung gibt, dann befolgt sie einfach!"
Jesus geht zum Diener und spricht: „Holt ein paar Krüge mit Wasser und stellt sie mir hier hin."
(Die Krüge mit Traubensaft werden gebracht. Am einfachsten ist es, wenn die Diener Mitarbeiter sind.)
Jesus ruft den Koch und sagt: „Koste von dem Getränk!"
Der Koch nimmt einen Löffel und murmelt: „Wollen sehen, wollen sehen!" Er kostet einen Löffel voll. Dann verdreht er die Augen und ruft verzückt: „Köstlich, oh welche Köstlichkeit!"
Der Koch läuft mit einem Glas voll Saft zum Brautvater und sagt: „Kostet diesen Saft!"
Der Brautvater kostet und ruft: „Wunderbar, was für ein Saft!"
Die Braut hört auf zu weinen.
Die Festgesellschaft bekommt von dem neuen Saft.
Der Diener spricht: „Wißt ihr, das ist wirklich seltsam. Normalerweise serviert man erst den guten Saft, und wenn das Fest in vollem Gange ist, dann gibt es den weniger guten Saft. Die Gäste merken das dann gar nicht mehr. Auf dieser Hochzeitsfeier ist das anders. Erst gab es einen weniger guten Saft und dann den ausgezeichneten Saft, den Jesus aus dem Wasser gemacht hat. So einen guten Saft hatten wir noch nie."
Die Festgesellschaft singt zwei Lieder.

Hochzeitsspiele
Wenn noch Zeit da ist, können gemeinsam einige typische Hochzeitsspiele gespielt werden. Eine Brautentführung mit Schatzkarte (die ganze Festgesellschaft sucht) kommt immer gut an.

Lied und Gebet
Ein Abschlusslied und ein gemeinsames Gebet, in dem die Nöte, Sorgen und Freuden der Kids aufgegriffen werden, beendet die Hochzeit zu Kana.

ANMERKUNG ZUR ÜBERTRAGUNG
Die Verse 3 und 4 sind nicht einfach zu übertragen. Jesus soll nicht als Zauberer dargestellt werden, der nach Belieben Saft, Wein und Kaninchen aus dem Krug ziehen kann. Die Hochzeit ist für Jesus auch kein Ort, um seine Gottessohnschaft unter Beweis zu stellen. Die Kids sollen Jesus erleben können als einen Freund, der

sich um die ganz einfachen Nöte kümmert und nicht davor halt macht, einem Brautpaar aus einer überaus peinlichen Situation zu helfen.

Stürmisch bis orkanisch
Jesus stillt den Sturm
TEXT: Markus 4, 35 – 41

ERLEBNIS-UND BEZIEHUNGSRAUM
Die Kids begleiten die Freunde und Jesus auf den See hinaus – in den Sturm hinein. Sie erleben, dass die Tatsache, Angst zu haben, nichts ist, wofür man sich schämen müßte. Sie erleben, dass es möglich ist, Ängste zu äußern. Sie begegnen Jesus als einem Freund, der die Angst ernst nimmt und hilft. Sie erleben: Mit meiner Angst kann ich zu Jesus kommen. Er hilft mir. Die Tatsache, dass Jesus Macht über den Sturm hat, soll nicht im Mittelpunkt der Gestaltung stehen und wird von der Thematik „Umgang mit der Angst" im Erleben der Kids überlagert.

STUNDENGESTALTUNG

Begrüßung und Lied
Zum Thema Sturm oder Angst gibt es etliche Lieder

Fischer, Fischer
ALTER: ab 5 Jahren
ART: Annäherung
Alt, aber gut.
MATERIAL: Kein Material erforderlich
DURCHFÜHRUNG: Nach bekannter Manier wird gespielt.

Sturm
ALTER: ab 5 Jahren
ART: Annäherung
Regen, Sonne, Hagel, Sturm – ein ganzes Gewitter entsteht
MATERIAL: Kein Material erforderlich
DURCHFÜHRUNG: Die einzelnen Elemente des Sturmes werden mit Bewegungen verknüpft.
SONNE:
Alle breiten die Arme aus und sagen „Ahhh!"
REGEN:
Alle hocken sich hin und trommeln mit den Händen auf den Boden

HAGEL:
Alle trampeln mit den Füßen
BLITZ:
Alle klatschen einmal in die Hände
STURM:
Alle laufen auseinander

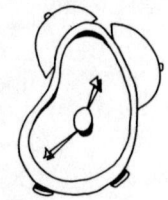

Auf einem begrenzten Spielfeld wird gespielt. In der Mitte steht der Sturmfänger. Alle anderen stellen sich auf Armabstand um ihn herum. Ein Mitarbeiter sagt die Wetterelemente an, die von den Kids mit der entsprechenden Bewegung verknüpft werden. Beim „Sturm" laufen alle zu den Endlinien des Spielfeldes, während das „Sturmkind" versucht, die anderen abzuschlagen. Die Erwischten werden zu Sturmkindern und das Spiel beginnt von vorne.

Lied
Die Kids sammeln sich wieder im Stuhlkreis oder auf dem Boden

Geschichte 1
Die Freunde von Jesus waren mit dem Schiff auf einem großen See unterwegs. Jesus war auch mit dabei. Er hatte sich zum Schlafen hingelegt. Plötzlich zogen am Horizont Wolken auf, der Himmel verdunkelte sich, der Wind frischte auf und es sah so aus, als wollte bald ein mächtiger Sturm losbrechen.

Unwetter
ALTER: ab 5 Jahren
ART: Einstieg
Hände reiben bis die Schmutzkrümel rausfallen – das ist Wind!
MATERIAL: Kein Material erforderlich
DURCHFÜHRUNG: Es wird gemeinsam eine Geräuschkulisse erstellt. Dabei gibt der Mitarbeiter eine Geräuschbewegung vor, die von den Kids aufgegriffen wird.
WIND
Die Handflächen werden wie beim Händewaschen aufeinander gerieben.
REGENTROPFEN
Finger schnipsen (unrythmisch)
REGEN
Schnelles leichtes Händeklatschen
VIEL REGEN
Schnelles festes Händeklatschen
BLITZ
Gleichzeitiges Klatschen in die Hände
DONNER
Trampeln mit den Füßen
Vom Wind an wird das Gewitter aufgebaut. Mehrfach blitzt und donnert es und der heftige Regen will gar nicht enden. In den Höhepunkt des Gewitters hinein wird eine Erzählpause eingelegt.

Geschichte 2
Ein furchtbarer Sturm war losgebrochen. Das Schiff wurde hin- und hergeworfen und die Freunde bekamen furchtbare Angst. Das Schiff drohte zu kentern. Alle würden sie ertrinken müssen. Und wo war Jesus? Der lag immer noch im Boot und schlief.
Die Freunde wußten sich keinen Rat mehr. Schließlich weckten sie Jesus. Sie sagten: Das Schiff geht unter, wir werden alle ertrinken und du schläfst hier? Jesus stand auf und sprach zu dem Sturm: Sei still und beruhige dich!

Unwetter
Mitten im heftigsten Unwetter wird wieder eingesetzt. Dann flaut das Unwetter ab. Es blitzt und donnert nicht mehr, der Regen läßt nach und schließlich weht nur noch ein leises Lüftchen. Dann ist Stille.

Geschichte 3
Die Freunde staunen. Jesus kann sogar einen Sturm beruhigen. Jesus fragt sie: Warum habt ihr denn solche Angst gehabt. Ich bin doch hier! Ein bisschen unheimlich ist es den Freunden schon zumute. Sowas haben sie noch nie erlebt. Gut, dass sie jetzt keine Angst mehr haben brauchen.

Lied
Zum Thema Angst wird ein Lied gesungen

Überleitung
Die Freunde hatten Angst bei dem Riesensturm. Das ist nicht schlimm. Jeder hat Angst.

Wann ich Angst habe
ALTER: ab 5 Jahren (mit Unterstützung)
ART: Vertiefung (Eine Spinne, Dunkelheit – Situationen, in denen Angst entsteht, werden vorgespielt).
MATERIAL: Kein Material erforderlich
DURCHFÜHRUNG: Die Kids teilen sich in Kleingruppen auf. Gemeinsam erarbeiten sie eine Situation, in der es zu einem Gefühl der Angst kommt. Die Stücke werden vorgestellt.

Wenn ich Angst habe
ALTER: ab 5 Jahren (mit Unterstützung)
ART: Vertiefung (Gehört zu „Wann ich Angst habe")
MATERIAL: Kein Material erforderlich
DURCHFÜHRUNG: Die Kids bleiben in den Kleingruppen, die Stücke aber wechseln. Die Kleingruppen erarbeiten jeweils eine „Lösung" für die Angstsituation einer anderen Gruppe (die Mitarbeiter helfen). Die „Lösungen" werden vorgespielt.

Zuspruch
Neben den „Lösungen", die die Kids füreinander entwickeln, kann den Kids die

Nähe Gottes zugesprochen werden. In einem Gebet können die Ängste formuliert werden.

Lied
Ein Segenslied kann den Zuspruch noch ergänzen

Sturmquark
Zum Abschluss der Gestaltung gibt es Sturmquark. Der Quark wird mit Zucker und Zitrone angerührt. Schokostreusel oder Obst aus der Dose machen den Sturm aus. Die Kids rühren sich ihren eigenen Sturm zusammen.

Das Bild vom Markstück, das in den Gulli gefallen war
Das Gleichniss vom verlorenen Groschen
TEXT: Lukas 15, 8-10

ERLEBNIS- UND BEZIEHUNGSRAUM
Die Kids werden in die Suche der Frau mit hineingenommen. Die Not der Frau, die ihren Groschen nicht finden kann, und die Freude, als sie ihn findet, erleben die Kids mit. Über die Geschichte wird ihnen deutlich, dass sie für Gott wichtig sind. Das kann auch von den Mitarbeitern deutlich gemacht werden.

STUNDENGESTALTUNG

Begrüßung und Lieder
Es bietet sich u.a. der „Volltreffer" an (s.Indianerwoche)

Verstecken
ALTER: ab 5 Jahren (mit Unterstützung)
ART: Annäherung/Einstieg (Erstmalig erwähnt bei Adam und Eva: Das wohl älteste Spiel der Welt!)
MATERIAL: Kein Material erforderlich
DURCHFÜHRUNG: Nach den bekannten Regeln wird eine ordentliche Portion Verstecken gespielt.

Verstecken verkehrt
ALTER: ab 5 Jahren
ART: Annäherung/Einstieg (Wo sind die denn alle hin? Eben waren sie doch noch da!)
MATERIAL: Kein Material erforderlich
DURCHFÜHRUNG: Ein Mitarbeiter (oder Kind) versteckt sich gut. Die anderen zählen derweil bis 2000. Dann suchen alle los und versuchen, das Versteck zu entdecken. Findet einer das Versteck, hockt er sich leise dazu. Schließlich werden es immer weniger, die suchen. Der Letzte ist der, der sich wieder verstecken darf.

Lied
Ein Lied an dieser Stelle sammelt die Kids

Groschen fühlen
ALTER: ab 5 Jahren
ART: Einstieg (Boah, ein 30 Mark Stück!)
MATERIAL: Tuch zum Verbinden der Augen, verschiedene Geldstücke
DURCHFÜHRUNG: Die Kids können nacheinander versuchen, verschiedene Geldstücke zu erfühlen. Wer die richtige Summe erfühlt hat, bekommt einen Preis.

Groschen-Spiel
Das Groschen-Spiel ist ein Stationenlauf, bei dem die Kids versuchen, Groschen zu erwerben. Dies geschieht durch das Erfüllen von Aufgaben. Die Kids können in Kleingruppen eingeteilt werden. Je nach Mitarbeiterzahl werden verschiedene Stationen gleichzeitig angeboten.

Aussicht
In die Mitte des Raumes wird verschiedener Süßkram gestellt. Ein Mitarbeiter erklärt den Stationenlauf. Den Gruppen, die 10 Groschen erwirtschaften können, wird ein Anteil am Süßkramberg in Aussicht gestellt. (Die Gruppen erwerben durch gütige Mithilfe der Mitarbeiter allesamt 9 Groschen – deshalb gibt es auch nur 9 Stationen)

Station 1
Spielt dreimal „Nilpferd/Frosch/Storch" mit dem Mitarbeiter und gewinnt mindestens einmal.

Nilpferd / Frosch / Storch
ALTER: ab 5 Jahren
ART: Einstieg (Ich hab's gehört, ich hab's gehört – oh nee, wieder nich')
MATERIAL: Groschen
DURCHFÜHRUNG: Die Kids und der Mitarbeiter sitzen sich an einem Tisch gegenüber. Unter dem Tisch geben die Kids den Groschen weiter, bis der Mitarbeiter eine Figur benennt. Die Figur gibt die Art an, in der die Hände der Kids auf den Tisch gebracht werden. Der Mitarbeiter muss hören und raten, in welcher Hand sich der Groschen versteckt.
NILPFERD
Die Hände werden zur Faust geballt auf den Tisch gehämmert
FROSCH
Die Hände werden flach auf den Tisch geklatscht
STORCH
Jetzt berühren nur die Fingerspitzen den Tisch, und zwar alle Finger. Der Groschen wird in der Handfläche eingeklemmt.
Der Mitarbeiter muss einmal falsch raten, damit die Kids den Groschen bekommen.

Station 2
Spielt „Kopf oder Zahl" und gewinnt von fünf Versuchen einmal.
KOPF ODER ZAHL
ALTER: ab 5 Jahren
ART: Einstieg (Nicht das dollste Spiel, aber immerhin hat es mit 'nem Groschen zu tun.)
MATERIAL: Groschen
DURCHFÜHRUNG: Die Kids tippen eine Seite des Groschens. Der Groschen wird hochgeworfen, aufgefangen und auf den Handrücken geklatscht.
Die Kids müssen einmal richtig tippen, um einen Groschen zu bekommen.

Station 3
Werft von fünf Groschen mindestens zwei in den Topf
TOPF TREFFEN
ALTER: ab 5 Jahren
ART: Einstieg (Auf den Rand und doch vorbei gilt für einen halben Groschen, oder?)
MATERIAL: Topf, Groschen
DURCHFÜHRUNG: Der Topf wird in einer Entfernung von etwa einem Meter auf den Boden oder einen Stuhl gestellt. Die Kids werfen die Groschen in den Topf. Wenn sie von fünf Versuchen zwei treffen, gehört ein Groschen ihnen.

Station 4
Beantwortet von den drei Fragen eine – dann gehört ein Groschen euch!
FRAGE 1
Welche Währung gilt in Amerika?
FRAGE 2
Was ist der kleinste deutsche Geldschein?
FRAGE 3
Was ist das größte übliche deutsche Geldstück?

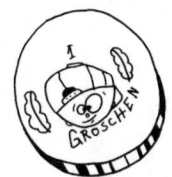

Station 5
Rechnet die Münzen zusammen. Wenn ihr richtig gerechnet habt, bekommt ihr einen Groschen.
Etwa 15 unterschiedliche Münzen liegen auf dem Tisch. Die Kids rechnen zusammen.

Station 6
Malt einen originellen 25 DM Schein und ein weiterer Groschen gehört euch.

Station 7
Spielt „Groschen gegen die Wand". Von fünf Versuchen müßt ihr einen gewinnen, dann gibt es einen Groschen.
Groschen gegen die Wand
ALTER: ab 5 Jahren
ART: Einstieg (So hat jeder irgendwann mal sein Taschengeld verzockt)
MATERIAL: Groschen

DURCHFÜHRUNG: Der Mitarbeiter und ein Kind aus der Gruppe stellen sich in etwa drei Metern Entfernung zu einer Wand auf. Der Groschen muss an die Wand geworfen werden und so nah wie möglich an der Wand liegen bleiben. Der Werfer, dessen Groschen der Wand am nächsten kommt, gewinnt.

Station 8
Saugt einen Groschen von einem Teller zum anderen mit einem Strohhalm. Von fünf Versuchen müssen zwei klappen, dann gewinnt ihr einen Groschen.
GROSCHEN SAUGEN
ALTER: ab 5 Jahren
ART: Einstieg (Das gilt, das gilt! Was kann ich dafür, wenn ich
niesen muss?)
MATERIAL: Strohhalm, Groschen, Teller
DURCHFÜHRUNG: Mit dem Strohhalm soll der Groschen von einem Teller zum anderen gesaugt werden.

Station 9
Erfindet einen guten Grund, um den Mitarbeiter um einen
Groschen anzupumpen.
HASTE MAL 'NE MARK?
ALTER: ab 5 Jahren (mit Unterstützung)
ART: Einstieg (Pädagogisch verwerflich, aber es passte in das Spiel!)
MATERIAL: Mitarbeiter mit Elefantenhaut
DURCHFÜHRUNG: Die Kids denken sich einen Grund aus, warum sie dringend einen Groschen brauchen, und betteln den Mitarbeiter so lange an, bis er einen Groschen rausrückt.

Lied
Sammelt die Kids im Stuhlkreis oder auf dem Boden

Überleitung und Geschichte
Die Kleingruppen werden gebeten, ihre 10 Groschen vorzuzeigen, um sie gegen den Süßkram einzutauschen. Ein gewisses Entsetzen wird sich breit machen. Auf die Einwände, man hätte nur neun Groschen gewinnen können, wird nicht eingegangen. Es wird deutlich gemacht, dass den Kids ein Groschen fehlt. Kleingruppenverbrüderungen zwecks Vermehrung der Groschen sind ausgeschlossen. Es wird zur Geschichte übergeleitet.

Geschichte
(Quelle: M.Inkpen und N.Butterworth, Von Schafen, Perlen und Häusern, Oncken Verlag 1995) Die entsprechende Geschichte auf DIN A 3 großkopieren und miteinander lesen (ohne die letzte Seite). Die Kids entdecken, dass sie und die Frau sich in einer ähnlichen Situation befinden. Nicht selten mutmaßen die Kids schon nach wenigen Seiten, dass ein Groschen im Raum versteckt sein müsse.

Groschen suchen
Die Kids suchen den Groschen. Tatsächlich hat ein Mitarbeiter vorher Groschen im Raum versteckt. Die Freude über den wiedergefundenen Groschen ist angesichts der nun erreichbaren Süßigkeiten enorm.

Miteinander essen
Zu den Süßigkeiten wird noch ein leckerer Kuchen und Kakao gestellt. Beim Essen wird die letzte Seite gelesen. Es wird deutlich gemacht, dass jedes einzelne Kind für Gott enorm wichtig ist.

Das Bild von der wackeligen Villa
Vom Hausbau
TEXT: Matthäus 7, 24-27

ERLEBNIS- UND BEZIEHUNGSRAUM
Anhand der spielerischen Gestaltung, die auf die Geschichte hinläuft, erleben die Kids die Thematik Hausbau mit. Mit der Geschichte erleben sie sehr eindrücklich, dass es gut ist, Jesus zum Freund zu haben. In der Beziehung zum Mitarbeiter muss dieses Element „Es ist gut, einen Freund zu haben" deutlich werden können.

STUNDENGESTALTUNG

Begrüßung und Lied
Auf den Tisch können einige Backsteine gelegt werden.

Raupe und Bagger
ALTER: ab 5 Jahren
ART: Annäherung (Findet sich unter einem anderen Namen auch im Markt der Möglichkeiten (wer findet es innerhalb von 30 Sekunden ab jetzt?)
MATERIAL: Kein Material erforderlich
DURCHFÜHRUNG: Die Kids teilen sich in zwei Gruppen und legen sich mit den Füßen zueinander an der Spielfeldmittellinie auf dem Bauch hin (oder setzen sich in einem Abstand hin).
Die eine Gruppe sind die Raupen, die andere die Bagger. Ein Mitarbeiter benennt eine Gruppe. Die Kids der genannten Gruppe jagen die Kids der anderen Gruppe zur Endlinie des Spielfeldes. Die abgeschlagenen Kids wechseln in die jeweils andere Baumaschinenklasse.

Wackeliges Haus
ALTER: ab 5 Jahren
ART: Annäherung/Einstieg (Ruhiges Spiel zum Miteinander)
MATERIAL: Kein Material erforderlich

DURCHFÜHRUNG
Die Kids bilden einen Kreis. Jeder zweite steht mit dem Gesicht nach außen. Alle fassen sich an den Händen. Auf Kommando lehnt sich jeder vorsichtig in Blickrichtung. Wenn die Kids im Kreis ausgeglichen stehen, balanciert sich das Gebilde aus.

Lied
Die Kids finden sich im Stuhlkreis oder auf dem Boden zusammen

Hausbau
Anhand eines Stundenbildes werden die Aufgaben gewählt und bewältigt. Dazu werden auf das Bild des Hauses 20 Felder aus Papier angeheftet, so dass das Bild vollständig bedeckt ist. Die Felder werden von 1-20 numeriert. Die Kids wählen Felder. Erst wenn alle Felder entfernt sind und das Haus sichtbar ist, haben alle gewonnen.

FELD 1
Macht eine Menschenpyramide mit mindestens 6 Personen (die Mitarbeiter helfen und sichern)
FELD 2
Malt eine Villa (entweder einer oder alle)
FELD 3
Macht drei Liegestütze. Man muss kräftig sein, wenn man ein Haus bauen will!
FELD 4
Joker
FELD 5
Nennt fünf Dinge, die zum Hausbau gebraucht werden
FELD 6
Baut ein Kartenhaus mit drei Etagen
FELD 7
Wie heißen die ganz großen Häuser?
FELD 8
Bildet Paare und fahrt einander als Schubkarre durch den Raum
FELD 9
Malt eine Bruchbude
FELD 10
Nennt drei Arten von Häusern
FELD 11
Joker
FELD 12
Malt ein Haus mit einem einzigen Strich
FELD 13
Macht 10 Kniebeugen, das lockert auf!
FELD 14
Was ist ein Richtfest?
FELD 15
Worauf steht ein Haus?
FELD 16
Haltet 30 Sekunden lang die Luft an
FELD 17
Nennt fünf Zimmer, die zu einer Wohnung gehören
FELD 18
Nennt zehn Dinge, die zu einem Haus gehören
FELD 19
Joker
FELD 20
Bringt das Kartenhaus mit Haushaltsgummis auf vier Metern Entfernung zum Einstürzen.

Erfrischung
Die Hausbau-Aktion hat mit Sicherheit durstig gemacht. Es gibt ein erfrischendes Getränk.

Lied
Die Kids sammeln sich wieder

Geschichte
(Quelle: N.Butterworth, M.Inkpen, Von Schafen, Perlen und Häusern, Oncken 1995) Die entsprechende Geschichte wird auf DinA 3 großkopiert und miteinander gelesen.

Übertragung
Die Übertragung aus der Bildgeschichte kann aufgegriffen werden. Es ist gut, Jesus zum Freund zu haben. Es kann darüber gesprochen werden, wo im Alltag ein Freund wichtig ist.

Lied und Gebet
Zum Abschluss der Gestaltung wird gesungen und ein Gebet formuliert.

Das Bild von der Schatztruhe im Acker
Das Gleichniss vom Schatz im Acker
TEXT: Matthäus 13, 44

ERLEBNIS- UND BEZIEHUNGSRAUM
Die Kids werden in den Moment des Schatzfindens mit hineingenommen. Sie können erleben, dass die Freundschaft mit Jesus ein Schatz ist, der wichtiger ist als andere Dinge. Die Freundschaft oder die Beziehung zum Mitarbeiter kann von den Kindern als Beispiel für die Freundschaft mit Jesus erlebt werden.

STUNDENGESTALTUNG

BEGRÜSSUNG UND LIED
Dazu finden sich die Kids im Stuhlkreis oder auf dem Boden ein

Bauer-Fred-Puzzle
ALTER: ab 5 Jahren (mit Unterstützung)
ART: Annäherung (Hier die Mistgabel, da die Sau – zum Einstieg ins Thema wird nach guter Sitte gepuzzelt.)
MATERIAL: Bild von Bauer Fred
DURCHFÜHRUNG: Das Bild wird vergrößert und in Puzzle-Teile zerschnitten. Die Teile werden im Raum versteckt. Die Kids suchen die Teile und setzen das Puzzle zusammen.
VARIATIONEN: Wenn mehrere Puzzle in Teilen versteckt werden, müssen die Kids noch gemeinschaftlicher arbeiten, um die Teile zuzuordnen.

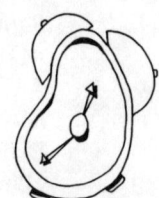

Bauer, Bauer
ALTER: ab 5 Jahren
ART: Annäherung (Alt, aber gut: Abänderung von „Fischer, Fischer")
MATERIAL: Kein Material erforderlich
DURCHFÜHRUNG: Einer ist der Bauer, die anderen sind das Vieh. Das Vieh blökt: „Bauer, Bauer, was kreucht und fleucht auf deinem Öko-Hof?" Bauer: „Viecher ohne Ende!" „Was sind wir denn?" Der Bauer gibt eine Tiergattung vor. Die Kids verwandeln sich in das entsprechende Tier und müssen das Spielfeld überqueren, ohne von Bauer Fred mit der Fingergabel erwischt zu werden. Die gefangenen Tiere werden zu Bauern und der Viehtrieb beginnt erneut.

Enten, Schweine, Kühe
ALTER: ab 5 Jahren
ART: Annäherung (Grunz, Quak, Muh: Tiergeräusche nachahmen und weglaufen)
MATERIAL: Kein Material erforderlich
DURCHFÜHRUNG: Die Kids bilden zwei Gruppen. Die eine Gruppe überlegt sich ein Tiergeräusch. Die beiden Gruppen treffen sich an der Spielfeldmitte und stellen sich gegenüber auf. Die Gruppe führt ihr Tiergeräusch vor. Errät die andere Gruppe das Tier, darf sie die anderen bis zur Endlinie verfolgen und abschlagen. Die Abgeschlagenen wechseln die Gruppe. Dann ist die andere Gruppe an der Reihe.
VARIATIONEN: Tätigkeiten auf dem Bauernhof werden wechselweise vorgeführt.

Lied
Die Kids sammeln sich im Stuhlkreis oder auf dem Boden

Geschichte vervollständigen
ALTER: ab 6 Jahren (mit Unterstützung)
ART: Einstieg (Bauer Fred sprang in die Jauchegrube...: Da stimmt was nicht!)
MATERIAL: Lückentext, evtl. Symbole statt der Wörter zum Einsetzen
DURCHFÜHRUNG: Die Kids bekommen den Text und die fehlenden Wörter und müssen beides zusammenfügen. Dann wird die Geschichte erzählt.

Text 1
Es geschah an einem .... nachmittag. Bauer Fred hatte noch den letzten Streifen in seinem .... zu .... Er wollte später .... aussetzen. Plötzlich stieß eine Harke seines Pfluges auf etwas Hartes. Bauer Fred sprang eilig von seinem ...., um nachzusehen, auf was er da wohl gestoßen sei. Er wollte seinen .... kaum trauen. Er hatte eine .... ausgegraben. Da sprang er vor Freude hoch in die ....!

LÖSUNGSWÖRTER
Montag, Feld, pflügen, Kartoffeln, Trecker, Augen, Schatztruhe, Luft

VARIATIONEN: Die Lösungswörter können gesucht und gefunden werden.

Schatzsuche
Die Kids werden in Gruppen eingeteilt. Dann bekommt jede Gruppe vier Nachrichten, die verschlüsselt sind. Zu den Nachrichten gibt es einen Lösungscode.
Um den Lösungscode zu erhalten, müssen die Gruppen Aufgaben lösen.

Lösungscodes erweben
AUFGABEN
– Finde im Telefonbuch jemanden, der Acker heißt.
– Male einen Bauernhof oder ein Tier.
– Beantworte: Wo läuft der Kuhhirte? (Hinter der Herde)
– Fahrt einander als Schubkarre durch den Raum.
– Finde in dem Wortsuchrätsel (siehe Markt der Möglichkeiten) Wörter, die zum Bauernhof gehören
– Finde beim Tiere-Versenken die Tiere etc. (siehe Markt der Möglichkeiten: Thema versenken)

Nachrichten entschlüsseln
Haben die Kids die Lösungscodes erhalten, können sie die Nachrichten entschlüsseln. Die Nachrichten ergeben zusammen eine Wegbeschreibung zu dem Versteck eines Schatzes.

Schatz finden
Die Kids jagen los und suchen den Schatz. Mit der Truhe oder Box kommen sie zurück in den Raum.

Truhe öffnen
Die Truhe enthält eine kleine Süßigkeit für jeden. Ein Mitarbeiter sagt an, dass die Süßigkeiten am Ende der Stunde verteilt werden.

Lied
Die Kids sammeln sich im Stuhlkreis oder auf dem Boden.

Geschichte vervollständigen (2)
ALTER: ab 6 Jahren (mit Unterstützung)
ART: Vertiefung (Jetzt geht es eigentlich erst richtig los!)
MATERIAL: Lückentext und Lösungswörter
DURCHFÜHRUNG: Die Kids erhalten den zweiten Teil der Geschichte und vervollständigen ihn.
Bauer Fred erschrak plötzlich. Der .... gehörte ja gar nicht ihm. Also konnte er auch die ...., die er darauf gefunden hatte, nicht behalten. Dann fiel ihm etwas ein. Schell rannte er nach ...., suchte sein ...., schlug es entzwei und kaufte den Acker. Nun gehörte der .... ihm! Was für eine ....!

LÖSUNGSWÖRTER: Acker, Truhe, Hause, Sparschwein, Schatz, Freude.

Schatztruhe
Ein Mitarbeiter nimmt die Schatztruhe und beginnt, die Süßigkeiten auszuteilen. Dabei stößt er „zufällig" auf den doppelten Boden (vorher präparieren). Er stoppt die Aktion und ruft die Kids zusammen. Auf der Karte steht:
„Gib her, was du hast – dann zeige ich dir den Weg zu einem besseren Schatz."
Die Kids entscheiden, was zu tun ist.
Die Schatzkarte weist den Weg in einen vorher vorbereiteten Garten, Hof oder Raum. Dort sind, dem Ostereiersuchen gleich, Kleinigkeiten versteckt, die von den Kids zusammengetragen werden.

Lied
Die Kids sammeln sich noch einmal im Stuhlkreis oder auf dem Boden.

ÜBERTRAGUNG
„Freundschaft mit Jesus ist wie der Schatz, den Bauer Fred in seinem Acker gefunden hat, oder den wir jetzt gerade zusammengetragen haben. Jesus zum Freund zu haben, ist ein toller Schatz. Diesen Schatz zu haben, ist wichtiger als alles andere."
Mit den älteren Kindern kann über den Gedanken gesprochen werden, was für die Freundschaft mit Jesus „hergegeben" werden kann (soll).
Im Anschluss werden die Süßigkeiten verteilt. Es sollte darauf geachtet werden, dass die Kids mehr mitnehmen können als das eine Bonbon, das sie aus der ersten Schatzsuche mitgenommen hätten.

Das Bild vom blöden Schaf
Das Gleichniss vom verlorenen Schaf
TEXT: Lukas 15, 4-7

ERLEBNIS- UND BEZIEHUNGSRAUM
Die Kids erleben die Suche nach dem einen verlorenen „Schaf" spielerisch mit.
In der Beziehung zu den Mitarbeitern muss deutlich werden, dass sie wertvoll und angenommen sind. Der Mitarbeiter vermittelt den Kindern das Gefühl, wichtig zu sein. Der Mitarbeiter geht den Kindern nach. Dieses grundlegende Gefühl und Erleben kann nicht innerhalb einer Gestaltung vermittelt werden, sondern muss grundsätzlich da sein. An dieses Erleben knüpft die Gestaltung an.

STUNDENGESTALTUNG

Begrüßung und Lied
Die Kids finden sich im Stuhlkreis oder auf dem Boden ein.

Schafe und Wölfe
ALTER: ab 5 Jahren
ART: Annäherung (Hier kommt dein Schaf, du Wolf: Und ab geht die Jagd!)
MATERIAL: Kein Material erforderlich
DURCHFÜHRUNG: Die Kids bilden eine Reihe. Dabei sollten die Jüngeren und die Älteren getrennt werden und jeweils eine eigene Reihe bilden. Der Letzte der Reihe ist das Schaf und der Vordere der Wolf. Das Schaf läuft an der Reihe vorbei auf einen Zielpunkt zu. Hat es den Wolf passiert, darf dieser die Verfolgung aufnehmen. Schafft das Schaf es bis zum Zielpunkt, ist der Wolf raus und das Schaf reiht sich in der Mitte der Reihe wieder ein, ansonsten bleibt der Wolf drin. Gespielt wird, bis entweder ein Schaf oder ein Wolf übrig ist.

Ein Schaf zuviel
ALTER: ab 5 Jahren
ART: Annäherung (Der Wolf geht um: Schafe rennt um euren Pelz!)
MATERIAL: Kein Material erforderlich
DURCHFÜHRUNG: Die Kids finden sich zu Paaren zusammen und bilden dann einen Kreis. Die Paare stehen mit etwas Abstand hintereinander. Ein Paar besteht jeweils aus Wolf und Schaf. Der Wolf versucht, das Schaf zu fangen. Geht dem Schaf die Puste aus, kann es sich vorne zu einer Zweiergruppe dazustellen. Das hintere Kind wird zum Schaf und der Wolf jagt weiter. Fängt der Wolf das Schaf, ist eine nächste Gruppe dran.
VARIATIONEN: Auch der Wolf kann wechseln, indem er sich hinten an eine Zweiergruppe anstellt. Das vordere Kind wird dann zum Wolf.

Lied
Die Kids sammeln sich im Stuhlkreis oder auf dem Boden.

Überleitung
Den Kids wird erzählt, dass es heute zum Thema Schaf kreativ wird.

Geheimbilder
ALTER: ab 5 Jahren
ART: Einstieg (Aus dem Nichts entsteht ein Bild: Geheimnisvoll!)
MATERIAL: Papier, weiße Kerzen, Pinsel, Wasserfarben
DURCHFÜHRUNG: Die Kids malen mit den Kerzen Schafe auf das Bild. Mit der Wasserfarbe wird im Anschluss flächig über das Bild gemalt und die Schafumrisse werden sichtbar. Dazu kann natürlich das Bild gestaltet werden.

Wollschafbilder
ALTER: ab 5 Jahren
ART: Einstieg (Es ist schwer, die zusammenklebenden Kids hinterher voneinander loszukriegen.)
MATERIAL: Papier, Stifte, weiße (und schwarze) Wolle
DURCHFÜHRUNG: Die Kids malen sich Umrisse von Schafen auf das Blatt (mit

Unterstützung). Anschließend werden die Schafe mit Wolle ausgeklebt.
VARIATIONEN: Funktioniert auch mit Watte

Salzteig-Schafe
ALTER: ab 5 Jahren (mit Unterstützung)
ART: Einstieg (Halt! Nicht weiterdrehen, da ist noch 'ne Hand drinne...)
MATERIAL: Salzteig (Rezept siehe „Markt der Möglichkeiten), Schafformen, Fleischwolf
DURCHFÜHRUNG: Die Kids modellieren ein „flaches" Schaf (mit Hilfe der Formen). Ein Teil des Schafteiges wird durch den Fleischwolf gedreht. Die „Würmer" werden als Fell verwendet. Die Schafe werden im Ofen getrocknet.

Lied
Die Kids sammeln sich im Stuhlkreis oder auf dem Boden

Verstecken vor dem Wolf
ALTER: ab 5 Jahren
ART: Vertiefung (Einer fehlt noch...)
MATERIAL: Kein Material erforderlich
DURCHFÜHRUNG: Gespielt wird nach den üblichen Regeln. Der Wolf sucht die Schafe.

Lied
Die Kids sammeln sich im Stuhlkreis oder auf dem Boden

Einer fehlt
Die Kids haben es entweder schon gemerkt oder es ist an der Zeit, sie darauf hinzuweisen: Ein Mitarbeiter ist seit dem Spiel verschwunden. Was jetzt?
   Die Kids suchen den fehlenden Mitarbeiter.

Geschichte
 Der Mitarbeiter hat sich gut versteckt. Hat ein Kind ihn gefunden, werden die anderen dazugerufen. Im Versteck des Mitarbeiters (sofern alle hineinpassen) wird die Geschichte aus „Von Schafen, Perlen und Häusern" vorgelesen (N. Butterworth, M. Inkpen, Onken Verlag 1995).
    ALTERNATIVE: Die Kids erleben die Suche des Hirten innerhalb einer pantomimischen Geschichte mit. Dazu wandern sie im Kreis, steigen über Felsen, weichen Dornen aus, schwimmen durch einen Fluß, steigen einen Berg hoch, laufen ihn wieder runter und finden schließlich das eine Schaf. Was für eine Freude! Während die Geschichte erzählt wird, machen die Kids auf ihrer „Wanderung" die Aktionen nach.

Übertragung:
Den Kids wird deutlich gemacht, dass sie für Jesus wichtig sind. Jesus sorgt sich um seine Freunde.

Das Bild vom Feld, auf dem was wachsen soll
Das Gleichnis vom vierfachen Acker
TEXT: Lukas 8, 4-8 + 11-15

ERLEBNIS- UND BEZIEHUNGSRAUM
Die Kinder können die Geschichte von Anfang an miterleben. Den Wachstumsprozess der Kresse haben sie zuhause schon verfolgt. In den Spielen können die Kinder das „Schicksal" der einzelnen Samenkörner nacherleben. Der „erfolgreiche" Wachstumsprozess wird in dem Spiel „Blühen" noch einmal sehr erlebnisstark aufgegriffen. Das Angebot der Freundschaft, die aufblühen soll, ist in der Beziehung zum Mitarbeiter für die Kinder erlebbar und kann auf die Beziehung zu Jesus übertragen werden. Dieses Element hat seinen generellen Platz in der Arbeit mit Kindern. Die Gestaltung dieser Stunde knüpft daran an.

STUNDENGESTALTUNG

Vorlauf
Die Kids bekommen gut eine Woche vor dieser Stundengestaltung eine Kresseaufzuchtstation (gibt es für kaum 2 DM im Gartenbaucenter) oder Kressesamen mit einer Zuchtanleitung mit nach Hause. Sie sollen den Samen entsprechend einsäen und zu dieser Gestaltung mitbringen.

Begrüßung und Lied
Die Kresse wird gebührend bewundert. Die Kids sammeln sich im Stuhlkreis oder auf dem Boden.

Samen fangen
ALTER: ab 5 Jahren
ART: Einstieg (Hiergeblieben: Wer aus der Tüte hüpft, wird wieder eingefangen)
MATERIAL: Kein Material erforderlich
DURCHFÜHRUNG: Je nach Gruppengröße werden ein oder mehr Bauern benannt (auf 6 Kids ein Bauer). Die Bauern stellen sich in einem Spielfeld in die Mitte, die Kids machen die Samenkörner und stellen sich auf Armabstand um die Bauern. Auf Kommando fallen die Samen den Bauern aus der Hand (laufen weg) – allerdings nicht an der richtigen Stelle (etliches fällt auf den Weg). Die Bauern müssen die Samen wieder einsammeln. Dazu schlagen sie die Samen ab. Der abgeschlagene Same muss stehen bleiben und darf sich erst wieder bewegen, wenn zwei andere Samen ihn umarmen (gleichzeitig). Gelingt es den Bauern, alle Samen zum Stehen zu bringen?

Lebendige Vogelscheuchen
ALTER: ab 5 Jahren
ART: Einstieg (Die Vögel gegen die Scheuchen: Wer macht das Rennen?)
MATERIAL: Kleine Naschereien
DURCHFÜHRUNG: Die Mitarbeiter machen die Vogelscheuchen und stellen sich an einen festen Platz. Die Füße dürfen sie nicht mehr bewegen. Zwischen ihren

Füßen liegt ein Samenkorn (Bonbon), das die Vögel stibitzen dürfen (die Vögel fraßen einiges). Werden die Kids dabei von der Scheuche berührt, müssen sie zu Felsen erstarren.
Es wird gespielt, bis jedes Kind mindestens ein Bonbon hat.

Dornengestrüpp
ALTER: ab 5 Jahren
ART: Einstieg (Wo kommt dieser Arm hin?)
MATERIAL: Kein Material erforderlich
DURCHFÜHRUNG: Die Kids bilden eine lange Schlange und halten sich dabei an den Händen. Dann verwursteln sie sich untereinander wie ein riesiges Dornengestrüpp (die Dornen wucherten über die Samenkörner) indem sie über die Arme steigen, darunter hindurchkriechen etc. Dabei dürfen die Hände nicht losgelassen werden. Ein Kind ist der Bauer, der das Gestrüpp wieder entwirren muss. Es gibt Anweisungen, wer wohin steigen und kriechen muss, damit wieder eine Schlange entsteht.

Lied
Die Kinder finden sich im Stulkreis zusammen oder setzen sich auf den Boden

Bilderfolge
ALTER: ab 5 Jahren
ART: Vertiefung (Die Kids machen eine Bildergeschichte selbst.)
MATERIAL: Papier, Stifte, Tacker
DURCHFÜHRUNG: Die Kids malen Einzelbilder zur Geschichte, die dann zur Bilderfolge zusammengetackert und erzählt werden.
BILDER
– Ein Bauer fährt mit seinem Trecker über das Feld
– Vögel fressen den Samen auf
– Die Sonne verbrennt den Samen
– Die Dornen ersticken die Keimlinge
– Die Keimlinge wachsen
– Der Bauer erntet und ist froh
VORFÜHRUNG
Die Bilder werden aneinandergetackert und aufgerollt. Während die Bilder abgerollt werden, wird die Geschichte erzählt. Dabei kann immer wieder zu den Spielen an Anfang Bezug genommen werden.

Alternative
Als Alternative zum Malen und Lesen kann auch gespielt werden. Als Grundlage dient die Spielidee aus „Kids in der Kirche: Spielerische Elemente – Spielplan Spiel. Ein Großspielplan mit 30 Feldern wird auf dem Boden markiert. Zwölf Felder werden als Ereignisfelder markiert. Die Kids bilden Kleingruppen. Einer ist die Spielfigur, die anderen würfeln.
Im Anschluss wird die Geschichte erzählt.

Blühen
ALTER: ab 5 Jahren
ART: Vertiefung (Ein meditativ-ausdrucksstarkes Element – kann für Kinder sehr eindrücklich sein.)
MATERIAL: Schöne, ruhige Musik („Morgenstimmung" aus Peer Gynt)
DURCHFÜHRUNG: Die Kids rollen sich auf dem Boden zusammen. Die Musik setzt ein. Ein Mitarbeiter erzählt die Geschichte des wachsenden Samenkorns. Die Kinder spielen nach.

Geschichte
Stellt euch vor, ihr seid Samenkörner tief in der Erde. Euch ist ganz kalt und ihr zittert ein bisschen. Ihr sehnt euch nach Wärme und Sonne. Ihr kauert euch eng zusammen und haltet die Augen geschlossen. Dann spürt ihr es. Die Sonne fängt an zu scheinen. Sie erreicht langsam auch die Stelle, an der ihr liegt. Euch wird wohlig warm. Ihr entspannt euch ein bisschen. Ein Arm tastet sich nach oben, um zu fühlen, wie warm die Sonne schon scheint. Tatsächlich, es ist schön warm. Ihr streckt den anderen Arm nach oben. Das tut gut. Ihr geht langsam in die Hocke und streckt den Kopf aus dem Boden. Die Sonne scheint warm. Langsam steht ihr auf und streckt euch der Sonne entgegen. Ihr wachst und werdet größer, dazu müßt ihr euch richtig strecken. Dann macht ihr die Augen auf und seht, da sind viele andere mit euch gewachsen.

Lied
Die Kids sammeln sich auf dem Boden oder im Stuhlkreis.

Übertragung
„Das Angebot, dass Jesus unser Freund sein will, ist so ein Samenkorn. Das ist ein tolles Geschenk, das Jesus uns macht. Manche Menschen wollen dieses Angebot nicht annehmen. Wenn wir die Freunde von Jesus sein wollen, dann kann das Samenkorn „Freundschaft" wachsen."
Mit den älteren Kindern kann über Gründe geredet werden, warum Menschen das Freundschaftsangebot ausschlagen.

Kresse-Quark-Brote
Die Kresse wird geerntet. Gewürzter Quark wird angerührt und auf Brote geschmiert. Die Kids streuen ihre Kresse auf die Brote. Gemeinsam wird gegessen.

Special: Feste feiern

Arbeit mit Kindern heißt heute, Erlebnis- und Beziehungsräume gestalten. Für diese Gestaltung sind regelmäßige Feste unerläßlich. Miteinander feiern heißt, miteinander erleben, teilen, Gemeinschaft feiern, etwas Besonderes miteinander machen, Zeit und Raum für die Beziehungspflege zu haben, miteinander essen. Ein Fest ist ein Höhepunkt, schließt eine Gestaltungsphase ab und öffnet die nächste. Ein Fest ist eben ein Fest.

Eine Festgestaltung ist in der Regel nicht nur finanziell, sondern auch vom Arbeitsaufwand her aufwendiger als eine „normale" Stundengestaltung. Das liegt daran, dass zu einer Festgestaltung neben der Dekoration auch noch ein Festessen gehört. Den Arbeitsaufwand kann man reduzieren, wenn die Kids mit vorbereiten. Das schmälert natürlich die „Wirkung" – die Kids können nicht mehr so erleben, dass sie eingeladen sind, dass etwas speziell für sie gemacht wurde. Der finanzielle Aufwand für das Essen wird dadurch geringer, dass man nicht bei der ersten Adresse in der Stadt ein 12-Gänge-Menu für 235.– DM pro Person ordert, sondern in der Kirche oder im Elternkreis rumfragt, ob jemand kochen kann. Einfacher ist es, selber zu kochen.

Die Festgestaltung läßt sich zu einer Tagesgestaltung umfunktionieren (mit Workshops für die Kids und einem Thema, zu dem man eine Menge machen kann). Ein Fest eignet sich als besondere Möglichkeit, Freunde und Bekannte einzuladen.

Das Alter der Kinder ist nicht unwichtig bei der Planung eines Festes. Je jünger die Kinder sind, desto weniger Platz nimmt das tatsächliche Essen ein. Die Festgestaltung verlagert sich dann eher in den spielerischen Bereich. Dementsprechend wird der Raum gestaltet.

Das Schöne daran ist die Freude davor

Wenn ein Fest einen Höhepunkt markiert, dann muss darauf entsprechend hingearbeitet werden. Schon Wochen vorher kann davon berichtet und erzählt werden. Einzelne Bestandteile der Festgestaltung können mit in die übliche Stundengestaltung genommen werden (Deko basteln, Verkleidung zusammenstellen etc.). Findet das Fest am Ende einer Gestaltungsphase statt, können die Kids selber Beiträge für den Festabend erarbeiten.

Die Kids bekommen zwei Wochen vorher eine Einladung, in der feierlich zum Fest eingeladen wird.

Dekoration

Zum Thema wird der Raum entsprechend dekoriert. Dazu gehört die Dekoration der Wände, die Tischgestaltung und die Bühnengestaltung (falls etwas aufgeführt wird). Das Falten von Servietten, Erstellen von Tischkärtchen, Schneiden, Malen oder Kleben der Dekoration und das Eindecken der Tische kann schon einige

Stunden Arbeit erfordern. Vielleicht lassen sich Eltern bewegen, mitzuarbeiten. Mit der Dekoration steht und fällt ein guter Teil der Festatmosphäre. Durch eine gute Dekoration kann auch der übelste Raum in einem anderen Gewand daherkommen. Edler, schöner, festlicher. Kerzen oder gedämpftes Licht tauchen den Raum in einen schimmernden Schein, die Tische sind zum Bankett gestellt, mit weißen Tischdecken (wer wäscht die hinterher?) belegt, festlich eingedeckt, passende Sevietten und Tischkarten, hier ein Blumensträusschen und da noch eins. Im Hintergrund spielt feine Musik (die letzte Kinderhitparade von Ariola). Die Atmosphäre wird auf das Verhalten der Kids abfärben. Die sonst eigenartigen Tischmanieren nehmen so etwas ähnliches wie kultivierte Züge an, jeder versucht, sich den Gegebenheiten entsprechend zu verhalten.

Kurz davor ist noch nicht drin
Die Stimmung steigt, die Spannung kocht (oder so ähnlich). Die Kids werden natürlich nicht so einfach in den Raum hineingeführt. Vor dem Raum werden die Sachen zur Verkleidung ausgelegt. Jeder wirft sich in Schale. Eine Schmink- und Haarbehandlung wird für die Damen und Herren Gäste angeboten. Erst, wenn alle fertig sind, geht die Tür auf.

Oh, wie schön
Es stellt sich ein Gefühl der Erhabenheit ein, wenn sich die Kids diesem Festsaal gegenüber sehen. Die Mitarbeiter haben sich als Kellner gedresst und stehen in zwei Reihen an der Tür Spalier. Die Kids werden von einem Türsteher namentlich aufgerufen (vorher die Namen der Gäste geben lassen) und von einem Kellner zum Platz geleitet.

Festgestaltung
Das Essen
Erst wenn alle sitzen, beginnt die Festgestaltung.
Vor dem Essen hält der Hausherr (ein Mitarbeiter) eine festliche Begrüßungsrede. Dieser Rede folgt der Auftritt des Kochs, der die Speisefolge erläutert und den Anwesenden den Mund wässrig macht. Im Anschluss wird aufgetragen. Die Kellner gehen mit den Schüsseln und Platten durch den Saal und bedienen die Kids. Oder die Kellner stehen hinter dem Buffet und füllen den Kids nach Wunsch auf. Die Getränkekellner durchschreiten mit Karaffen den Saal und reagieren auf Zuruf (freundlich). Es empfehlen sich mehrere Gänge.
Während des Essens kann es kurze Darbietungen geben. Nach dem Essen wird die Küche gelobt (Singen und Klatschen).

Das Feiern
Im Anschluss wird im gleichen Saal weitergefeiert. Mit Spielen, Liedern, Sketchen und Aktionen wird der Abend (oder Nachmittag) festlich verbracht. Dabei haben entweder die Mitarbeiter die Gestaltungselemente vorbereitet und binden die Kids mit ein, oder die Kids bringen ihre vorbereiteten Beiträge mit ein. Die einzel-

nen Beiträge werden von einem Conferencier angekündigt. Jeder Beitrag erhält gebührende Beachtung.
Das Spielen nimmt dann einen größeren Platz ein, wenn die Kids jünger sind.

Ideen
Aus allen Anlässen läßt sich ein Fest machen:
ÜBLICHE FESTTAGE
Ostern, Geburtstage, Weihnachten. Wie wäre es mit einer Geburtstagsparty für Jesus um die Weihnachtszeit?
THEMENFESTE
Beduinen, Kunst, Disney, Familie, Fische, Geister, Hollywood, Kirmes, Kloster, Märchen, Mittelalter, Monster, Musik, Nacht, Oma/Opa, Pampers, Phantasie, Piraten, Ritter, Römer, Schweine, Survival, Spiel, Strand, Sport, Tiere, Umwelt, Urmenschen, Wasser, Zirkus, Zoo

Länderfeste
Australien, Arabien, Bayern, Kalifornien, Frankreich, Multi-Kulti, Israel, Italien, Mexico, Ostfriesland, Schottland, Schweiz, USA, Welt

MARKT DER MÖGLICHKEITEN

Das Problem in der Gestaltung eines Erlebnis- und Beziehungsraumes für Kinder ist nicht, genügend Praxismaterial zu finden. Es gibt gute Praxisbücher mit fertigen Stundengestaltungen; Liederbücher mit guten Liedern und Bücher mit Auslegungen von biblischen Geschichten für entsprechende Alterstufen mit methodisch-didaktischen Hinweisen. Sollte das noch nicht reichen, gibt es Spielebücher, Bücher zum kreativen Gestalten, Bastelbücher und Kochbücher für Kinder. Die Verknüpfung von einem Inhalt zu einem erlebbaren Gestaltungselement, das dann auch noch für meine konkrete Situation passt, oder von einem kreativen oder spielerischen Gestaltungselement zu einem Inhalt muss der Mitarbeiter selbst leisten. Das stellt sich nicht selten als Problem dar.

Der „Markt der Möglichkeiten" soll hier eine Hilfe sein. Im „Markt der Möglichkeiten" finden sich Elemente, mit denen erlebbare Vermittlung von Inhalt und inhaltliches Erleben möglich sein soll. Die Möglichkeit, auszuwählen, ist gleichzeitig die Möglichkeit, für die konkrete Situation vor Ort die passenden Elemente zusammenzustellen. Die Elemente sind nicht auf ein Thema oder einen Inhalt zugeschnitten, sondern können beliebig für ein Thema eingesetzt werden. Dazu müssen die einzelnen Elemente möglicherweise geringfügig angepasst und verändert werden.

Die einzelnen methodischen Elemente im Markt der Möglichkeiten können, beliebig zusammengefügt, die Stundengestaltung bereichern. Dabei gibt die Zeile „ART" den Grad der Verbindung mit dem Thema oder der Geschichte an. Annähernde Elemente schaffen einen Boden für die Gestaltung der Stunde, weil sie sich im weitesten Sinne mit dem Thema oder der Geschichte verbinden lassen. Einsteigende Elemente weisen deutlicher auf das Thema hin oder greifen dieses direkt auf. Vertiefende Elemente schließlich fördern die direkte und intensive Auseinandersetzung mit der Thematik oder dem Text. Bei der Arbeit mit jüngeren Kindern ist an vielen Stellen eine Unterstützung notwendig, damit das methodische Element eingesetzt werden kann.

Aktionswurfel
ALTER: ab 5 Jahren
ART: Einstieg/Vertiefung/Stundengestaltung (Aktivierend: Anhand einer zufällig gewählten Aktion findet die Auseinandersetzung mit dem Thema statt.)
MATERIAL: Aktionswürfel, entsprechende Arbeitsmaterialien
PRINZIP: Auf jeder der sechs Würfelseiten befindet sich ein Symbol, welches die Art der Auseinandersetzung mit dem Thema/der Geschichte vorgibt. Reihum wird gewürfelt und entsprechend agiert (entweder der einzelne Mitspieler oder alle).

WÜRFELSEITEN:
MODELLIEREN
Zu einem Schlüsselbegriff soll modelliert werden (die anderen raten)
RATEN
Zum Thema gibt es eine Frage, ein Quiz oder ein Rätsel
MALEN
Zum Thema oder zu einem Schlüsselbegriff soll gemalt werden (blind/zu zweit gleichzeitig mit einem Stift/die anderen müssen raten)
PANTOMIME
Ein Schlüsselbegriff soll pantomomisch dargestellt werden (die anderen raten)
BESCHREIBEN
Ein Schlüsselbegriff soll so umschrieben werden, dass die anderen raten können
GLUBBERN
Mit Wasser im Mund soll ein Schlüsselbegriff/Schlüsselsatz so gesprochen werden, dass die anderen ihn raten können (geht auch mit einem Tischtennisball im Mund)
ANLAGE
Aktionswürfelvorlage

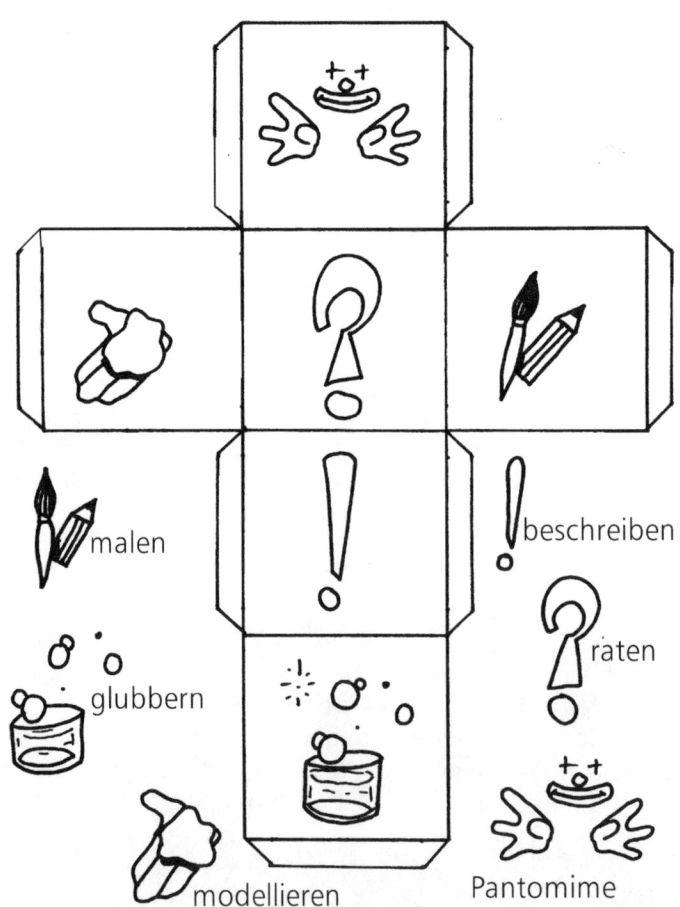

Im Markt der Möglichkeiten finden Sie:

 Stundengestaltung

Stundenwürfel 79
Stundenbild 81
Stundenbuch 81
Stundenkarte 81
Angeln 83
Farbenwürfeln 83
Stundenspiel 83
Stundenreise 83

 Arbeit mit Medien

Geräuschmontage 84
Bildcollage 84
Bilder-Folge 84
Eigenbau-Comic 85
Foto-Geschichte 85
Videofilm 85
Filmcollage 85

Arbeit mit Text

Assoziationskette 86
Dafür und dagegen 86
Beschwerdebrief 86
Brainstorming 87
Rundherum-Gespräch 87
Alternativtext 88
Drehbuch erarbeiten 88
Flugblatt 88
Erpresserbrief 89
Info-Plakat 89

Galerie 89
Zeitung 90
Zeitschrift 90
Werbung 91
Nachrichten-Sendung 91
Talk-Show 92
Marktschreier 93
Parlamentsdebatte 93
Wahlkampf 93
Demonstration 93

Kreatives Gestalten

Aktivierung 95
Großcollage gestalten 95
Graffiti 96
Skulpturen aus Papierstreifen 96
Skulpturen aus Zeitungspapier 96
Malen nach Musik 96
Modellieren mit Pappmaschee 97
Ruß-Dias 97
Folien-Bilder 97
Papierkugel-Bilder 98
Hinterklebebild 98
Reiß-Collage 98
Buchstaben-Collage 99
Zeitschriften-Bild 99
Schichtwachsbilder 99
Geheimwachsbilder 99
Naß-Bilder 100
Kreidewischbilder 100
Schrubbelbilder 100
Schwammdruckbilder 101
Gemüsedruckbilder 101
Guckkästen 101

Rätselhafte Elemente

Thema versenken 102
Kreuzworträtsel 102
Bilderrätsel 105
Wortsuchrätsel 105
Galgenmännchen 105

Buchstaben finden 107
Geheimschrift 107
Verschlüsselte Botschaft 107
Lückentext 107
Labyrinth 108
Zuordnung 109
Spinnennetz 109
Verbindungssatz 109

Erzählen und zuhören

Schlüsselwortgeschichte 111
Phantasiegeschichte 111
Der rote Faden 112
Großcomic 112
Erzählen mit Figuren 112
Szenisches Erzählen 113
Geräuschgeschichte 113
Gegenstandgeschichte 113
Kim-Geschichte 113
Visuelles Erzählen 114

Spielerische Elemente

Puzzle 115
Memory 115
Schwarzer Peter 116
Quartett 118
Montagsmaler 119
Dalli-Klick 119
Assoziationskette 119
Schwarz und Weiß 119
Himmel und Erde 120
David, Goliat, Volk Israel 120
Simson, Delila, Philister 121
Schisser 122
Jakob und Esau 122
David und Saul 122
Fischer, Fischer 122
Quiz-Show 123
Stationen-Spiel 123
Hindernislauf 124
Würfel-Spiel 124

Knubbel 124
Ja-/Nein-Karten 128
Rückenraten 128
Dingsda-Spiel 128
Ecken-Antwort 129
Ja-/Nein-Stuhl 129
Stille Post 129
Standpunkt 130
Kim-Spiele 130

Darstellen und Theaterspielen

Standbilder 131
Denkmal 131
Pantomime 131
Stegreifspiel 132
Rollenspiel 132
Weiterspiel 132
Elefanten waschen 133
Schweinesuchen 133
Fragmentspiel 133

Stundengestaltung

Die folgenden methodischen Elemente unterstützen die Gestaltung der gesamten Stunde. Sie sind das bindende Element oder der „rote Faden", an dem sich die Kids orientieren können und an dem sich die Aufmerksamkeit immer wieder festmachen läßt. Dabei sind die Kids bei beinahe allen stundengestaltenden Methoden die Aktiven, nach ihrer Auswahl gestaltet sich die Stunde.

Stundenwürfel
ALTER: ab 5 Jahren
ART: Stundengestaltung
Ganz witzig: Durch das Würfeln ergeben sich die einzelnen Gestaltungselemente der Stunde in zufälliger Reihenfolge.
MATERIAL: Stundenwürfel, vorbereitetes Material für die Stundengestaltung
PRINZIP: Auf den sechs Seiten des Würfels finden sich Symbole für die einzelnen Elemente einer Stundengestaltung. Die Kids erwürfeln das jeweils nächste Gestaltungselement. Wird ein einmaliger Gestaltungsteil wiederholt gewürfelt, wird solange weitergewürfelt, bis ein neues Element erscheint.
WÜRFELSEITEN:

Lied
Es wird gesungen

Spiel
Je nach Zeitpunkt innerhalb der Stunde wird ein annäherndes, einsteigendes oder vertiefendes spielerisches Element eingebaut

Essen
Es gibt einen kleinen Snack

Joker
Die Kids dürfen sich wünschen, was in den folgenden 10 Minuten gemacht wird

Geschichte
Der Inhalt wird vermittelt
(Für den Fall, das dieses Element erst zum Schluss der Stunde gewürfelt wird, für die sonstige Gestaltung aber notwendig wäre, ist eine Kurzfassung bereitzuhalten, die zwischendurch erzählt oder vermittelt werden kann)

Aktion
Die Kids werden zum Thema aktiv (malen, modellieren etc.)

ANLAGE
Stundenwürfel

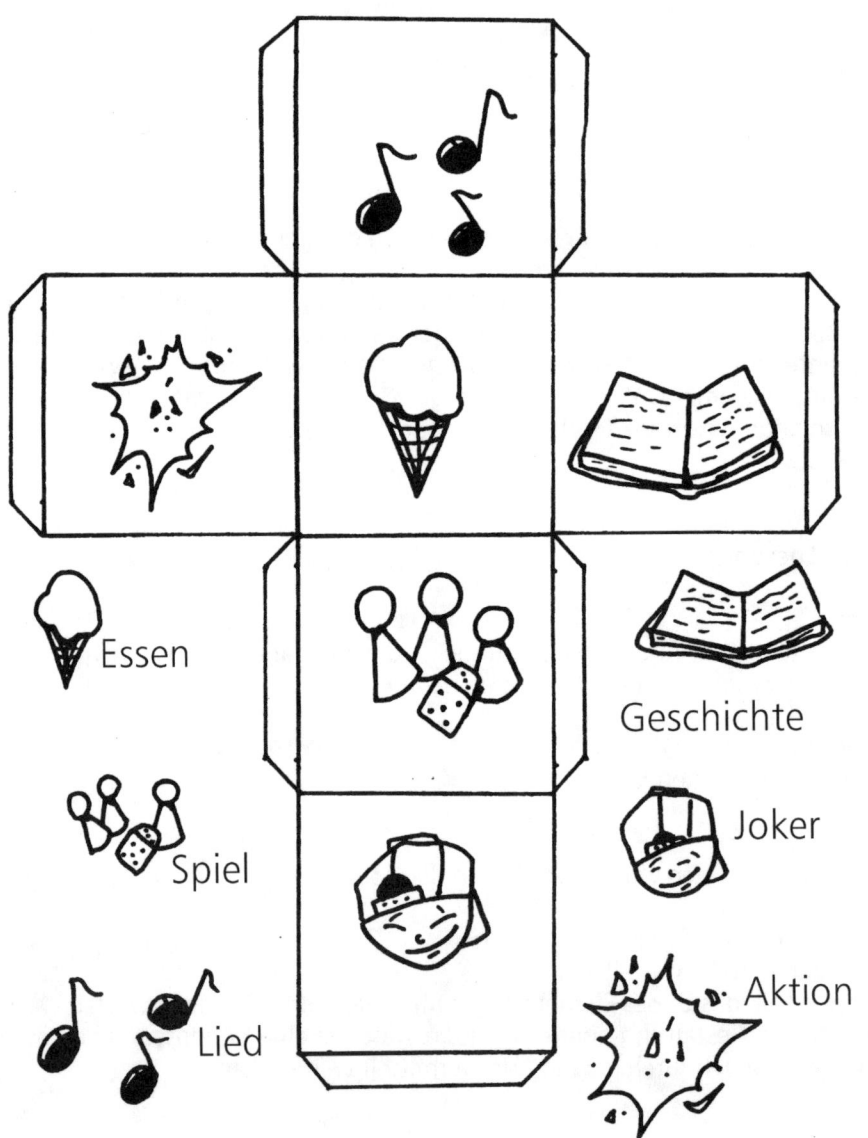

Stundenbild
ALTER: ab 5 Jahren
ART: Stundengestaltung
Weihnachtlich: Einem Adventskalender gleich werden in einem Bild verschiedene Fenster aufgeklappt, hinter denen das nächste Gestaltungselement sichtbar wird
MATERIAL: Bild mit Fenstern, vorbereitetes Gestaltungsmaterial für die Stunde
PRINZIP: In ein Bild, das zu dem entsprechenden Thema passt, werden entsprechend der Anzahl der Gestaltungselemente aufklappbare Fenster oder Türen eingeschnitten. Das Bild wird auf eine weiße oder farbige Unterlage geklebt. In den Türen und Fenstern werden Symbole (Zettel/Briefumschläge) angebracht, die das Gestaltungselement erkennen lassen. Die Fenster/Türen werden zugeklappt. Die Kids dürfen nun die Fenster und Türen in beliebiger Reihenfolge öffnen. Die Reihenfolge kann beeinflusst werden, indem die Fenster und Türen durchnummeriert werden. Ist das inhaltliche Element für die Gestaltung der folgenden Elemente notwendig, ist es sinnvoll, eine Kurzfassung bereitzuhalten, die zwischendurch vermittelt werden kann.

Stundenbuch
ALTER: ab 5 Jahren
ART: Stundengestaltung
Animierend: Die Stundengestaltung ist in einem selbstgefertigten Buch untergebracht. Jede aufgeklappte Seite ergibt ein neues Gestaltungselement.
MATERIAL: Pappe, Stifte, Kleber, Schere, Umschläge
PRINZIP: Jede Seite des Buches steht für ein Gestaltungselement und wird dementsprechend gestaltet. Lieder werden kopiert und eingeklebt; Umschläge mit Rätseln oder Aufgaben werden eingeklebt; Geschichten werden abkopiert oder aufgeschrieben und eingeklebt; Hinweise in Geheimschrift werden eingetragen und müssen gelöst werden; Bilder oder Symbole zur Verdeutlichung des folgenden Gestaltungselementes werden eingeklebt, etc. Die Kids schlagen im Verlauf der Stunde immer die folgende Seite auf und entdecken das neue Gestaltungselement.
VARIATION
Geführtes Stundenbuch
Die Seiten können durchnummeriert werden. Die Kids nennen eine beliebige Zahl und schlagen die entsprechende Seite auf. Es kann notwendig sein, eine Kurzform des inhaltlichen Elements bereitzuhalten, wenn dieses für ein Folgeelement notwendig ist.

Stundenkarte
ALTER: ab 5 Jahren
ART: Stundengestaltung
Alt, aber gut: Anhand einer Landkarte oder einer Symbolkarte werden die einzelnen Gestaltungselemente „abgelaufen".
MATERIAL: Stundenkarte, Markierungsfähnchen (oder Figuren), vorbereitetes Gestaltungsmaterial

PRINZIP: Auf einer zum Thema passend gestalteten Landkarte werden verschiedene Stationen markiert. Die Kids stecken ein Fähnchen oder stellen eine Figur auf eine Station (beliebig oder in Reihenfolge). Das entsprechende Gestaltungselement wird durchgeführt.

VARIATION

Schnipselstundenbild

Verschiedene Symbole oder Bilder, die ein Gestaltungselement darstellen, werden zu einem Bild zusammengeklebt. Die Kinder wählen das Symbol/Bild in beliebiger oder vorgegebener Reihenfolge.

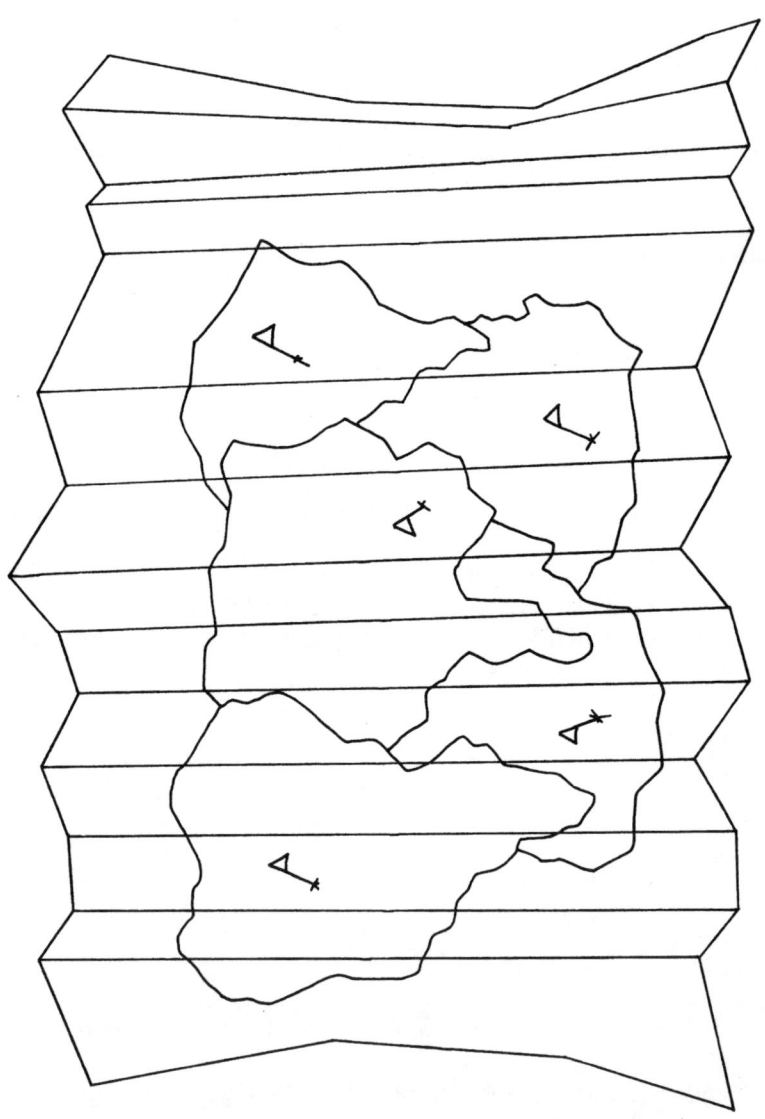

Angeln
ALTER: ab 5 Jahren
ART: Stundengestaltung (Wieder ein Stiefel: Was hängt denn da noch dran?)
MATERIAL: Büroklammern, Magnet, Stock, Faden, Karton
PRINZIP: Die einzelnen stundengestaltenden Elemente werden auf Zettel geschrieben oder in Briefumschläge gesteckt. An den Zetteln oder Umschlägen werden eine oder mehrere Büroklammern befestigt. Die „Fische" werden in den Karton gelegt. Aus dem Stock, dem Faden und dem Magnet wird eine Angel gefertigt. Die Kids angeln der Reihe nach die „Fische" aus dem „Aquarium".

Farbenwürfeln
ALTER: ab 5 Jahren
ART: Stundengestaltung (Ist das grün oder blau? Über Farben zum Gestaltungselement)
MATERIAL: Farbwürfel, Stifte in den sechs verschiedenen Farben
PRINZIP: Das Farbenwürfeln kann als zusätzliches spielerisches Element verwendet werden. Dazu werden die einzelnen Gestaltungselemente auf Zettel geschrieben und in Umschläge gesteckt, die mit einer der sechs Farben markiert und im Raum versteckt werden. In Gruppen aufgeteilt erwürfeln die Kids die jeweilige Farbe und müssen den entsprechenden Umschlag finden.

Stundenspiel
ALTER: ab 5 Jahren
ART: Stundengestaltung (Etwas aufwendiger: Anhand eines Würfelspiels werden die einzelnen Gestaltungselemente erwürfelt)
MATERIAL: Spielplan, Spielfiguren, Würfel, vorbereitetes Gestaltungsmaterial
PRINZIP: Ein Spielplan zum Thema wird erstellt und gestaltet. Kommen die Kinder auf ein markiertes Feld, wird ein Gestaltungselement durchgeführt.
→ Spielplanvorlagen: Seiten 125-127

Stundenreise
ALTER: ab 5 Jahren
ART: Stundengestaltung (Beweglich: Anhand einer Reise zu verschiedenen Stationen wird eine Stunde gestaltet)
MATERIAL: Dekorationen für die verschiedenen Stationen, vorbereitetes Gestaltungsmaterial
PRINZIP: Es eignen sich Themen, die mit einer Reise von ... nach ... zu tun haben. Die Reise wird in einzelnen Stationen nachgebaut (im Raum mit Dekorationsmaterialien), so dass jede einzelne Station ein eigenes Gesicht erhält. Die jeweiligen Gestaltungsmaterialien liegen an den Stationen aus. Gemeinsam bereisen die Kids nun den Raum und erleben die Stunde.

Arbeit mit Medien

Radio, Mikrophon, Fotoapparat, Videokamera und Fernsehen sind die Arbeitsmittel innerhalb der Arbeit mit Medien. Sie üben einen starken Reiz auf Kinder aus und eignen sich zur kreativen Verarbeitung einer Thematik

Geräuschmontage
ALTER: ab 6 Jahren (mit Unterstützung)
ART : Einstieg/Vertiefung (Lustig: Zum Thema wird ein Hörspiel aus Geräuschen und möglicherweise gesprochenen Dialogen selbst erstellt)
MATERIAL: Kassettenrecorder, Mikrophon, Utensilien für Geräusche
PRINZIP: Zu einem vorher vereinbarten Thema soll eine Geschichte oder Szene wie bei einem Hörspiel nachgestellt und aufgenommen werden. Das Hörspiel wird gemeinsam angehört.

Bildcollage
ALTER: ab 6 Jahren
ART: Einstieg/Vertiefung (Uralt und immer noch gut: Zu einem vorgegebenen Thema soll mit Material aus Zeitschriften ein Plakatkarton zur Bildcollage gestaltet werden)
MATERIAL: Illustrierte, Zeitschriften, Plakatkarton, Scheren, Klebstoff
PRINZIP: Die Kids sollen zu einem Thema aus Illustrierten, Zeitschriften oder Zeitungen Bilder, Texte und Überschriften herausschneiden und damit ein Plakat als „thematische Komposition" gestalten. Über die erstellten Collagen kann gesprochen werden. Natürlich werden die Collagen aufgehängt.

Bilder-Folge
ALTER: ab 5 Jahren (mit Unterstützung)
ART: Einstieg/Vertiefung (Klappt immer: Die Kids malen Einzelbilder zur Geschichte, die dann zur Folgegeschichte aneinandergehängt werden)
MATERIAL: Papier, Malstifte, Rundstäbe oder Karton, Tacker
PRINZIP: Jedes Kind malt zu einer Szene der Geschichte oder zu einem Aspekt des Themas ein Bild. Dazu muss das Thema nicht vorher vermittelt oder die Geschichte erzählt werden. Es genügt, den Kindern jeweils die einzelne Szene zu beschreiben. Die fertigen Bilder werden in Reihenfolge aneinandergetackert oder geklebt. An den Seiten werden die Rundstäbe angebracht, so dass die Bilder nacheinander abgerollt werden können.
VARIATIONEN
Im Fernsehen
Aus dem Karton wird ein Fernseher gebaut, durch den die Bilder durchgezogen werden können. Während die Bilder durch den Fernseher gezogen werden, beschreiben die Kids ihr eigenes Werk. → *Kids in der Kirche**

*Mit diesem Hinweis versehene Vorschläge nehmen Bezug auf den Abschnitt „Kids in der Kirche", ab S. 190.

Eigenbau-Comic
ALTER: ab 6 Jahren (mit Unterstützung)
ART: Einstieg/Vertiefung (Ungewöhnlich: Die Kids erstellen aus alten Vorlagen einen neuen Comic und gestalten diesen zum vorgegebenen Thema)
MATERIAL: Plakatkarton, Comics, Klebstoff, Filzschreiber, Scheren, Stifte
PRINZIP: Aus mitgebrachten Comics werden Figuren in den verschiedensten Variationen ausgeschnitten und zum Thema in Szene gesetzt. Die Figuren werden zu Personen der Geschichte. Zu den Szenen werden Sprechblasen gemalt und gefüllt.
Über den Comic wird gesprochen.
VARIATION
Zeitschriften Story
Aus mitgebrachten Zeitschriften werden Personen in den verschiedensten Variationen ausgeschnitten und zum Thema in Szene gesetzt.

Foto-Geschichte
ALTER: ab 6 Jahren (mit Unterstützung)
ART: Einstieg/Vertiefung (Spaßig: Die Kids erstellen eine Fotogeschichte und setzen sich so mit dem Thema auseinander)
MATERIAL: Plakatkarton, Sofortbildkamera, Klebstoff, Stifte
PRINZIP: Der Text soll in eine eigene Foto-Story (Foto-Love Story in der Bravo) umgesetzt werden. Einzelne Szenen werden besprochen und fotografiert. Aus den fertigen Bildern wird die Geschichte zusammengeklebt und beschriftet.

Videofilm
ALTER: ab 6 Jahren (mit Unterstützung)
ART: Vertiefung (Aufwendig: Zu einem Thema wird ein kurzer oder längerer Videofilm erstellt)
MATERIAL: Video-Kamera, Verkleidungsmaterial, Schminke
PRINZIP: Die Thematik soll in eine Video-Geschichte umgesetzt werden. Einzelne Szenen werden besprochen und gefilmt. Der Film wird gemeinsam betrachtet und vielleicht vorgeführt.
→ *Kids in der Kirche*

Filmcollage
ALTER: ab 10 Jahren (mit Unterstützung)
ART: Vertiefung (Anspruchsvoll: Ein Film zum Thema wird zusammengeschnitten)
MATERIAL: Ausgangsvideos, Leervideos, zwei Videorekorder, Fernseher
PRINZIP: Gemeinsam werden Videos besorgt, die zum Thema passen. Aus den Inhalten wird ein neuer Videokurzfilm zusammengeschnitten. Dazu müssen im Vorfeld die einzelnen Szenen oder Elemente abgesprochen werden.
VARIATION
Filmsynchronisation
Die einzelnen Szenen werden ohne Ton zusammengeschnitten und mit eigenen Texten und Geräuschen nachsynchronisiert → Kids in der Kirche

Arbeit mit Text

Reden, Schreiben, Lesen, Austauschen und Diskutieren steht im Vordergrund dieser methodischen Elemente. Dabei ist der Text oder die Thematik intensiv und direkt Bestandteil der Arbeit. Die einzelnen methodischen Elemente erfordern gute Vorbereitung und Unterstützung während der Durchführung.

Assoziationskette
ALTER: ab 8 Jahren
ART: Annäherung/Einstieg (Spontan: Es findet eine Annäherung an die Thematik statt)
MATERIAL: Zettel, Stifte
PRINZIP: Das Thema wird mit einem Schlagwort vorgestellt. Zu diesem Schlagwort sollen die Kids auf Zetteln notieren, was ihnen dazu einfällt. Die Wörter werden nachher sortiert und gesammelt.
→ Kids in der Kirche

Dafür und dagegen
ALTER: ab 10 Jahren (mit Unterstützung)
ART: Einstieg/Vertiefung (Was für's Hirn: Argumentative Auseinandersetzung mit dem Thema)
MATERIAL: Kein Material notwendig
PRINZIP: Eine thematische Schlüsselsituation wird gegensätzlich von zwei Kindern diskutiert. Zur Vorbereitung der Argumentation kann in Kleingruppen gearbeitet werden. Möglicherweise wird eine neutrale Jury gebildet, die im Nachhinein über den Verlauf urteilt.
Beispiel
ARBEITSAUFTRAG: Begründet/kritisiert die Entscheidung des Hirten aus der Geschichte mit den 100 Schafen, alle Schafe alleine zu lassen und das eine zu suchen.
ARBEITSAUFTRAG: Begründet/kritisiert die Entscheidung des „verlorenen Sohnes", mit dem Erbe des Vaters in die Welt zu ziehen.

Beschwerdebrief
ALTER: ab 8 Jahren (mit Unterstützung)
ART: Einstieg/Vertiefung (Nicht ganz ohne: Mit diesem Beschwerdebrief sollen die Kids zu einer eigenständigen Auseinandersetzung mit dem Text motiviert werden).
PRINZIP: Zur Verwendung kommen Texte, die mit einer provozierenden Aussage versehen sind oder gefüllt werden können. Die Kids werden aufgefordert, die Position einer beteiligten Person einzunehmen und einen Beschwerdebrief zu formulieren. Die Briefe werden hinterher vorgetragen. Mit Kindern unter zehn Jahren ist eine gute Vorbereitung notwendig. Die einzelnen Positionen müssen durchge-

sprochen (oder erspielt) werden, damit das Hineinversetzen in die Situation möglich ist.
Beispiel
ARBEITSAUFTRAG: Beschwer dich bei Gott darüber, dass er die Mücken geschaffen hat!
Beschwer dich als Petrus' Frau darüber, dass Jesus Petrus so einfach mitnimmt!
VARIATIONEN
Brief an Dr. Sommer
Das Thema wird problematisiert und in Form eines hilfesuchenden Briefes an die Kids geschickt. Die Kids nehmen die Position von Dr. Sommer ein und müssen antworten. Die Antworten werden vorgelesen.
BITTBRIEF
Schreibt einen Bittbrief an Gott, in dem ihr um Erfüllung eures wichtigsten Wunsches bittet!
DANKSAGUNG
Schreibt einen Dankbrief, in dem ihr euch bei Gott für eure Eltern bedankt!
ANTRAG
Stellt einen Antrag auf Aufnahme in den Himmel und begründet ihn!
ANKLAGE
Schreibt eine Anklage gegen die Brüder von Josef!

Brainstorming
ALTER: ab 8 Jahren
ART: Annäherung/Einstieg (Aus dem Stand: Durch das Brainstorming sollen die Kids mit dem Thema vertraut gemacht werden.)
MATERIAL: Plakatkarton, Stifte
PRINZIP: Ein thematisches Schlagwort wird in die Mitte des Plakatkartons geschrieben. Die Kids sollen unkommentiert dazu schreiben, was ihnen einfällt. Auf das Brainstorming kann bei der Weiterarbeit Bezug genommen werden.
VARIATION
Stilles Gespräch
Auf dem Plakatkarton findet ein geschriebenes Gespräch unter den Kids statt. Zu dem stillen Gespräch kann verbal Stellung genommen werden.

Rundherum-Gespräch
ALTER: ab 8 Jahren (mit Unterstützung)
ART: Einstieg/Vertiefung: Vielfältig: Fragen zum Thema werden geäussert und von jedem Kind beantwortet.
MATERIAL: Zettel, Stifte
PRINZIP: Die Kids schreiben eine Frage zum vorgestellten Thema auf ein Blatt (gemeinsam erarbeiten). Die Blätter werden zum rechten Nebenmann weitergegeben, der die Frage zu beantworten versucht. Nach einer Weile werden die Blätter wieder rechts weitergereicht. Die Antwort des vorangegangenen Schreibers kann kommentiert, erweitert oder kritisiert werden. Der Fragesteller erhält seine Frage mehrfach beantwortet und kommentiert zurück.
Über die Fragen und Antworten wird gesprochen.

Alternativtext
ALTER: ab 8 Jahren (mit Unterstützung)
ART: Einstieg/Vertiefung (Standortwechsel: Mit dem Erstellen einer Textvariante soll der Zugang zum Text erleichtert werden.)
MATERIAL: Zettel, Stifte
PRINZIP: Der Orginaltext soll in eine aktuelle Version oder für eine bestimmte Zielgruppe umformuliert werden.
Beispiel
ARBEITSAUFTRAG: Schreib den Psalm 1 in die heutige Sprache um!
VARIATION
Text-Fälschung
Die Kids lesen den Originaltext. Danach erhalten sie einen verfälschten Text und müssen diesen aus der Erinnerung an den Originaltext berichtigen.
TEXT-TUNING (ab 10 Jahren)
Fasst die Hauptaussagen in Versform zusammen
ANTI-TEXT (ab 10 Jahren)
Die Kids bekommen einen Text, der die konsequente Umkehr der Aussage darstellt, die in der Thematik enthalten ist. Im Gespräch wird die Logik der Geschichte herausgearbeitet und dann mit dem originalen Text konfrontiert. Oft wird deutlich, dass Gottes Handeln unsere Logik sprengt.
Beispiel
Matthäus 18,12f wird so erzählt, dass der Mann sich um seine 99 Schafe kümmert und dem einen verlorenen nicht nachgeht.
NEGIERUNG (ab 10 Jahren)
Kehrt den Text in den grundsätzlichen Aussagen ins konsequente Gegenteil um.

Drehbuch erarbeiten
ALTER: ab 8 Jahren (mit Unterstützung)
ART: Vertiefung (Anspruchsvoll: Über die Erstellung eines Drehbuches soll der Text vertiefend behandelt werden)
MATERIAL: Zettel, Stifte
PRINZIP: Der Text wird unter der Frage erarbeitet, wie die Geschichte in Szene gesetzt werden könnte. Dabei werden viele Kleinigkeiten entdeckt, die sonst übersehen werden. Bei ausreichender Zeit kann das Drehbuch geschrieben und umgesetzt werden.

Flugblatt
ALTER: ab 8 Jahren (mit Unterstützung)
ART: Einstieg/Vertiefung (Informativ: Die Thematik wird zum Flugblatt umgearbeitet)
MATERIAL: Zettel, Stifte
PRINZIP: Für eine Flugblattaktion soll eine Vorlage zum Thema erarbeitet werden. Eine gemeinsame Auseinandersetzung mit dem Text und die Erarbeitung von Thesen/Aussagen ist notwendig. Mit jüngeren Kindern kann dabei viel gemalt werden.

Erpresserbrief
ALTER: ab 8 Jahren (mit Unterstützung)
ART: Einstieg/Vertiefung (Auseinandersetzung mit dem Text über die Erstellung eines Briefes)
MATERIAL: Papier, Zeitungen und Zeitschriften, Scheren, Kleber
PRINZIP: Aus dem Textzusammenhang wird eine (fiktive) Situation geschildert, in der ein Erpresserbrief möglich wäre. Die Kids schneiden aus den Zeitungen und Zeitschriften Buchstaben, Wörter und Sätze aus und kleben sie zu einem Erpresserbrief zusammen.
Beispiel
ARBEITSAUFTRAG: Schreibt einen Erpresserbrief an den Pharao, in dem ihr ihn unter Androhung von furchtbaren Plagen auffordert, die Israeliten ziehen zu lassen.

Info-Plakat
ALTER: ab 8 Jahren (mit Unterstützung)
ART: Vertiefung (Informativ: Die Thematik wird zur Information anderer aufbereitet)
MATERIAL: Zettel, Stifte
PRINZIP: Für eine Info-Messe soll zu dem Thema ein Informationsstand vorbereitet werden. Die Kids sollen Plakate entwerfen, die zur textlichen Aussage informieren. Die Aussagen und die Umsetzung werden gemeinsam erarbeitet. Im Anschluss wird über die Plakate gesprochen.
→ *Kids in der Kirche*

Galerie
ALTER: ab 10 Jahren (mit Unterstützung)
ART: Einstieg/Vertiefung
VARIANTE 1
Für die Kids wird eine Galerie mit Bildern und Texten zum Thema vorbereitet.
VARIANTE 2
Die Kids erstellen eine Galerie mit Texten und Bildern (vorhanden oder selbst entwickelt) zum Thema.
MATERIAL: Plakatkarton, Scheren, Kleber, Stifte, Bilder und Texte zum Thema
PRINZIP:
VARIANTE 1
Aus Texten und Bildern, die auf Plakatkarton geklebt werden, wird eine Galerie für die Kids vorbereitet. Die Kids begehen die Galerie und setzen sich mit den Exponaten auseinander. Jeder nimmt das Exponat mit, das ihn am meisten anspricht. Über die gewählten Stücke wird gesprochen.
VARIANTE 2
Die Kids stellen (mit Unterstützung) aus vorgegebenen oder selbst erstellten Texten und Bildern eine Galerie zusammen. Über die Bilder und Texte wird gesprochen.

VARIATION
Meditation
Aus Bildern, Texten und Musik wird für die Kids (von den Kids) eine Meditation vorbereitet.
→ *Kids in der Kirche*

Zeitung
ALTER: ab 8 Jahren (mit Unterstützung)
ART: Vertiefung (In der Redaktionswerkstatt: Mit dem Erstellen einer Zeitung soll das Thema umgesetzt werden)
MATERIAL: Zettel, Stifte, Plakate
PRINZIP: Zum Thema soll eine Zeitung erstellt werden. Diese Zeitung besteht aus verschiedenen Bestandteilen, die auch einzeln zur Umsetzung des Themas geeignet sind.
Elemente
WERBUNG
Verschiedene Aspekte des Themas sollen in Werbeaussagen umgesetzt werden.
REPORTAGE
Zum Thema soll ein Artikel verfasst werden.
INTERVIEW
Zum Thema soll ein fiktives oder reales Interview geschrieben werden.
MELDUNGEN DES TAGES
Verschiedene Aspekte des Themas werden in Tagesmeldungen formuliert.
Die Zeitung wird gemeinsam begutachtet.
Die einzelnen Elemente der Zeitung werden mit den Kids besprochen und gemeinsam umgesetzt. Jeder bekommt ein fertiges Exemplar als Kopie mit nach Hause.
VARIATIONEN
Alle diese Umsetzungselemente können auch als eigenständige Gestaltungselemente verwendet werden
WANDZEITUNG
Alles ein bisschen größer
→ *Kids in der Kirche*

Zeitschrift
ALTER: ab 10 Jahren (mit Unterstützung)
ART: Vertiefung (Bild dir deine Meinung: Durch das Erstellen einer Klatsch-Zeitschrift findet eine Auseindersetzung mit dem Thema statt)
MATERIAL: Papier, Pappe, Scheren, Kleber, Stifte, Sofortbildkamera
PRINZIP: Die Kids sollen eine Klatsch-Zeitschrift zum Thema erstellen. Dabei kann mit Elementen der „Zeitung" gearbeitet werden – zusätzlich können Fotogeschichten entwickelt werden.

Beispiel
BIBEL IM BILD
Josef – der Mann mit den Träumen
Ein Lebensbild / Erkenntnisse aus der dunklen Tiefe / Wir sprechen mit den Brüdern / Potifars Frau: Auf diesen Mann fahr ich voll ab / Aus dem Knast an die Seite des Pharaos – ein Aufstieg nach Maß / Bitte melde dich – 12 Brüder nach langer Zeit wieder vereint / etc.

Werbung
ALTER: ab 8 Jahren (mit Unterstützung)
ART: Einstieg/Vertiefung (Sehr ergiebig und fettlösend: Zu einem Thema soll Werbung gemacht werden)
MATERIAL: Zeitschriften, Plakatkarton, Schere, Kleber, Stifte
PRINZIP: Die Kids sollen zu einem Thema (oder einem Teil des Themas) Werbung entwickeln. Dazu soll ein Werbeplakat erstellt werden, dass die wichtigsten Aussagen des Themas schlagwortartig in Bild und Text darstellt. Die Ergebnisse werden anschließend vorgestellt.

VARIATION
Werbespots
Zum Thema werden kurze Werbeszenen entwickelt und vorgespielt
Werbefilm
Kurze Werbeszenen werden auf Video aufgenommen und vorgestellt

Nachrichten-Sendung
ALTER: ab 8 Jahren (mit Unterstützung)
ART: Vertiefung (Es ist 20.00 Uhr: Die Kids werden an die verschiedenen Aspekte eines Textes herangeführt)
MATERIAL: Papier, Stifte
PRINZIP: Zum Thema soll von den Kids in Kleingruppenarbeit eine Nachrichten-Sendung gestaltet werden. Die Beiträge werden gemeinsam vorbereitet und zu einer Sendung zusammengestellt.
Über den Inhalt der Beiträge kann gesprochen werden.
ELEMENTE:
BERICHTE
Ein beschreibender Bericht zum Thema wird verfasst und vorgelesen
INTERVIEWS
Es wird mit Betroffenen gesprochen
LIFE – SCHALTUNGEN
Korrespondenten berichten live vor Ort
SPORT
Eine kurze Berichterstattung von einem bedeutsamen Sportevent (Wettfischen am See Genezareth, 5 km Berglauf am Karmel etc.) lockern die Nachrichten auf

AUS ALLER WELT
Was sonst noch woanders passierte (zu einer ganz anderen Zeit?)
DER KOMMENTAR
Sinnhaftes zum Thema – vorgetragen aus dem Studio
WETTER
Obligatorisch am Ende der Nachrichten, auch wenn es nichts mit dem Thema zu tun hat
EXPERTENBEFRAGUNG
Dr. Sowieso wird per Live-Schaltung befragt
STUDIO-GAST
Überraschenderweise gerade im Studio eingetroffen
VARIATIONEN
POLITMAGAZIN (ab 10 Jahren)
Mehrere Vertreter verschiedener Parteien oder Organisationen bestreiten argumentativ eine Sendung.
SATIRE-SHOW (ab 8 Jahren)
Verschiedene lustige oder pseudo-lustige Elemente werden zusammengestellt
→ *Kids in der Kirche*

Talk-Show

ALTER: ab 10 Jahren (mit Unterstützung)
ART: Vertiefung (Meiser und Kollegen: Das Thema wird im Rahmen einer Talk-Show aus verschiedenen Richtungen aufgegriffen und betrachtet)
MATERIAL: Blätter, Stifte, Vorgaben für Rollen, Perspektiven oder Meinungen
PRINZIP: Zu einem Thema wird eine Talk-Show angekündigt. Die Kids werden zu Gästen der Talk-Show und sind auf verschiedene Weisen mit dem Thema verknüpft. Es wird Zeit gegeben, um sich mit den Rollen zurechtzufinden oder diese selber zu entwerfen. Der Talk-Master ruft nun nacheinander die „Gäste" in den Bühnenraum und führt Interviews im Arabella-Stil.
BEISPIEL:
Petrus geht auf dem Wasser
Jünger aus dem Boot – schildern als Beteiligte
Geisterexperte – Geister gibt es nicht
Geist (Jesus) – warum ich auf dem See war und was dann passierte
Petrus – ich ging auf dem Wasser, jedenfalls bis ich unterging
VARIATIONEN
Explosiv
Grell aufgemachtes Themenmagazin:
Schattenwand-Interviews
Gegner streiten im Studio (und versöhnen sich tränenreich)
Publikum wird befragt und miteinbezogen
Der heiße Stuhl
Einer vertritt eine provozierende Meinung zum Thema und wird von mehreren Meinungsgegnern „auseinandergenommen" (Rollenbeschreibungen mit Meinungs- und Einstellungsvorgaben vorbereiten und austeilen)

Marktschreier

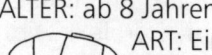

ALTER: ab 8 Jahren
ART: Einstieg/Vertiefung (Laut: Die Vorzüge eines Themas sollen entdeckt und vorgestellt werden)
MATERIAL: Papier, Stifte, Marktbude
PRINZIP: Ein Thema soll, wie auf einem Marktplatz das Obst, mit seinen Vorzügen angepriesen und verkauft werden
Beispiel
ARBEITSAUFTRAG:
Preist den Himmel als Ort an, in den man unbedingt kommen muss.

Parlamentsdebatte

ALTER: ab 10 Jahren (mit Unterstützung)
ART: Vertiefung (Was für's Hirn: Die Kids werden zu einer differenzierten Auseinandersetzung mit dem Text motiviert)
PRINZIP: Die Textaussage wird zu einer Pro- und einer Contraaussage umgestaltet. Die Kids vertreten auf einer nachgestellten Debatte in einem Parlament das Für und Wider der entsprechenden Position (Vorbereitung in Kleingruppen). Über den Verlauf der Debatte kann man sich anschließend austauschen.

Wahlkampf

ALTER: ab 8 Jahren (mit Unterstützung)
ART: Vertiefung (Reicht für einen ganzen Tag: Die Thematik wird als „Parteiprogramm" aufbereitet und wahlkampfmäßig weitergegeben)
MATERIAL: Tapete, Plakatkarton, Stifte, Papier, Scheren, Kleber
PRINZIP: Aus dem Textzusammenhang werden verschiedene Positionen formuliert (mindestens zwei). Die jeweilige Position wird von einer Kleingruppe für einen Wahlkampf aufbereitet.
ELEMENTE DES WAHLKAMPFES:
WAHLKAMPFPLAKAT
Die Gruppen erarbeiten ein Wahlkampfplakat und stellen es vor.
REDE AN DAS VOLK
Die Gruppen schreiben eine kurze Rede an das Volk und tragen sie vor.
PARTEIPROGRAMM
Die Gruppen formulieren ein kurzes Parteiprogramm und präsentieren es dem staunenden Volk.
DEBATTE „HEISSER STUHL"
Siehe Talk-Show: „Heisser Stuhl" (S. 92)
PODIUMSDISKUSSION
→ *Kids in der Kirche*

Demonstration

ALTER: ab 8 Jahren (mit Unterstützung)
ART: Vertiefung (Auf die Straße, fertig, los: Über die Vorbereitung einer Demonstration findet die Auseinandersetzung mit dem Text statt)

MATERIAL: Tapete, Dachlatten oder Rundhölzer, Farbe oder Eddings
PRINZIP: Das Thema wird für einen Demonstrationszug aufbereitet und umgesetzt. Dazu werden Banner erstellt und Schlachtrufe eingeübt. Der Text wird gemeinsam erarbeitet.
BEISPIEL
Es bildet sich eine Gruppe von Josef-Sympathisanten, die seine Freilassung aus dem Gefängnis und die Verurteilung der Frau Potifars fordert.
→ *Kids in der Kirche*

Kreatives Gestalten

In der Kreativabteilung wird gebastelt, gematscht, gesägt, gewerkelt, geschmiert und gebaut. Es gibt eine Vielzahl von guten Büchern, die Vorschläge für das kreative Gestalten mit Kindern beinhalten, so dass sich dieser Teil auf grundlegende Elemente beschränkt.

Aktivierung
ALTER: ab 6 Jahren (mit Unterstützung)
ART: Einstieg/Vertiefung (Kreativ: Die Kids werden angeregt, eigene Phantasie und Ideen zum Thema zu entwickeln und kreativ umzusetzen)
MATERIAL: Je nach Thema variiert – die Kids wählen frei
Dosen, Schachteln, Papier, Zeitung, Klebstoff, Schere, Maschendraht, Kleister, Wäscheklammern, Werkzeug, Holz, Schrott, Tapetenreste, Farben, Pinsel etc.
PRINZIP: Ein Thema wird vorgegeben. Material ist vielfältig und ausreichend vorhanden. Die Kids setzen das Thema mit dem Material kreativ und gestalterisch um. Es gibt keine Vorschriften und keine Reglementierung im Umgang mit dem Thema und dem Material. Mit jüngeren Kindern wird gemeinsam die Thematik erarbeitet und die Umsetzung unterstützt.
Im Anschluss wird über die Werke geredet.
→ Kids in der Kirche

Großcollage gestalten
ALTER: ab 5 Jahren
ART: Einstieg/Vertiefung (Schmiererei: Zur Thematik wird ein Riesenbild angefertigt)
MATERIAL: Zeitung, Tapete, Scheren, Stifte, Kleber, Plakatkarton in unterschiedlichen Farben
PRINZIP: Eine Szene oder eine Situation wird aus der Thematik der Stunde oder aus dem entsprechenden Text herausgegriffen. Als Unterlage werden mehrere Bahnen Tapete so aneinandergeklebt, dass eine Arbeitsfläche von ca. 2 mal 3 Metern entsteht. Aus den Pappen und Zeitungen werden nun die szenischen Elemente ausgeschnitten. Personen können in der entsprechenden Position oder Körperhaltung in Umrissen auf Tapete gemalt und ausgeschnitten werden; Bäume und Pflanzen werden dreidimensional aus Zeitungsrollen gefertigt; Tiere und Gebäude können ebenfalls aus Zeitungspapierrollen dreidimensional gefertigt oder aus Tapetenbahnen ausgeschnitten werden. Das gesamte Bild kann bunt gemalt werden oder mit Sprayfarbe eingesprüht werden.
VARIATION
Fingerfarbenbild
Mit Fingerfarben läßt sich auf demselben Untergrund ebenfalls großflächig arbeiten

Graffiti
Mit Sprühfarbe wird ein Großbild erstellt (draussen arbeiten)
IDEE: Dieses Großbild läßt sich auch über Wochen hinweg als Zuwachsbild von Stunde zu Stunde weitergestalten (zum Einstieg bis alle da sind)
→ *Kids in der Kirche*

Skulpturen aus Papierstreifen
ALTER: ab 5 Jahren (mit Hilfe)
ART: Einstieg/Vertiefung (Kniffelig: Aus Papierstreifen wird eine Skulptur oder ein Bild zum Thema erstellt.)
MATERIAL: Papier, Plakatkarton, Schere, Kleber, Wasserfarbe
PRINZIP: Aus dem Papier schneiden die Kids lange, schmale Streifen aus und kleben einige aneinander (und aufeinander – der Stabilität halber). Sind die Streifen getrocknet, kann auf einer Pappunterlage eine Skulptur oder ein Bild gefertigt werden. Die Streifen lassen sich knicken, biegen, drehen und verwursteln. An den Anfangs- und Endpunkten werden die Streifen angeklebt.
→ *Kids in der Kirche*

Skulpturen aus Zeitungspapier
ALTER: ab 8 Jahren
ART: Einstieg/Vertiefung (Phantasievoll: Zur Auseinandersetzung mit einem Thema wird mit Zeitung und Klebeband eine Skulptur gebaut.)
MATERIAL: Zeitungspapier, Klebeband
PRINZIP: Aus den Zeitungsblättern werden Rollen gefertigt. Aus den Rollen und dem Klebeband wird die Skulptur gefertigt.
Es ist notwendig, ein Symbol oder ein Bild zum Thema zu finden, das mit den Zeitungsrollen gestaltet werden kann. Über die Skulptur kann gesprochen werden.
VARIATIONEN
Skulpturen aus:
HOLZRESTEN
STÄBEN UND STÖCKEN
NATURMATERIALIEN (selbst gesammelt)
KRIMSKRAMS
MASCHENDRAHT
ALUMINIUMBLECH
SCHACHTELN UND DOSEN
KARTONS (in verschiedenen Größen)
→ *Kids in der Kirche*

Malen nach Musik
ALTER: ab 6 Jahren
ART: Einstieg (Zu einer zum Thema passenden Musik soll ein Bild gemalt werden)
MATERIAL: Farben, Papier, Musik
PRINZIP: Jedes Kind bekommt ein Blatt Papier. Das Thema wird kurz eingeführt. Zur Musik entsteht ein Bild, das vom Thema und von der Musik beeinflusst wird. Die Bilder können kurz interpretiert werden.

Modellieren mit Pappmaschee
ALTER: ab 6 Jahren
ART: Einstieg/Vertiefung (Matschig: Zum Thema wird modelliert)
MATERIAL: Maschendraht, Zeitungen und Kleister
PRINZIP: Der Kleister wird rechtzeitig vor der Stunde angesetzt. Aus dem Maschendraht werden Trägergerüste gefertigt. Zeitungsstreifen werden in Kleister getränkt und über das Gerüst geklebt. Nach dem Austrocknen wird das Modell bemalt.
Über die gefertigten Modelle kann in der folgenden Woche gesprochen werden
VARIATIONEN
Modellieren mit:
TON
SALZTEIG
REZEPT: 4 Tassen Mehl und 1 Tasse Salz werden mit 1 1/2 Tassen lauwarmem Wasser verknetet
→ *Kids in der Kirche*

Ruß-Dias
ALTER: ab 8 Jahren
ART: Einstieg/Vertiefung (Spannend: Auf ein Dia werden Kleinstbilder gemalt oder mit einer Nadel Bilder eingeritzt. Vergrößert wird das Ergebnis sichtbar.)
MATERIAL: Dia-Rähmchen (mit Glas), Nadeln, Kerze, Dia-Projektor, feine Folienschreiber
PRINZIP: Die Glasdias werden über einer Kerzenflamme vorsichtig eingerußt. Mit der Nadel können nun Bilder oder Konturen eingeritzt werden. Die Thematik kann in einzelne Szenen oder Perspektiven eingeteilt werden, so dass eine komplette Dia-Show entsteht.
VARIATION
Folienstiftbilder
Mit den feinen Folienstiften werden Bilder auf die Dias gemalt und anschließend vergrößert.

Folien-Bilder
ALTER: ab 5 Jahren
ART: Einstieg/Vertiefung (Malerisch oder faszinierend: Zum Thema werden Bilder auf Folie gemalt oder zusammengestellt)
MATERIAL: Folien, Folienstifte, Overhead-Projektor
PRINZIP: Die Kids bemalen eine Folie mit einer Szene oder einer Situation aus der Geschichte oder aus der Thematik. Die Folien werden anschließend zu einer Folienshow aufgelegt.
VARIATION
Overhead-Bühne
Die Oberfläche des Projektors wird zur Bühne umfunktioniert. Aus Pappe (schwarzes Bild) oder aus Transparentpapier (farbiges Bild) werden die verschiedenen Elemente zur Erstellung einer Szene ausgeschnitten. Auf der Oberfläche wird dann die Szene erstellt und die Handlung nachgespielt (mit Hilfe von

Schaschlikspießchen können die Figuren verschoben werden). Das Bild erscheint an der Wand oder an der Decke.

Papierkugelbilder
ALTER: ab 5 Jahren
ART: Einstieg/Vertiefung (Fizzelskram: Aus Papierkugeln wird ein Bild zum Thema oder zur Geschichte geklebt)
MATERIAL: Farbiges Papier (Transparentpapier), Kleber, evtl. Bildvorlage
PRINZIP: Die Kids erhalten verschiedenfarbiges Papier und rollen aus einzelnen Fetzen einen ganzen Haufen Kügelchen, je mehr, desto besser. Auf einer Papierunterlage wird nun ein Bild in Umrissen gezeichnet und mit den Kügelchen in den entsprechenden Farben ausgeklebt. Jüngere Kinder erhalten eine Bildvorlage und kleben diese voll.
VARIATIONEN
Wollbilder
Mit verschiedenfarbiger Wolle wird eine Bildvorlage ausgeklebt
Wattebilder
Mit verschiedenfarbiger Watte wird eine Bildvorlage ausgeklebt
→ *Kids in der Kirche*

Hinterklebebilder
ALTER: ab 5 Jahren (mit Unterstützung)
ART: Einstieg/Vertiefung (Altbewährt: Aus schwarzem Tonpapier werden Formen ausgeschnitten und mit Transparentpapier hinterklebt)
MATERIAL: Schwarzes Tonkpapier, Transparentpapier, Scheren, Kleber
PRINZIP: Die Kids schneiden aus dem Tonpapier verschiedene (symbolische) Elemente einer Szene oder eines Bildes aus. Die entstandenen Lücken werden nun mit Transparentpapier hinterklebt. Taugt was mit einer Kerze dahinter für den Tisch, kann aber auch vor dem Fenster aufgehängt werden.
→ *Kids in der Kirche*

Reiß-Collage
ALTER: ab 5 Jahren (mit Unterstützung)
ART: Einstieg/Vertiefung (Aus zerfetzt mach neu: Aus Papierfetzen wird ein Bild zum Thema oder zur Geschichte zusammengeklebt.)
MATERIAL: Farbiges Papier (Buntpapier), Pappkarton, Kleber, Stifte
PRINZIP: Die Kids zerreißen das Papier in beliebige Stücke (oder in gewollte Formen). Auf der Pappunterlage wird aus den Fetzen ein Bild zusammengeklebt, dazu können die Konturen des neuen Bildes vorgegeben werden. Mit Stiften kann das Bild noch ergänzt und beschriftet werden.
VARIATION
Reißbilder aus Tapetenresten
Tapete eignet sich ebenfall als Reiss-Material

Buchstaben-Collage
ALTER: ab 6 Jahren (mit Unterstützung)
ART: Einstieg/Vertiefung (Knifflig: Aus einzelnen kleinen Buchstaben oder um einen großen Buchstaben herum wird zum Thema ein Bild erstellt.)
MATERIAL: Vorbereitete Buchstaben (ausgeschnitten oder selbstgefertigt), Zeitschriften, Pappkarton, Schere, Kleber, Stifte
PRINZIP:
VARIATION 1
Ein (Schlüssel-) Buchstabe bildet die Grundlage für eine Collage zum Thema. Er wird zuerst auf die Unterlage geklebt und dann entsprechend gestaltet (malen oder auschneiden und kleben).
VARIATION 2
Aus verschiedenen kleinen und großen Buchstaben wird ein Bild gestaltet.

Zeitschriften-Bild
ALTER: ab 6 Jahren (mit Unterstützung)
ART: Einstieg/Vertiefung (Kreativ bis witzig: Aus (umgedeuteten) Bildern und Elementen aus Zeitschriften wird ein Bild zum Thema gestaltet)
MATERIAL: Zeitschriften, Scheren, Kleber, Stifte, Pappkarton
PRINZIP: Die Kids schneiden aus den Zeitschriften Muster, Formen oder Teile aus, die sie in einem Bild zum Thema oder zur Geschichte verarbeiten können. Dabei können die Vorlagen im Bild umgedeutet werden: aus einem Apfel wird ein Kopf, aus einem Autoreifen ein Bauch. Die ausgeschnittenen Vorlagen werden nun zu einem Bild zusammengelegt und aufgeklebt. Mit den Stiften kann noch ergänzend gemalt werden.
→ Kids in der Kirche

Schichtwachsbilder
ALTER: ab 5 Jahren
ART: Einstieg/Vertiefung (Alt und bewährt: Durch das Auftragen von zwei Wachsschichten entsteht wie durch Geisterhand ein Bild)
MATERIAL: Wachsmalstifte, Papier, Schaschlikspießchen
PRINZIP: Die Kids malen eine erste Schicht Wachsmalfarbe auf das Papier, je bunter, desto besser. Die gesamte Fläche wird dann mit einer zweiten Schicht Wachsfarbe übermalt, dazu werden dunkle Farbtöne, am besten schwarz, verwendet. Mit den Stäbchen werden dann Linien und Konturen eingeritzt – ein Bild entsteht.

Geheimwachsbilder
ALTER: ab 5 Jahren
ART: Einstieg/Vertiefung (Verblüffend: Aus dem Nichts ensteht ein Bild)
MATERIAL: Weiße Kerzen, Papier, Wasserfarben, Pinsel
PRINZIP: Mit den weißen Kerzen malen die Kids ein Bild oder verschiedene Symbole zum Thema oder zur Geschichte auf das Blatt Papier. Dabei muss fest angedrückt werden. Das so gemalte Bild ist nur schlecht zu erkennen. Mit der Wasserfarbe wird nun flächig über das Bild gemalt – bis das Wachsbild deutlich zu erkennen ist.

Nass-Bilder

ALTER: ab 5 Jahren
ART: Einstieg/Vertiefung (Vorher Teppiche entfernen und Kinder in Müllsäcke mit Löchern für Kopf und Arme stecken: Amateur-Aquarelle für Anfänger.)
MATERIAL: Wasser, Papier, Schwamm oder Tuch, Wasserfarbe, Pinsel
PRINZIP: Das Papier wird eingefeuchtet (egal wie – die Kids haben schon irgendeine Idee) bis es schön saftig ist. Die aufgetragenen Farben vermischen sich und laufen ineinander. Die Trockenzeit ist etwas länger… !
→ *Kids in der Kirche*

Kreidewischbilder

ALTER: ab 5 Jahren (mit Unterstützung)
ART: Einstieg/Vertiefung (Nicht essbar: Zum Thema oder zur Geschichte wird ein Bild mit Kreide erstellt)
MATERIAL: Farbige Kreide, Papier, Watte, Schablonen
PRINZIP: Zum Thema werden Schablonen aus Pappe erstellt. Auf den Rand der Schablone wird ein dicker Kreidestrich in beliebiger Farbe gemalt. Die Schablone wird auf das Papier gelegt und mit dem Wattebausch wird die Kreide auf das Papier gewischt.
Beispiel
ARCHE NOAH
Schablonen für: Schiff, Tiere, Bäume, Sonne, Wellen etc.
VARIATIONEN
OHNE SCHABLONEN
Geht auch ohne Schablonen. Auf das Papier werden mit der Kreide Linien und Umrisse gezeichnet und mit Watte verwischt.
KREIDEÖLWISCHBILDER
Mit Kreide wird ein Bild auf Papier gemalt und anschließend mit einem Tuch und Öl verwischt.

Schrubbelbilder

ALTER: ab 6 Jahren (mit Unterstützung)
ART: Einstieg/Vertiefung (Klappt sogar manchmal: Mit Zahnbürsten und Teesieben wird ein Bild geschrubbelt)
MATERIAL: Papier, Schablonen (positiv oder negativ), Wasserfarbe, Zahnbürsten, Teesiebe
PRINZIP: Zum Thema werden Schablonen gefertigt. Die Schablonen werden auf das Papier gelegt. Mit der Zahnbürste wird Farbe aufgenommen und so in dem Teesieb geschrubbelt, dass die Farbe auf das Bild spritzt. Anschließend wird die Schablone abgenommen.
Beispiel
WEIHNACHTEN
Schablonen: Geburtstagstorte, Kerzen, Luftballon, Geschenke etc.
VARIATIONEN
Als Schablonen eignen sich: Naturmaterialien, Gegenstände, Werkzeuge etc.

Schwammdruckbilder

ALTER: ab 5 Jahren
ART: Einstieg/Vertiefung (Ich drück dich: mit Schwammformen wird ein Bild gedruckt)
MATERIAL: Schwämme, Wasserfarben, Pinsel, Papier, Scheren, Messer
PRINZIP: Aus den Schwämmen werden Formen geschnitten, die zum Thema oder zur Geschichte passen. Mit den Pinseln wird auf die eine Seite der Schwammformen Wasserfarbe aufgetragen. Die Schwämme werden auf das Papier gedrückt.
VARIATION
Schwammmalerei
Mit den Schwämmen kann auch gemalt werden (schmiert so schön)

Gemüsedruckbilder

(Wer es mit seinem Gewissen vereinbaren kann)
ALTER: ab 5 Jahren
ART: Einstieg/Vertiefung (Asbach aber nett: Aus Kartoffeln werden Stempel geschnitzt und ein Bild gedruckt.)
MATERIAL: Geeignetes Gemüse, Wasserfarben, Pinsel, Papier, Messer
PRINZIP: Aus dem Gemüse wird ein Stempel mit einem Symbol geschnitzt, das zum Thema passt. Die Kids tragen mit Pinseln Farbe auf die Stempel auf und drucken ein Bild auf die Papierunterlage.
VARIATIONEN
Gemüsemusterdruck
Gemüse mit natürlichem Muster eignet sich ebenfalls für diese Drucktechnik. Ergibt etwas abstraktere Bilder.
Gemüsedruck auf Stoff
Wird Stoffmalfarbe verwendet, können T-Shirts oder Tücher bedruckt werden
HINWEIS: Die Wasserfarbe läßt sich abwaschen, so dass das Gemüse unter Umständen noch verwertbar ist.

Guckkasten

ALTER: ab 8 Jahren (mit Unterstützung)
ART: Einstieg/Vertiefung (Ja gucke mal da: Die Geschichte oder das Thema wird szenisch umgesetzt)
MATERIAL: Karton, Pappe, Kleber, Stifte, Scheren, Zeitschriften
PRINZIP: Eine Szene aus der Geschichte soll gestaltet werden. Dazu werden Personen, Elemente und Gegenstände, die zu der Szene gehören sollen, ausgeschnitten und mit Pappe verstärkt. Die Bestandteile werden in den Karton hineingeklebt. Der Karton wird verschlossen und kann nur über zwei Gucklöcher an der Seite beschaut werden.
→ *Kids in der Kirche*

Rätselhafte Elemente

Kinder raten gerne. Eine banale Wahrheit. Tatsächlich nehmen diese Elemente in der Gestaltung der Arbeit mit Kindern viel Platz ein und eignen sich für jede Form der Auseinandersetzung mit einem Text oder einem Thema. Zudem brauchen sie in der Vorbereitung selten viel Zeit und passen zwischen jedes andere Gestaltungselement.

Thema versenken
ALTER: ab 6 Jahren
ART: Annäherung/Einstieg (Volle Breitseite: Symbole geben Hinweise auf das Thema oder die Geschichte)
MATERIAL: Mit Symbolen oder Hinweisen gefülltes Raster
PRINZIP: Auf einem Raster (ähnlich dem „Schiffe versenken") werden Symbole oder Hinweise zum Thema versteckt. Die Kids versuchen nun, Koordinaten zu benennen und so die Symbole oder Hinweise zu entdecken (B4 / A3 etc.). Sind alle Symbole oder Hinweise entdeckt worden, kann die Geschichte erzählt oder der Inhalt vermittelt werden.
Beispiel
VERLORENER SOHN
Zur Geschichte „Der verlorene Sohn" werden Symbole aus dem Themenbereich „Bauernhof", „arm", „reich" usw. im Raster versteckt. Anhand der Symbole kann dann die Geschichte erzählt werden.
→ *Kids in der Kirche*

Kreuzworträtsel
ALTER: ab 6 Jahren
ART: Annäherung/Einstieg/Vertiefung (Nicht mehr taufrisch, aber immer noch spannend: Ein Lösungswort muss durch das Erraten anderer Schlüsselwörter gefunden werden)
MATERIAL: Vorbereitetes Rätsel, Stifte
PRINZIP: Das Lösungswort oder der Lösungssatz und die Schlüsselwörter werden mit Platzhaltern (Kästchen/Striche/Kreise) angegeben. Die Schlüsselwörter werden durch das Beantworten von Fragen, das Lösen von Aufgaben, das Lösen von anderen Rätseln usw. erworben. Durch das Einsetzen der Schlüsselwörter entsteht das Lösungswort.
VARIATION
Stundengestaltung
Kann als stundengestaltendes Element verwendet werden. Jedes Schlüsselwort wird durch das Einlösen einer stundengestaltenden Aufgabe erworben. Zum Schluss wird das Lösungswort gefunden.
→ *Kids in der Kirche*

103

Bilderrätsel
ALTER: ab 6 Jahren (mit Unterstützung)
ART: Annäherung/Einstieg/Vertiefung (Aus der Auflösung von bildhaften Rätseln ergibt sich ein Hinweis auf die Stundengestaltung)
MATERIAL: Vorbereitetes Bilderrätsel, Stifte
PRINZIP: Aus mehreren Bildern werden Buchstaben zu einem Lösungswort zusammengefügt. Da nicht aus jedem Bild alle Buchstaben zu verwenden sind, werden die überflüssigen Buchstaben weggestrichen. Aus dem Bild „Hund" wird durch das Streichen des ersten Buchstaben (1) das „und". Aus dem Bild „Schwein" wird durch das Streichen der ersten drei Buchstaben (1 2 3) der „Wein" und durch das Streichen der ersten vier Buchstaben (1 2 3 4) ein „ein". Erstaunlicherweise läßt sich aus dem Bild „Computerbildschirm" durch das Streichen der ersten drei und der letzten elf Buchstaben (1 2 3 8 9 10 11 12 13 14 15 16 17 18) das Wort „Pute" gewinnen. Und aus dem Bild „Bundesgartenbauministerium" na ja, egal! Die einzelnen Bilder können durch das Lösen von Aufgaben erworben werden.
→ *Kids in der Kirche*

Wortsuchrätsel
ALTER: ab 6 Jahren (mit Unterstützung)
ART: Annäherung/Einstieg (Aus Omas Rätselheft: Begriffe zum Thema müssen in einem „Buchstabensalat" gefunden werden)
MATERIAL: Vorbereitetes Rätsel, Stifte
PRINZIP: Verschiedene Begriffe zum Thema werden in ein Raster eingetragen (senkrecht, waagerecht, diagonal). Die freien Plätze im Raster werden mit beliebigen Buchstaben aufgefüllt. Die Kids sollen nun im Buchstabendurcheinander die Begriffe finden.
ANLAGE
Rasterformblatt (→ Seite 104)
→ *Kids in der Kirche*

Galgenmännchen
Obwohl ich selber dieses Rätsel mit Begeisterung gespielt habe und sich diese Rätselform unter diesem Begriff etabliert hat, halte ich die Bezeichnung und die Verwendung des Galgensymbols in der Arbeit mit Kindern für unpassend. Als Alternative kann ein Strichmännchen (6 Rateversuche), ein Haus mit Schornstein (9 Rateversuche) oder ein Haus mit Schornstein und Tür (12 Rateversuche) verwendet werden. Der Name dieses methodischen Elementes würde sich dementsprechend in „Männchen machen" oder „Häusle bauen" ändern.
ALTER: ab 6 Jahren (mit Unterstützung)
ART: Annäherung/Einstieg (Strich für Strich: Begriffe zum Thema müssen über das Raten von Buchstaben gefunden werden)
MATERIAL: Vorbereitetes Rätsel, Stift
PRINZIP: Die Buchstaben des gesuchten Begriffes werden durch Platzhalter vorgegeben. Die Kids nennen beliebige Buchstaben, die, sind sie in dem Rätsel enthalten, an der entsprechenden Stelle eingetragen werden. Wer das Wort erkennt, kann es lösen. Für jeden fehlgeratenen Buchstaben wird ein Teil des Männchens

oder des Hauses gezeichnet. Wird das Symbol eher fertig als der Begriff geraten werden kann, haben die Kids verloren.
→ *Kids in der Kirche*

Buchstaben finden
ALTER: ab 6 Jahren (mit Unterstützung)
ART: Annäherung/Einstieg (Zwei „F" und drei „i" – irgendwas ist schiefgelaufen: Ein Schlüsselwort oder -satz wird aus den Buchstabenbestandteilen zusammengefügt)
MATERIAL: Buchstaben
PRINZIP: Ein Schlüsselwort oder -satz wird in seine Buchstabenbestandteile zerlegt. Die einzelnen Buchstaben müssen von den Kids zusammengesetzt werden. Dazu können die Buchstaben im Raum versteckt werden, in Luftballons gewurstelt und aufgeblasen werden, oder sie müssen von den Kids durch das Lösen von Aufgaben erworben werden.
→ Kids in der Kirche

Geheimschrift
ALTER: ab 6 Jahren (mit Unterstützung)
ART: Annäherung/Einstieg (Ganz spannend: Eine geheime Botschaft muss entschlüsselt werden und weist auf das Thema hin.)
MATERIAL: Geheime Botschaft, Lösungscode, Stifte
PRINZIP: Ein Wort, ein Satz oder ein Text mit thematischem Bezug wird verschlüsselt (jeder halbwegs gescheite Computer hat eine Symbolschrift – ansonsten nach guter Tradition mit verschobenem Alphabet arbeiten). Die Kids sollen die Botschaft mit Hilfe eines Lösungscodes entschlüsseln.
VARIATIONEN
Code erwerben
Um den Code (oder Teile davon) zu bekommen, müssen Aufgaben gelöst werden
Echte Geheimbotschaft
Noch beeindruckender wird die geheime Botschaft, wenn man sie mit Eiweiß auf ein Blatt schreibt und über einer Kerzenflamme vorsichtig wieder sichtbar macht.

Verschlüsselte Botschaft
ALTER: ab 6 Jahren (mit Unterstützung)
ART: Annäherung/Einstieg (ch ncht hn: Eine verschlüsselte Botschaft wird entschlüsselt.)
MATERIAL: Verschlüsselte Botschaft, Stifte
PRINZIP: Ein Wort oder Satz mit Bezug zum Thema wird verschlüsselt. Dazu können alle Vokale oder einzelne Konsonanten weggelassen werden, oder die Worte werden in ihrer Reihenfolge vermischt. Die Kids entschlüsseln die Botschaft.
→ Kids in der Kirche

Lückentext
ALTER: ab 6 Jahren (mit Unterstützung)
ART: Annäherung/Einstieg (Auch in diesem kurzen fehlt ein: Ein Text mit Lücken wird vervollständigt und führt zum Thema.)
MATERIAL: Lückentext, Lösungswörter, Stifte
PRINZIP: In einem Text werden Wörter ausgelassen. Die Kids bekommen den Text und die entsprechenden Wörter und sollen den Text vervollständigen.

VARIATION
Lösungswörter verdienen
Die Lösungswörter müssen durch das Lösen von Aufgaben oder Beantworten von Fragen verdient werden.
→ *Kids in der Kirche*

Labyrinth
ALTER: ab 5 Jahren
ART: Annäherung/Einstieg (Wo bitte gehts hier zum Ausgang? Durch ein Labyrinth müssen zusammengehörige Bilder oder Symbole verbunden werden.)
MATERIAL: Vorbereitetes Labyrinth, Stifte
PRINZIP: Die Kids erhalten ein Labyrinth und müssen zwei zusammengehörige Symbole, die auf das Thema oder die Geschichte hinweisen, miteinander verbinden. Dabei wird der Weg mit einem Stift nachgezeichnet.
Beispiel
Mose findet zum Pharao (und nicht zur Krippe oder zu den Löwen),
David findet Goliat (und nicht Zwerg Nase oder Kaspar Hauser) etc.
ANLAGE
Labyrinthvorlage
→ *Kids in der Kirche*

Zuordnung
ALTER: ab 5 Jahren (mit Unterstützung)
ART: Annäherung/Einstieg (Fix für Zwischendurch: Zusammengehörige Paare müssen verknüpft werden)
MATERIAL: Zuordnungsrätsel, Stifte
PRINZIP: Auf einem Blatt Papier werden in beliebiger Reihenfolge zusammengehörige Paare aufgebracht (gemalt/geklebt; Symbole/Bilder/Schrift). Die Kids versuchen, mit Verbindungslinien die Paare zu verknüpfen.
Beispiel
Schöpfungstage – Ereignisse;
Abfolge (1., 2., ...) – Plage;
Arche: Verknüpfung von Tierpaaren;
Zehn Gebote – Inhalt etc.
→ *Kids in der Kirche*

Spinnennetz
ALTER: ab 6 Jahren (mit Unterstützung)
ART: Annäherung/Einstieg (Haarig: Buchstaben werden zu einem Schlüsselwort oder -satz zusammengefügt.)
MATERIAL: Spinnennetzrätsel, Stifte
PRINZIP: Auf einem Spinnennetzraster werden die Buchstaben so verteilt, dass beim Verfolgen des Spinnenfadens ein Lösungswort entsteht.
ANLAGE
Spinnennetzrätselvorlage (→ Seite 110)
→ *Kids in der Kirche*

Verbindungssatz
ALTER: ab 6 Jahren (mit Unterstützung)
ART: Annäherung/Einstieg (Fällt ein mir das nicht Wort – Falsch verbunden!: Ein Schlüsselsatz wird zusammengefügt und weist auf das Thema hin)
MATERIAL: Verbindungssatz, Stifte
PRINZIP: Die Wörter des Schlüsselsatzes werden wild und ungeordnet auf einem Blatt Papier verteilt und mit einer Verbindungslinie verknüpft. Die Kids folgen der Linie und entdecken so den Satz.

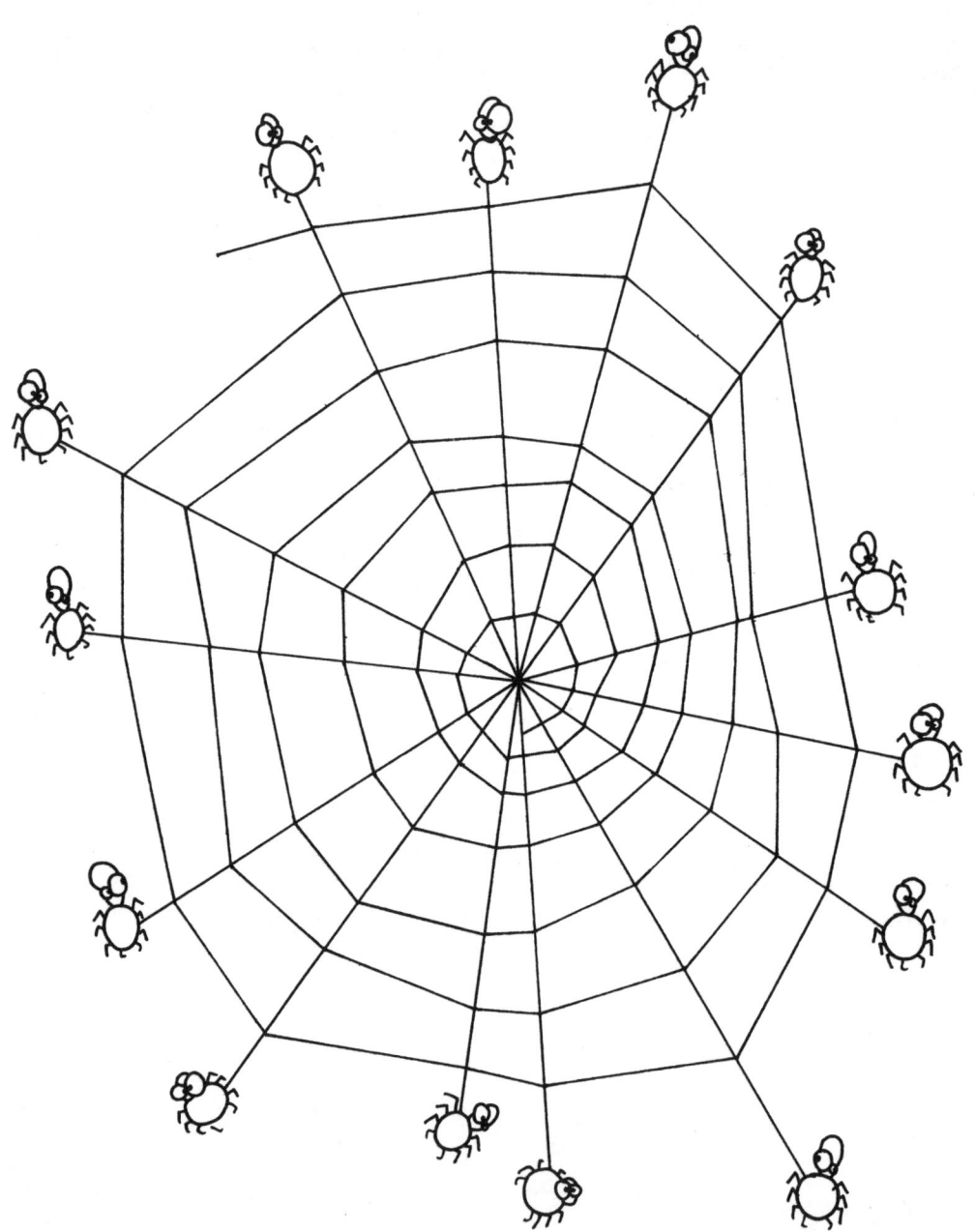

Erzählen und zuhören

In der Tradition und an vielen Stellen auch heute noch ist das Erzählen einer biblischen Geschichte der Mittelpunkt in der Arbeit mit Kindern. Es gibt eine Anzahl guter Bücher, die sich diesem Thema widmen, deshalb finden sich hier nur einige Ideen zur kreaktiven Gestaltung.

Schlüsselwortgeschichte
ALTER: ab 5 Jahren
ART: Geschichte erzählen (Genau aufpassen: Auf Schlüsselwörter in der Geschichte folgt eine Aktion)
MATERIAL: Ideen für Aktionen, Süßkram, Instrumente
PRINZIP: Die Kids bekommen jeweils ein Schlüsselwort mitgeteilt. Kommt ihr Schlüsselwort in der Geschichte vor, werden sie aktiv (lösen eine Aufgabe, suchen eine Süßigkeit, machen ein Geräusch mit dem Instrument).
VARIATION
Auf einen Haufen
Mehrere Kinder erhalten ein Schlüsselwort / alle Kinder erhalten ein Schlüsselwort und müssen gleichzeitig eine Aufgabe erfüllen, nach einer Süßigkeit suchen oder ein Geräusch mit dem Instrument machen.

Phantasiegeschichte
ALTER: ab 5 Jahren
ART: Geschichte erzählen (Über die Blumenwiese durch den Fluss: Die Kids machen sich pantomimisch und phantasievoll auf eine Reise durch die Geschichte.)
MATERIAL: Vorbereitete Geschichte
PRINZIP: Es eignen sich „Reise-Geschichten" mit Erlebnisgehalt. Die Geschichte wird so erzählt, dass die Kinder pantomimisch und bewegungsaktiv die Geschichte miterleben können. Dazu machen sich alle auf den Weg und laufen langsam im Kreis. Zu den jeweiligen Erzählmomenten folgen Anweisungen, was gespielt oder gemacht werden soll.
Beispiel
AUSZUG AUS ÄGYPTEN
Die Geschichte vom Auszug aus Ägypten und dem Durchzug durch das Meer wird während des Erzählens gespielt:
Zieht euch alle eure Jacken und Schuhe an, wir gehen auf eine Reise. Fangt an, langsam im Kreis zu gehen. Ihr wißt ja, nachdem das Volk Israel lange Jahre als Sklaven in Ägypten gelebt hat, hat Gott es endlich befreit. Nach einer Nacht der Schrecken machen wir uns auf den Weg. Wir sind noch ziemlich müde und schlurfen über den Boden. Zuerst haben wir ja noch Wege gesehen, aber jetzt marschieren wir schon durch die Wildnis – vorsichtig, ihr müßt den Steinen aus-

weichen, stolpert nicht. Wir kommen an eine hohe Dornenhecke da müssen wir alle durchkriechen. Nachdem wir das geschafft haben, geht der Weg fast endlos weiter. Wir kommen schließlich an einen Fluss – zieht euch bitte alle die Schuhe aus und hüpft vorsichtig von einem Stein zum anderen. Nach einer langen Wanderung werden wir müde und legen uns für eine kurze Rast hin usw.

Der rote Faden
ALTER: ab 8 Jahren
ART: Geschichte erzählen (Wir hangeln uns von Bild zu Bild: Durch den Raum wird die Geschichte gespannt und verfolgt)
MATERIAL: Geschichtsstationen, roter Faden
PRINZIP: Ein roter Faden wird quer und durcheinander durch den Raum gespannt. An verschiedenen Stellen werden an diesem Faden Bilder zur Geschichte oder Textabschnitte befestigt. Die Kids wandern nun dem Faden nach durch den Raum und entdecken so die Geschichte, die an den einzelnen Stationen erzählt wird.

Großcomic
ALTER: ab 5 Jahren
ART: Geschichte erzählen (Sprechblasenparade: Aus Bilderbüchern oder Bibelcomics wird die Geschichte großkopiert und miteinander erlesen.)
MATERIAL: Bilder oder Comic zur Geschichte
PRINZIP: Die entsprechende Geschichte wird aus einem Bilderbuch oder einem Bibelcomic herauskopiert und vergrößert. Zu einem Groß-Heft zusammengetackert läßt sich die Geschichte miteinander erlesen.
LITERATURHINWEIS:
N.Butterworth, M.Inkpen, Von Schafen, Perlen und Häusern, Oncken Verlag 1995
R.Pfeffer, Jesus der Galiläer, Bd 1+2, collection b, Deutsche Bibelgesellschaft 1993
D.C.Cook, Die Bibel im Bild, von Cansteinsche Bibelanstalt
→ Kids in der Kirche

Erzählen mit Figuren
ALTER: ab 5 Jahren
ART: Geschichte erzählen (Der Phantasie sind keine Grenzen gesetzt: Mit Figuren erzählen)
MATERIAL: Alles, was irgendwie zum Sprechen zu bringen ist
PRINZIP: Die Geschichte wird zu Dialogen umformuliert und erzählt oder von einem fiktiven Erzähler berichtet.
ES EIGNEN SICH:
Bauchrednerpuppen, Plüschtiere, Stabpuppen, Kasperlefiguren in der entsprechenden Kulisse, Kochlöffelfiguren, Handpuppen, Schattenfiguren, Großfiguren, Marionetten etc.
ERZÄHLEN IN VERSCHIEDENEN SZENARIEN:
Hinter einem Tuch über dem Tischrand, in einem abgeteilten Türrahmen, auf einer Bühne, in einem Karton, auf dem Tisch, in einem Fernseher etc.

Szenisches Erzählen
ALTER: ab 5 Jahren
ART: Geschichte erzählen (In der Höhle und auf dem Baum: Erzählt wird da, wo es passiert ist)
MATERIAL: Entsprechend der Situation
PRINZIP: Die Geschichte wird an dem Ort oder in der Situation erzählt, wo sie auch passiert ist.
Beispiel
ZACHÄUS
Alle steigen mit Zachäus auf den Baum und wieder runter
NIKODEMUS
Der Raum wird verdunkelt
STURMSTILLUNG
Wir bauen uns ein Boot und schaukeln heftig, während die Geschichte erzählt wird
DANIEL
Wir bauen uns eine Löwengrube und kriechen hinein

Geräusche-Geschichte
ALTER: ab 5 Jahren
ART: Geschichte erzählen (Ööörps, Brrzt, Huups, Knaarz: Die Geschichte wird mit Geräuschen erzählt)
MATERIAL: Geräusche zur Geschichte ausdenken
PRINZIP: Ähnlich der Schlüsselwortgeschichte bekommen die Kids ein Geräusch zugeteilt, das in der Geschichte vorkommt. Während des Erzählens werden immer wieder die Geräusche eingebaut. Es eignen sich Geschichten mit Naturereignissen.

Gegenstandgeschichte
ALTER: ab 5 Jahren
ART: Geschichte erzählen (Ich habe hier einen Pferdeapfel mitgebracht – was fällt euch dazu ein? Mit Gegenständen wird die Geschichte veranschaulicht)
MATERIAL: Entsprechende Gegenstände
PRINZIP: Anhand von Gegenständen, die die Kids im Raum finden müssen, wird die Geschichte erzählt.

Kim-Geschichte
ALTER: ab 5 Jahren
ART: Geschichte erzählen (Riech mal, fass mal an: Die Geschichte wird mit den Sinnen erfasst.)
MATERIAL: Entsprechend des Kims
PRINZIP: Während die Geschichte erzählt wird, gibt es was für die Sinne. Es werden Gegenstände in einer Grabbelbox mitgebracht, die erfühlt werden müssen; es werden Düfte mitgebracht, die gerochen werden, oder es werden Kleinigkeiten zum Schmecken mitgebracht.
→ *Kids in der Kirche*

Visuelles Erzählen
ALTER: ab 5 Jahren
ART: Geschichte erzählen (Voll auf's Auge: Die Geschichte wird veranschaulicht)
MATERIAL: Je nach Methode
PRINZIP: Während die Geschichte erzählt wird, wird veranschaulicht
Beispiel
Bilder auf dem Overheadprojektor erstellen
Dias zeigen
Flanelltafelbilder
Szene aufbauen

Spielerische Elemente

Kein anderes Element ist in der Arbeit mit Kindern so wichtig wie das gemeinsame Spiel. Im Spiel entfalten sich Kinder, lernen Kinder, gehen Kinder miteinander um, verstehen Kinder, probieren Kinder aus, tun Kinder so als ob, genießen Kinder. Der spielerische Aspekt sollte mindestens gleichberechtigt neben dem Interesse an der Vermittlung eines Inhaltes stehen.

Puzzle
ALTER: ab 5 Jahren
ART: Annäherung/Einstieg (Vielseitig: Die Kids puzzeln sich ins Thema hinein)
MATERIAL: Bild oder Comic, das zum Thema oder zu der Geschichte einen Bezug aufweist, zerschnitten zum Puzzle
PRINZIP: Die Kids erhalten die Puzzleelemente und setzen diese zum Puzzle zusammen. Über das entstandenen Bild kann zum Thema oder zur Geschichte übergeleitet werden.
VARIATIONEN
Die Puzzleelemente können vielfältig verwendet werden.
Stundengestaltung
Mit dem Erwerb der einzelnen Puzzleelemente kann die gesamte Stunde gestaltet werden. Die Puzzlelemente werden erworben und nach und nach zum kompletten Bild zusammengesetzt.
STATIONENSPIEL
Im Rahmen eines Stationenspiels müssen die Puzzleelemente erworben werden.
SUCHSPIEL
Die einzelnen Puzzlestücke sind im Raum versteckt und müssen gesucht werden.
QUIZ
Die Elemente werden im Rahmen eines Quiz gewonnen.
VERSTEIGERUNG
Die Teile werden ersteigert. Einsatz ist eine Aktion oder eine Dienstleistung.
→ *Kids in der Kirche*

Memory
ALTER: ab 5 Jahren
ART: Annäherung/Einstieg/Vertiefung (Hirnqualen: Zum Thema wird ein Memory gestaltet und gespielt)
MATERIAL: Memorykarten mit Bildern oder Symbolen (paarweise); Kartenvorlagen und Stifte, Zeitschriften, Schere, Kleber
PRINZIP: Zum Thema werden Bilder oder Symbole auf die Karten gemalt oder geklebt. Dabei müssen sich immer zwei Karten ergänzen oder gleichen (zwei Kirschen oder ein Riese und ein Zwerg). Nach den üblichen Regeln wird gespielt.

Beispiel
Noah: Tierpaare
Schöpfung: Schöpfungstage in Paarbildern
VARIATION
Die Bilder lassen sich mit den Kids erstellen. Anschließend wird gespielt.
ANLAGE
Kartenvorlage
→ *Kids in der Kirche*

Schwarzer Peter
ALTER: ab 5 Jahren
ART: Annäherung/Einstieg/Vertiefung (Oh nein, nicht schon wieder diese Karte...: Die Kids erstellen und spielen ein thematisch orientiertes Kartenspiel.)

MATERIAL: Vorbereitete Karten; Kartenvorlagen, Stifte, Zeitschriften, Schere, Kleber
PRINZIP: Zum Thema werden Karten gestaltet (malen, beschreiben, kleben), so dass jeweils zwei Karten zusammengehören (je nach Spielerzahl 8-32 Karten). Eine Sonderkarte mit einem entsprechenden „Schwarzen Peter" wird zusätzlich gestaltet. Nach den üblichen Regeln wird gespielt, bis einer gewonnen hat oder jemand keine Lust mehr hat.
ANLAGE
Kartenvorlagen

Quartett

ALTER: ab 5 Jahren

ART: Annäherung/Einstieg/Vertiefung (Seit 100 Jahren hipp: Die Kids basteln und spielen ein Quartett zum Thema)

MATERIAL: Vorbereitete Karten; Kartenvorlagen, Stifte, Scheren, Kleber, Zeitschriften

PRINZIP: Zum Thema werden Quartettkarten gestaltet (siehe „Schwarzer Peter", S. 117), so dass jeweils vier Karten zusammengehören (funktioniert auch mit jeweils drei oder zwei zusammengehörigen Karten). Je nach Spielerzahl braucht man zwischen 16 und 32 Karten. Nach den üblichen Regeln wird dann bis tief in die Nacht gezockt.

ANLAGE

Kartenvorlagen

Montagsmaler
ALTER: ab 5 Jahren (mit Unterstützung)
ART: Einstieg (Heißt eigentlich „Frank Elstner Spiel": Die Kids malen und raten Bilder zum Thema)
MATERIAL: Wandtafel, Flipchart, Overhead Projektor, Stifte oder Kreide, Begriffe
PRINZIP: Die Kids werden in zwei Gruppen geteilt. Nacheinander bekommen die Kids einer Gruppe Begriffe genannt, die sie für die eigene Gruppe malen sollen. Wird der Begriff erraten, ist das nächste Kind der Gruppe mit dem Malen an der Reihe. Nach einer bestimmten Zeit ist die andere Gruppe dran.
→ Kids in der Kirche

Dalli-Klick
ALTER: ab 5 Jahren
ART: Annäherung/Einstieg (Das war Spitze! Ein Bild zum Thema wird Stück für Stück aufgedeckt.)
MATERIAL: Karton, Bild
PRINZIP: Ein Karton wird im Dalli-Klick Stil zurechtgeschnitten. Die Bodenfläche muss durch die Seitenteile vollständig bedeckt werden können. Die Seitenteile werden so zurechtgeschnitten, das mehrere Felder entstehen, die auf- und zugeklappt werden können. Auf der Bodenfläche wird das Bild befestigt (ggf. vergrößern). Nacheinander werden einzelne Felder aufgedeckt, so dass immer mehr Bestandteile des Bildes sichtbar werden. Wer rät es als erster?
→ Kids in der Kirche

Assoziationskette
ALTER: ab 5 Jahren
ART: Annäherung/Einstieg (Die Kids finden zum Thema passende Begriffe)
MATERIAL: Vorbereitete Begriffskarten
PRINZIP: Zwei Kids stehen sich gegenüber und bekommen einen Begriff genannt, der mit dem Thema oder der Geschichte zu tun hat. Wechselweise müssen sie nun Dinge nennen, die zu dem Begriff passen. Wer zuerst keinen mehr weiß, hat verloren.

Schwarz und Weiss
ALTER: ab 5 Jahren
ART: Annäherung/Einstieg (Hinterherjagen und weglaufen: Zum Thema wird gespielt)
MATERIAL: Kein Material erforderlich
PRINZIP: Zum Thema wird ein Begriffspaar gebildet. Beispiel: Mose und Pharao. Die Kinder bilden zwei Gruppen und werden mit einem der beiden Begriffe bezeichnet, die eine Gruppe ist also Mose und die andere Pharao. Auf einem Spielfeld mit Mittellinie und jeweils einer Endlinie kommen die beiden Gruppen an der Mittellinie zusammen und stellen sich in Armabstand gegenüber auf. Der Spielleiter nennt eine der beiden Figuren. Die genannte Gruppe ist die überlege-

ne und jagt die andere Gruppe bis zur Endlinie des Spielfeldes. Wer abgeschlagen wird, wird Teil der anderen Gruppe. Gespielt wird, bis die Lust vergangen ist.
Beispiele
Adam und Eva
Eva und Schlange
Kain und Abel
Esau und Jakob
Sodom und Gomorra

Himmel und Erde
ALTER: ab 5 Jahren
ART: Annäherung/Einstieg (Beweglich: Personen und Begriffe des Themas werden ins Spiel gebracht)
MATERIAL: Kein Material erforderlich
PRINZIP: Den Personen und/oder Begriffen aus dem Text oder der Geschichte werden Bewegungen zugeordnet. Alle laufen durcheinander und versuchen auf Zuruf, so schnell wie möglich die entsprechende Bewegung auszuführen. Der jeweils Letzte scheidet aus. Gespielt wird, bis nur noch einer über ist oder jemand keine Lust mehr hat.
Beispiele
Jesus/Jünger/Parisäer/Zöllner
Zum Begriff „Jesus" sollen die Kids auf etwas Erhöhtes steigen, beim Begriff „Jünger" sollen sie einmal in die Luft springen, beim Begriff „Pharisäer" sollen sich die Kids auf den Boden legen und bei „Zöllner" sollen sie sich einmal um sich selbst drehen.

David, Goliat und Volk Israel
ALTER: ab 5 Jahren
ART: Annäherung/Einstieg (Verwirrend: Spielerisch werden Begriffe oder Personen aus dem Thema oder der Geschichte aufgegriffen.)
MATERIAL: Kein Material erforderlich
PRINZIP: Den Personen oder den Begriffen aus dem Text wird eine figürliche Darstellung zugeordnet, die jeweils von einem, zwei oder drei Kids wiedergegeben werden kann. Die Kids bilden einen Kreis, ein Kind läuft in der Mitte des Kreises umher, deutet auf ein Kind aus dem Kreis und nennt die figürliche Darstellung, die dieses Kind wiedergeben soll. Das genannte Kind bildet die Mitte der Figur, die Nachbarkids müssen aufpassen und die entsprechenden Teile der Figur mitdarstellen. Schafft die Gruppe die Darstellung in einer verabredeten Zeit, so bleibt das Kind in der Mitte, ansonsten kommt das aufgerufene Kind an die Reihe.
Beispiele
In dem folgenden Beispiel wird die entsprechende Figur von jeweils drei Kids dargestellt.
David/Goliat/Volk Israel
David: Das mittlere Kind stemmt die Arme in die Seiten; das Kind auf der rechten Seite faltet die Hände und das Kind auf der linken Seite schwingt pantomimisch eine Schleuder.

Goliat: Das mittlere Kind macht sich groß und streckt dazu die Arme in die Höhe; das Kind auf der rechten Seite droht mit einem Speer und das Kind auf der linken Seite hält pantomimisch einen Schild in Verteidigungsposition.
Volk Israel: Alle drei Kinder schlottern vor Angst.

Weitere Möglichkeiten

Jesus, Sturm, Jünger
Mose, Volk Israel, Pharao
Elia, Baal-Priester, Gott
etc.

Simson, Dalila, Philister
ALTER: ab 6 Jahren (mit Hilfe)
ART: Annäherung/Einstieg (Das macht Beine: Spielerisch findet eine Auseinandersetzung mit Begriffen und Personen aus dem Text oder mit dem Thema statt)
MATERIAL: Kein Material erforderlich
PRINZIP: Dieses Bewegungsspiel lebt von ausgeglichenen Kräfteverhältnissen. Aus dem biblischen Text müssen solche Stärkeverhältnisse ablesbar und in Beziehung zueinander zu setzen sein. Drei Figuren oder Begriffen aus dem Text wird eine figürliche Darstellung zugeordnet. Dabei ist jeweils eine Figur einer anderen übergeordnet und der dritten untergeordnet. Die Kids bilden zwei Gruppen und vereinbaren in ihrer Gruppe eine der drei Figuren, die sie im folgenden Spielteil darstellen wollen. Die beiden Gruppen treffen sich an der Mittellinie des Spielfeldes, stellen zunächst in „ritueller" Abfolge alle drei beteiligten Figuren dar, im Anschluss die eigene ausgewählte. An den dargestellten Figuren läßt sich ein Kräfteverhältnis ablesen. Die Gruppe mit der überlegenen Figur jagt die andere Gruppe bis an die Endlinien des Spielfeldes und versucht dabei, die anderen Kids abzuschlagen. Die Abgeschlagenen wechseln in die andere Gruppe. Dann vereinbart die Gruppe wiederum eine Figur, und das Spiel beginnt von vorne. Sollten die beiden dargestellten Figuren identisch sein, wird in den zwei Gruppen eine neue Figur vereinbart. Es wird solange gespielt, bis eine Gruppe nicht mehr besteht oder einer keine Lust mehr hat.
Beispiel
Simson/Delila/Philister
Simson post in bester Muskelmannmanier;
Delila legt die Hände auf die Hüften und macht auf verführerisch;
die Philister stellen sich in Schlachtposition auf und stoßen ein greuliches Kriegsgeschrei aus.
Dabei ist Simson der Delila unterlegen (schließlich betört sie ihn kräftig), Delila ist den Philistern unterlegen (von ihrem eigenen Volk wird sie unter Druck gesetzt, um Simson zu verraten), und die Philister unterliegen Simson (er hat sie mehrfach schwer verprügelt).
Die Gruppe, die Simson darstellt, muss also vor der Figur „Delila" flüchten, kann aber die Philister verfolgen; Delila läuft vor den Philistern weg, stürzt sich aber auf Simson, und die Philister fürchten Simson, jagen aber Delila.

Schisser
ALTER: ab 5 Jahren
ART: Annäherung/Einstieg (Das Uralt-Spiel mit neuem, kreativen Namen: Alle laufen vor einem weg)
MATERIAL: Kein Material erforderlich
PRINZIP: Das bekannte Bewegungsspiel „Wer fürchtet sich vor dem schwarzen Mann?" wird entsprechend der Ausgangsthematik oder der Geschichte umformuliert.
Beispiel
Wer fürchtet sich vor den Löwen; Wer fürchtet sich vor dem Pharao; Wer fürchtet sich vor den Plagen; Wer fürchtet sich vor den Ägyptern; Wer fürchtet sich vor Goliat etc.

Jakob und Esau
ALTER: ab 5 Jahren
ART: Annäherung/Einstieg (Fast wie „Schisser": Die Begriffe oder Personen aus dem Text werden angespielt)
MATERIAL: Kein Material erforderlich
PRINZIP: Der Spielverlauf ist dem Spiel „Wer fürchtet sich vor dem schwarzen Mann" nachempfunden. Die abgeschlagenen Kids werden aber nicht zum Bestandteil der fangenden Gruppe, sondern müssen auf der Stelle, auf der sie gefangen wurden, stehen bleiben und in Folge versuchen, die zu fangenden Kids mit den Händen beim Vorbeilaufen abzuschlagen. Sie unterstützen also das weiterhin alleine fangende Kind. Kann mit allen biblischen „Rivalen" oder Begriffen gespielt werden, vor denen man wegläuft (siehe „Schisser")

David und Saul
ALTER: ab 5 Jahren
ART: Annäherung/Einstieg (Es wächst und wächst: Im Spiel werden Begriffe und Personen aus dem Text kennengelernt.)
MATERIAL: Kein Material erforderlich
PRINZIP: Gespielt wird auf einem begrenztem Spielfeld. Ein Kind (Saul) versucht, die anderen Kids (Davids) zu fangen. Hat es ein Kind gefangen, bilden die zwei eine Kette und versuchen, ein weiteres Kind zu fangen. Die Kette wird immer größer, bis ein Entkommen unmöglich wird. Läßt sich mit allen „Rivalen" oder Dingen, vor denen man davonläuft, spielen (siehe „Schisser").

Fischer, Fischer
ALTER: ab 5 Jahren
ART: Annäherung/Einstieg (Uralt, aber immer noch gut: Bewegungsintensive Annäherung an Begriffe und Personen aus der Geschichte)
MATERIAL: Kein Material erforderlich
PRINZIP: Das bekannte Bewegungsspiel „Fischer, Fischer, wie tief ist das Wasser" wird dem Thema oder der Geschichte entsprechend abgeändert.

Beispiel
SCHÖPFUNG
Schöpfer, Schöpfer, welchen Tag haben wir? Den fünften! Und was sind wir da? Regenwürmer! (Fortbewegungsart: auf dem Bauch kriechend)
PLAGEN
Pharao, Pharao, welche Plage kommt gleich? Pest! Und was sind wir? Pestbeulen! (Die Fortbewegungsart einer Pestbeule ist noch nicht eindeutig geklärt – sollte aber so ungelenk und unnormal wie möglich aussehen. Stöhnende oder jammernde Begleitlaute sind durchaus erwünscht!)
NOAH
Noah, Noah, wie lange schippern wir schon? Achtundzwanzig Tage! Und welches Tierpaar stinkt am meisten? Die Kamele! (Fortbewegungsart: ?)
DANIEL IN DER LÖWENGRUBE
Daniel, Daniel, wie lange sitzt du schon in der Grube? Vier Stunden! Und welches Körperteil haben die Löwen schon beschnuppert? Das rechte Bein! (Fortbewegungsart: Auf dem rechten Bein wird heftig gehumpelt)

Quiz-Show
ALTER: ab 5 Jahren
ART: Annäherung/Einstieg/Vertiefung (Wum und Wendelin grüßen aus der Loge: Die Kids setzen sich über Fragen [Antworten] mit dem Text auseinander)
MATERIAL: Vorbereitetes Quiz, Quiztafel
PRINZIP: Zum Text werden Fragen entwickelt. Die Kids nehmen an einer Quiz-Show teil und müssen die Fragen lösen. Der Sieger wird gewürdigt.
→ *Kids in der Kirche*

Stationen-Spiel
ALTER: ab 5 Jahren
ART: Einstieg/Vertiefung (Von einem Ort zum andern: An verschiedenen Stationen findet eine spielerische Auseinandersetzung mit dem Thema statt)
MATERIAL: Vorbereitete Stationen und Gestaltungsmaterial
PRINZIP: Aus dem Textzusammenhang werden Aufgaben und Anforderungen formuliert oder konstruiert. Die Kids müssen an verschiedenen Stationen (nacheinander) diese Aufgaben bewältigen.
Beispiel
Auszug aus Ägypten
Aufgaben: Zieht einen als Reisenden an; Macht einen Kamelwettlauf; Transportiert Wasser; Baut eine Wüstensandburg etc.
VARIATION
Jahrmarkt
Die Kids sollen zu einer biblischen Geschichte erlebbare Stationen füreinander gestalten und anbieten. Dazu kann die Geschichte vorher in verschiedene Teile eingeteilt werden, damit nicht alle Kleingruppen dasselbe Element aufgreifen.

Hindernislauf

ALTER: ab 5 Jahren
ART: Annäherung/Einstieg (Drunter und Drüber: Eine Reisesituation wird als Hindernislauf nachgespielt)
MATERIAL: Hindernisse
PRINZIP: Die Kids spielen eine Reisegeschichte nach. Dazu werden verschiedene Hindernisse zu einem Parcours zusammengestellt, den die Kinder nun bewältigen müssen. Schwierigkeiten (auf einem Bein, rückwärts, mit einem Glas Wasser in der Hand) können eingebaut werden.

Würfel-Spiel

ALTER: ab 6 Jahren
ART: Einstieg/Vertiefung (Eins oder sechs: Auf einem Spielplan erwürfelt sich das Thema oder die Geschichte.
MATERIAL: Vorbereiteter Spielplan, Würfel, Spielfiguren
PRINZIP: Der Textzusammenhang wird in eine spielbare Abfolge gebracht. Dazu wird ein Spielplan erstellt. Die Kids erspielen den Textzusammenhang. Im Anschluss findet eine Auseinandersetzung mit dem Text statt.
BEISPIELE
Die Fisch- und Brotvermehrung
Auf einem Spielplan müssen durch Würfelglück Fische und Brote so vermehrt werden, dass es für 5000 Menschen reicht (klappt nicht, es braucht ein Wunder)
Der vierfache Acker
Die Ereignisse werden in einem Würfelspiel nachgestellt. Zielpunkt ist die erfolgreiche Bepflanzung des Feldes (Frucht bringen). Zwischendurch wird der Spieler durch Problemfelder gehindert: Vögel fressen die Saat, zwei Felder zurück etc.
ANLAGE
Spielpläne (→ Seite 125-127)

Knubbel

ALTER: ab 5 Jahren
ART: Annäherung/Einstieg (Irgendwie herzig: Alle rennen durcheinander und versuchen in bester „Bitte melde Dich – Manier" ihren Heimathaufen zu finden.)
MATERIAL: Vorbereitete Zettel mit Knubbeldazugehörigkeiten
PRINZIP: Es werden Begriffsgruppen zum Thema oder zu der Geschichte gebildet. Die einzelnen Begriffe werden auf Kärtchen geschrieben. Die Kids erhalten je ein Kärtchen und müssen sich mit den anderen Mitgliedern ihrer Gruppe zusammenknubbeln.
BEISPIEL
Noah
Tiergruppen (jeweils zwei Kids knubbeln)
Schöpfung
Tagesgruppen bilden:
Sterne, Sonne, Mond und Kometen
Wal, Hai, Makrele, Tintenfisch etc.

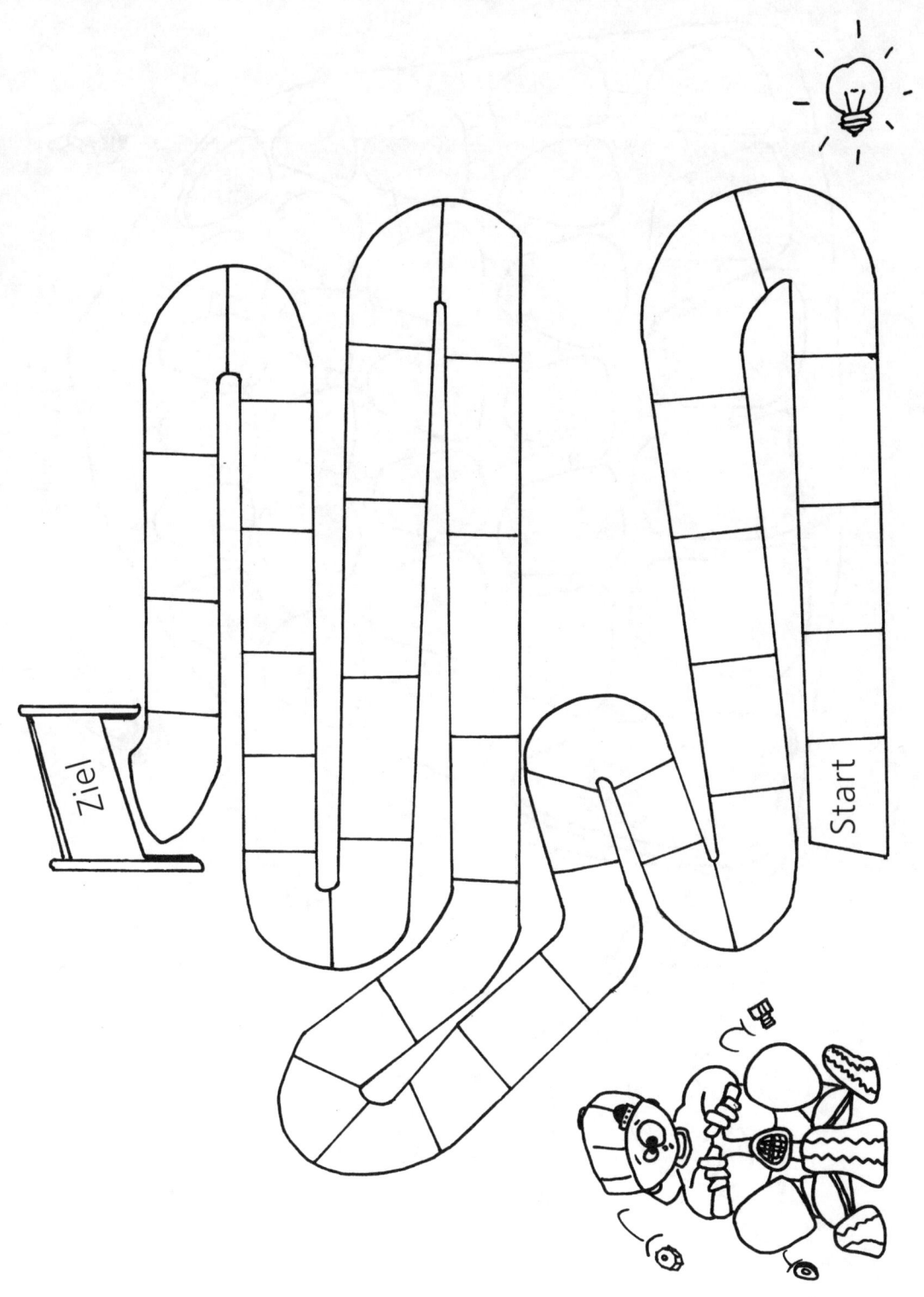

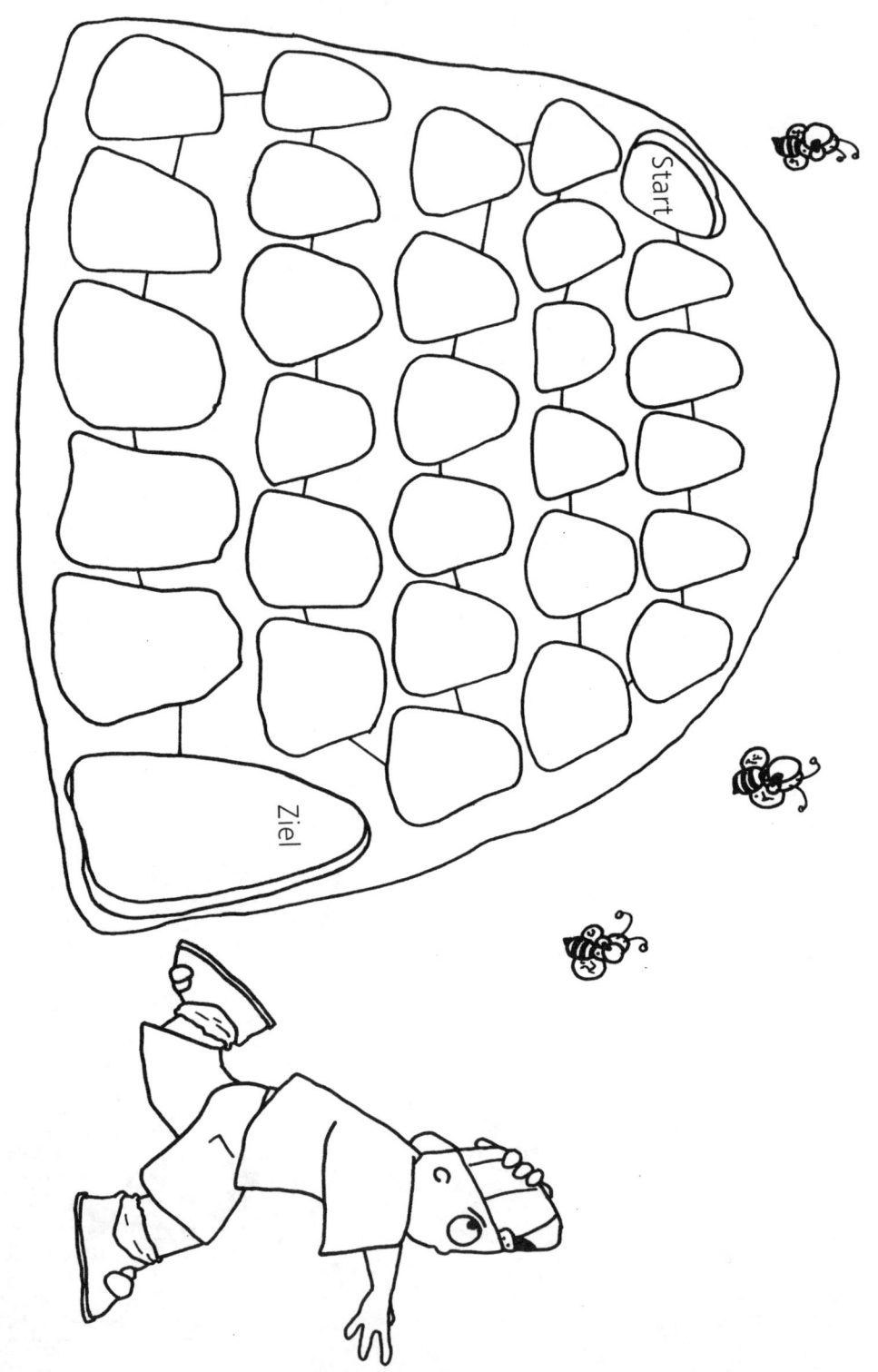

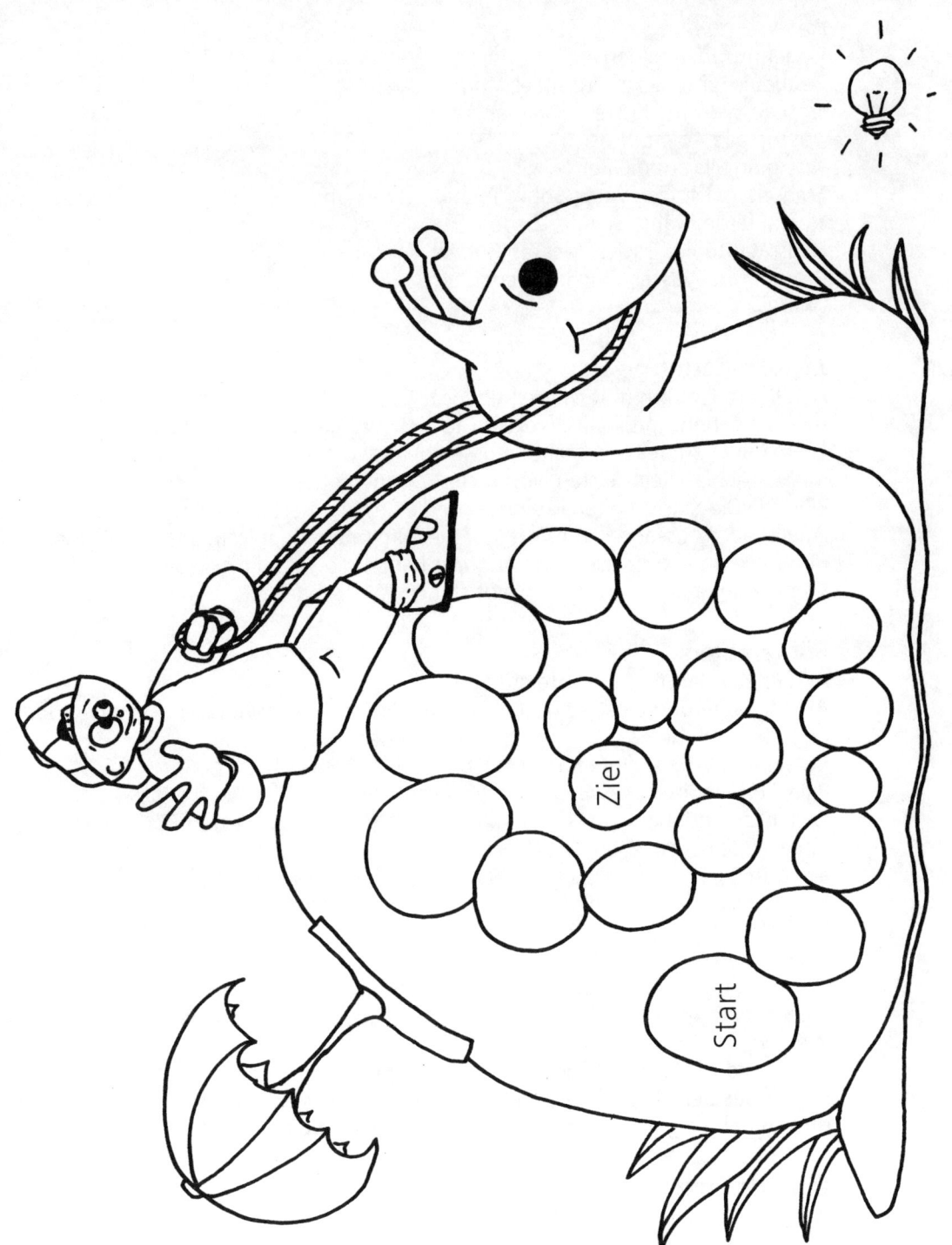

Plagen
Plagengruppen bilden:
Pestbeule, Eiterpickel, Furunkel, Windpocke
Frösche, Molche, Kröten, Salamander etc.
Auszug aus Ägypten
Was ging alls auf die Reise:
Menschen: Mutter, Vater, Sohn, Tochter, Oma, Opa
Tiere: Pferde, Kühe, Schafe, Ziegen
Hausrat: Stühle, Tische, Messer, Gabeln
Essen: Brot, Wasser, Früchte, Fleisch etc.
→ *Kids in der Kirche*

Ja-/Nein-Karten
ALTER: ab 6 Jahren (mit Unterstützung)
ART: Annäherung/Einstieg/Vertiefung (Ich wußte das doch mal! Fragen zum Thema oder zu der Geschichte müssen beantwortet werden)
MATERIAL: Ja-/Nein-Karten, vorbereitete Fragen oder Aussagen zum Thema
PRINZIP: Die Kids erhalten je eine Ja- und eine Nein-Karte. Alle stellen sich hin. Die Fragen oder Aussagen zum Text (auf die man mit Ja oder Nein antworten können muss) werden vorgelesen. Als Antwort heben die Kids die entsprechende Karte. Wer richtig geantwortet hat, bleibt stehen. Wer schafft es bis zum Schluss?

Rückenraten
ALTER: ab 6 Jahren (mit Unterstützung)
ART: Annäherung/Einstieg (Auch Gummimenschen müssen raten: Personen oder Begriffe zum Thema oder aus dem Text werden erraten)
MATERIAL: Vorbereitete Karten, Klebeband
PRINZIP: Personen oder Begriffe zum Thema oder aus der Geschichte werden auf Karten geschrieben. Die Kids bekommen je eine Karte auf den Rücken geklebt, ohne sie selbst zu lesen. Die Kids suchen sich einen Partner. Dieser liest die Karte auf dem Rücken seines Gegenübers. Nun kann mit Fragen, die mit Ja oder Nein zu beantworten sind, der eigene Begriff oder die eigene Person erraten werden.
VARIATIONEN
Rückengucker
Die Partner dürfen die Karte des Gegenübers nicht sehen. Aufgabe ist es, die Karte des Partners zu lesen, ohne dass dieser die eigene Karte lesen kann.
Wer bin ich
Einer wird hinausgeschickt. Die Kids einigen sich auf eine Person oder einen Begriff aus dem Text, der erraten werden soll. Das Kind wird hereingerufen und muss durch Fragen erraten, welche Person oder welcher Begriff der gesuchte ist.

Dingsda-Spiel
ALTER: ab 6 Jahren (mit Unterstützung)
ART: Annäherung/Einstieg (Oooooops: Spielerische Auseinandersetzung mit den Inhalten des Textes oder der Thematik.)
MATERIAL: Vorbereitete Begriffskärtchen

PRINZIP: Die Kids bilden zwei Gruppen. Einer aus der Gruppe bekommt einen Begriff gezeigt, den er der eigenen Gruppe beschreiben soll, jedoch ohne den Begriff an sich zu nennen. Hat die Gruppe den Begriff geraten, kommt der nächste dran (auf Zeit).
VARIATION
Pantomimen-Dingsda
Die Begriffe können auch pantomimisch vorgespielt werden
→ *Kids in der Kirche*

Ecken-Antwort
ALTER: ab 5 Jahren (mit Unterstützung)
ART: Annäherung/Einstieg/Vertiefung (Hinten rechts oder vorne links: Frage- und Antwortspiel zum Thema oder zur Geschichte)
MATERIAL: Bilder oder Begriffskarten zum Thema oder zur Geschichte
PRINZIP: Zum Thema oder zur Geschichte werden verschiedene Bilder gemalt (mit den Kids) oder Begriffskärtchen erstellt. Diese Bilder oder Begriffskarten werden im Raum verteilt in verschiedene Ecken und Winkel geklebt. Die Kids sehen dabei nicht, wo welches Exponat seinen Platz bekommt. Dann werden Fragen zum Thema oder zur Geschichte gestellt, die sich mit den Bildern oder mit den Begriffen auf den Karten beantworten lassen. Die Kids suchen nach dem richtigen Platz im Raum und stellen sich dort auf. Der jeweils Letzte scheidet aus.

Ja-/Nein-Stuhl
ALTER: ab 5 Jahren
ART: Annäherung/Einstieg (Schnell, schnell und doch auf dem falschen Platz: Spielerisch werden Fragen zum Text oder zum Thema beantwortet)
MATERIAL: Stühle, vorbereitete Fragen
PRINZIP: Zwei Stühle werden an das eine Raumende gestellt und als Ja- bzw. Nein-Stuhl kenntlich gemacht. Die Kids bilden zwei Gruppen und stellen sich in Reihe am anderen Ende des Raumes auf. Nun werden Fragen zum Thema oder zur Geschichte gestellt, die mit Ja oder Nein beantwortet werden können. Die beiden jeweils ersten Kids in der Reihe bemühen sich, so schnell wie möglich auf dem Stuhl Platz zu nehmen, der die richtige Antwort bedeutet.

Stille Post
ALTER: ab 5 Jahren
ART: Annäherung/Einstieg (Spieldinosaurier, aber immer noch witzig: Sätze werden weitergeflüstert und kommen verhunzt hinten raus)
MATERIAL: Vorbereitete Nachrichten
PRINZIP: Die Kids setzen sich in einen Kreis. Der Erste bekommt eine Nachricht ins Ohr geflüstert und flüstert diese weiter. Am Ende kommt zumeist etwas völlig Unverständliches heraus.

Standpunkt
ALTER: ab 8 Jahren (mit Unterstützung)
ART: Annäherung/Einstieg (Stellung beziehen: Die Kids bilden sich eine Meinung zum Thema oder zur Geschichte)
MATERIAL: Vorbereitete Aussagen, Markierung für den Boden
PRINZIP: Zum Thema oder zur Geschichte werden Aussagen vorbereitet, die mit einer Einstellung oder Meinung zu tun haben. Im Raum wird ein Mittelpunkt gekennzeichnet. Die Kids stellen sich um diesen Mittelpunkt. Die Aussage wird verlesen. Die Kids stellen sich zur Aussage auf. Stimmen sie zu, stehen sie nahe am Mittelpunkt, stimmen sie nicht zu, entfernen sie sich. Meinungsbilder entstehen.

Kim-Spiele
Kim-Spiele sind Spiele, die mit den menschlichen Sinnen zu tun haben. Als methodisches Element geht es um die Auseinandersetzung mit einer Thematik über das Sehen, Hören, Schmecken, Riechen oder Fühlen.
ALTER: ab 5 Jahren
ART: Annäherung/Einstieg/Vertiefung (Hier riechts nach...?: Mit den Sinnen wird eine Thematik oder eine Geschichte erlebt)
MATERIAL: Je nach Kim-Spiel
PRINZIP:
Sehen
Bilder oder Gegenstände zum Thema oder zur Geschichte dürfen eine bestimmte Zeit betrachtet werden und müssen danach aus der Erinnerung genannt oder gemalt werden.
Riechen
Zum Thema wird gerochen – welche Früchte fanden die Kundschafter in Kanaan?
Hören
Geräusche zum Thema oder zur Geschichte werden auf Kasette aufgenommen und den Kids vorgespielt. Die Kids müssen raten.
Schmecken
Zum Thema wird geschmeckt – wie schmeckt ungesäuertes Brot, wie schmecken Heuschrecken (als Bonbon oder Lutscher erhältlich) etc.
Fühlen
Zum Thema passende Gegenstände werden auf den Tisch gelegt und mit einem Tuch bedeckt. Die Kids fühlen und benennen die Gegenstände.
VARIATIONEN
Kim-Stationen
Zu einem Thema wird eine ganze Kim-Station aufgebaut – alle Sinne werden beteiligt
Kim-Würfel
Können zu einem Thema Kim-Spiele gespielt werden, kann dies auch mit einem Kim-Würfel eingeleitet werden (siehe „Aktionswürfel" oder „Stundenwürfel").

Darstellen und Theater spielen

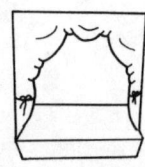

Diese Elemente gehören im weiteren Sinne zu den spielerischen Elementen – da sie sich aber deutlicher mit dem Text oder der Thematik in Verbindung bringen lassen, sind sie hier gesondert aufgeführt.

Standbilder
ALTER: ab 5 Jahren
ART: Vertiefung (Menschliche Dia-Show: In der szenischen Umsetzung soll der Text vertiefend erfasst werden)
MATERIAL: Kein Material erforderlich
PRINZIP: Der Text wird in einzelne, szenisch gestaltbare Abschnitte unterteilt. Zu jedem Abschnitt wird ein Standbild erarbeitet, in dem eine szenische Aussage „eingefroren" dargestellt wird. Gleich einem Dia-Vortrag werden die einzelnen Szenen nacheinander dargestellt und erläutert.
Über die Szenen kann anschließend gesprochen werden.

Denkmal
ALTER: ab 5 Jahren
ART: Einstieg/Vertiefung (Künstlerisch: Die Kids erstellen Denkmäler zum Thema oder zur Geschichte)
MATERIAL: Kein Material erforderlich
PRINZIP: Der Text oder das Thema wird in Szenen unterteilt. Die Kids finden sich in Kleingruppen zusammen und sollen zu der entsprechenden Szene ein Denkmal entwerfen und mit den Mitgliedern der Gruppe aufbauen (die Kids werden also zum Denkmal). Anschließend werden die Denkmäler besichtigt.
→ *Kids in der Kirche*

Pantomime
ALTER: ab 5 Jahren (mit Unterstützung)
ART: Vertiefung (Ohne Worte: Der Text wird szenisch dargestellt)
MATERIAL: Kein Material erforderlich
PRINZIP: Der Text wird in szenisch darstellbare Abschnitte unterteilt. Die Kids sollen zu den Abschnitten eine pantomimische Szene erarbeiten und darstellen. Da dies ohne Worte geschieht, müssen sich die Kids über den emotionalen und damit mimischen und gestischen Gehalt der Szene klar werden. Über die dargestellten Szenen kann gesprochen werden.

Stegreifspiel
ALTER: ab 5 Jahren (mit Unterstützung)
ART: Einstieg/Vertiefung (Sehr spontan: Aus dem Stegreif spielen die Kids eine Situation oder eine Problematik an, um dadurch Anregungen für eine Auseinandersetzung mit dem Thema zu erhalten.)
MATERIAL: Kein Material erforderlich
PRINZIP: Aus dem Textzusammenhang wird eine Problemsituation formuliert. Die Kids werden kurz instruiert und sollen diese Situation nachstellen und spielen. Dabei soll das Problem nicht gelöst werden. Nach dem Anspiel wird über die Problemlösung diskutiert, nicht über das Spiel an sich.
VARIATION
Begleitendes Spielen
Die Kids werden aufgefordert, spontan zum erzählten Text zu agieren. Der Text wird gelesen und die Kids setzen die Aussagen spontan szenisch um (Anleitung möglich).

Rollenspiel
ALTER: ab 5 Jahren (mit Unterstützung)
ART: Vertiefung (Vater, Mutter, Kind: Im Rollenspiel werden Probleme aufgegriffen und szenisch aufbereitet. Im Spiel wird das Problem durchschaubar und greifbar.)
MATERIAL: Kein Material erforderlich
PRINZIP: Der Text wird zu einem szenischen Spiel umgestaltet (von den Kids). Dazu ist eine intensive Auseinandersetzung mit dem Text notwendig. Das Stück wird gespielt. Nach dem Spiel kann eine Auseinandersetzung über die Textaussage folgen. Es eignen sich Texte mit Problemaussage.
VARIATIONEN
Szenisches Spiel
Der Text wird einfach nachgespielt, ohne dass eine Problematisierung stattfinden muss.
Drama/Lustspiel/Western/Eastern/Liebesfilm
Der Text wird von den Kids in den verschiedenen Genres szenisch aufbereitet und umgesetzt.

Weiterspiel
ALTER: ab 5 Jahren (mit Unterstützung)
ART: Einstieg/Vertiefung (Auf einmal ganz anders: Zu einer problematischen Textaussage werden Lösungsmöglichkeiten entworfen und szenisch dargestellt)
MATERIAL: Kein Material erforderlich
PRINZIP: Ein Text mit einer szenisch darstellbaren Situation wird nur bis zu einer Entscheidungs- oder Problemsituation vorgestellt. Die Kids sollen eine Fortsetzung entwickeln und szenisch darstellen. Über die gespielten Lösungen wird gesprochen.

Elefanten waschen
ALTER: ab 5 Jahren
ART: Annäherung/Einstieg (Wäscht du dein Auto?: Szenen aus der Geschichte oder zum Thema werden nachgespielt)
MATERIAL: Kein Material erforderlich
PRINZIP: Einige Kinder gehen hinaus. Drinnen wird ein Kind instruiert, eine Szene der Geschichte pantomimisch nachzuspielen. Ein Kind wird hereingeholt und schaut sich die Szene an. Im Anschluss spielt es die gleiche Szene dem nächsten Kind, das hereingeholt wird, vor. Ob beim letzten Kind noch zu erraten ist, um welche Szene es sich ursprünglich gehandelt hat?

Schweinesuchen
ALTER: ab 5 Jahren (mit Unterstützung)
ART: Annäherung/Einstieg (Was spielst du denn da?: Begriffe und Personen aus der Geschichte werden miteinander erraten)
MATERIAL: Kein Material erforderlich
PRINZIP: Ein Schlüsselwort wird in seine Buchstabenbestandteile zerlegt. Der einzelne Buchstabe wird zum Anfangsbuchstaben für ein Tier. Jedes Kind bekomm ein Tier zugeflüstert, In der richtigen Reihenfolge spielen nun die Kids ihr Tier vor. Aus den Anfangsbuchstaben läßt sich das Schlüsselwort zusammenstellen.
VARIATION
Scharaden
Zu einem Schlüsselbegriff werden Tätigkeiten benannt, deren Anfangsbuchstaben zusammengesetzt das Schlüsselwort ergeben. Die Kids spielen sich die Tätigkeiten vor und setzen so das gesuchte Wort zusammen.

Fragmentspiel
ALTER: ab 8 Jahren
ART: Einstieg (Streichholz, Kaulquappe, Schokokuss – was gibt das denn?: Aus einzelnen Begriffen wird eine Szene zusammengesetzt.)
MATERIAL: Requisiten und/oder vorbereitete Karten
PRINZIP: Aus der Geschichte werden Szenen entwickelt. Die Szenen wiederum werden in einzelne Bestandteile zerlegt. Bestandteile sind Personen, Requisiten, Gefühle etc.
Die Bestandteile werden auf Zettel geschrieben und zugeordnet. Aus jedem Bereich ziehen die Kids einen Zettel und sollen aus Person, Requisit und Gefühl eine Phantasiegeschichte entwerfen und spielen. Im Anschluss wird mit der Originalgeschichte verglichen.

Special: Tagesgestaltung

Mehr als eine Stundengestaltung und weniger als ein ganzes Wochenende. Irgendwo dazwischen pendelt sich eine Tagesgestaltung mit Kids ein. Gemeinsam wird ein Thema erlebt und es bietet sich die Möglichkeit, intensiver Beziehung zueinander zu bauen.
Üblicherweise liegt eine solche Tagesgestaltung auf einem Samstag oder einem Sonntag, damit der ganze Tag zur Nutzung offen ist. Der Tag läßt sich sonntags in Verbindung mit dem Gottesdienst gestalten.
Zusätzliche Mitarbeiter, die möglicherweise notwendig sind, müssen einige Wochen vorher angefragt werden.
Die Werbung mit Pressemitteilung, Plakaten und Handzetteln beginnt zwei Wochen vorher.
Mit einem ausreichenden Mitarbeiterpool läßt sich ein solcher Tag einmal im Monat realisieren und wird somit auch zur Anlaufstelle für Kinder, die ansonsten wenig mit der Kirche zu tun haben.

Ablauf
Frühstück/Brunch
Beginnen kann man mit einem gemeinsamen Frühstück (oder Brunch), zu dem auch die Eltern eingeladen sein können (gegen Gebühr?). Das Frühstück hat schon mit dem Thema des Tages zu tun.
Vormittag
Kreative Arbeitsgruppen werden am Vormittag für zwei Stunden angeboten. Darin können die Kids thematisch passend aktiv werden.
Die Arbeitsgruppen können in Verbindung mit der Nachmittagsgestaltung oder Abendgestaltung stehen (Vorbereitung)
Mittag
Das Mittagessen ist am Thema angelehnt und kann mit den Kids gemeinsam vorbereitet werden.
Nachmittag
Spiele, Spiele, Spiele. Ob ein Stationenspiel, ein Geländespiel, ein Stadtspiel, eine Spieleaktion, egal, das Thema wird spielerisch umgesetzt.
Natürlich ist auch ein Ausflug drin, ein Film, ein Besuch oder ein Special Guest.
Abend
Wird der Abend auch gestaltet, so kann ein passendes Fest gefeiert werden.

Variante
Es kann auch mit dem Mittagessen eingesetzt werden und bis zum späten Nachmittag gestaltet werden.

Gestaltungsideen

AUSTRALIEN
Känguru, Koala, Wüste, Aborigines, Bumerang bauen und werfen, Schafe, Strauss, Weltreise, Sidney, Melbourne, Diashow, Australier einladen

BEDUINEN
Zelte bauen, Wüstenspiele, Kamelrallye, Lagerfeuer, Fladenbrot mit Kräutern, Tee trinken, Reis mit Fleisch, Beduinenlieder, Geschichten erzählen, Oasen-Fest, Wasserspiele, Nomadenwanderung

DISNEY
Micky Maus, Donald Duck, Goofy, Der Glöckner von Notre Dame, Walt Disney Park selbermachen, Film, Comic-Werkstatt, Fast Food, Popcorn, Zeichentrick zeichnen, Picknick mit Ameisen, Film-Fest, Abend-Parade mit Kostümen

FRANKREICH
Französisches Frühstück, Käse herstellen, Sprachkurs für Anfänger, französischen Gast einladen, Paris, Tour de France nachmachen, Reise nach Frankreich, Französische Revolution, Baguette backen, Gallier-Spiele

GEISTER
Hui-Buh das Schloßgespenst, Halloween, Mitternachtsparty, Geisterstunde, Verkleiden, Fledermäuse, Gruselkabinett herstellen, Geisterbahn selber machen, Ketten schmieden, Vampire

HOLLYWOOD
Stars und Sternchen, Glitzer und Glimmer, Hall of fame, Oscar-Verleihung, Filmstudios, Intrigen, Neid, Film-Werkstatt, Western, Komödie, Eastern, Action, Drama, Buffet, Kinoposter, Happy End

INDIANER
s. Indianerwoche

ISRAEL
Passa feiern, Tänze und Lieder, Bräuche und Feste, Juden, Geschichte, Besuch eines jüdischen Museums (mit älteren Kindern), koscher kochen, Dia-Vorführung, Film, Reise nach Jerusalem

KLOSTER
Mönche, karges Essen, Arbeiten und Beten, der Name der Rose, Special Guest einladen, Besuch in einem Kloster, Bier brauen, Kräutergarten anlegen, Brot backen, Tagesablauf nacherleben

KUNST
Malen, Skulpturen, Töpfern, Graffiti, Bildhauer, Besuch einer Ausstellung, Self-Made Ausstellung, Künstler einladen, Eröffnungsfeier, Canapés, Live Performance, Alternativ: Kunst in der Stadt suchen, Kunst in der Kirche

MÄRCHEN
Aschenputtel, Gebrüder Grimm, Anderson, Schneewittchen, Die sieben Geißlein, Rotkäppchen, Märchenparty, Hexen und Zauberer, Märchen nachspielen, Märchen schreiben, moderne Märchen, Brezeln, Lebkuchen, gebratene Hähnchen, 1001 Nacht, Zuckerwatte, Aladin, Kuchen, Naschwerk

MEXICO
Pineatas bauen und schlagen, Rodeo olé, Fußball-Turnier, Stiere, Tortillas, Taccos, Enchiladas, Mayas, Azteken, Sombreros, Hombres

MITTELALTER
s. Ritterwochenende

MUSIK
Instrumente bauen, Chorkonzert, Schlagerparade, Viva, MTV, Kinderhitparade, Mini Playback Show, Singen, Sänger und Sängerinnen, Starkult, Fast Food, Klassik, Rock, die Goldene Schallplatte, Lieder-Werkstatt, Liedermacher einladen, Instrumentenbauer besuchen, Konzert besuchen

NACHT
s. Gespenster

PIRATEN
Käpt'n Hook, Käpt'n Blaubär, Schätze, Inseln, Plündern, Raufen, Segeln, Boot fahren, Gelage, Schiffe versenken, Totenkopf, Abenteuer, Kostüme schneidern, Rallye über die sieben Weltmeere, Säbel, Augenklappe, mit den Fingern essen, Grillen

RITTER
s. Ritterwochenende

RÖMER
Asterix und Obelix, Gladiatoren-Kämpfe, Toga, Gelage, Olympische Spiele, Welteroberung, Caesar, die ersten Christen, Zivilisation entwerfen, Obst, Wein machen (Traubensaft), Reise in die Geschichte, Ausgrabungen, Sandalen

SCHOTTLAND
Highland Games, Schottenröcke, Haggis (gefüllter Schafmagen), Fish and Chips, Chips selber machen – dazu Fischstäbchen, Dia-Vortrag, Hochland-Tänze, Dudelsäcke bauen und blasen, Dudelsackspieler einladen, Kilt, Weben

SURVIVAL
Werkzeuge und „Waffen" bauen, Hütten bauen, Feuer machen, Essen im Wald finden, selber kochen, Natur erkunden, Rüdiger Nehberg, Kräuter suchen, Tee machen

STRAND
Ballspiele, Wasser, Schwimmen, Strandburgen-Wettbewerb, Boccia, Volleyball, Indiaca, Sonnenbrand, Surfen, Picknick, Bay-Watch, Hawaii, Hawaii-Party, Miss-Beach Wahl, Mr. Muscle-Wahl, Strandfeuer, Grillen, Lieder singen, Sandbilder mit Muscheln basteln, Drachen steigen lassen

UMWELT
Waldaufräumaktion, Skulpturen aus Müll, Wassersparen, Green Peace, Urwald, Waldsterben, Ozonloch, Solarenergie, Atomkraft, Umwelt-Detektiv-Spiel, gesunde Ernährung, Müsli, ökologischer Anbau, Besuch eines Öko-Bauern

ZIRKUS
s. Indianerwoche (Alternativen)

Alternative

Wie wäre es mit dem Angebot, regelmäßig Kinderfeste zu veranstalten mit der Möglichkeit für die Kids, hinterher im Gemeindehaus zu übernachten (zusammen mit einigen Mitarbeitern). Die Eltern könnten einen freien Abend verbringen und die Mitarbeiter hätten die Chance, mehr mit den Kindern zu machen. Ein paar Matratzen in den Gemeinderaum, Einladungen schreiben und für Eltern, die nichts mit der Kirche zu tun haben, öffnen. Hätten die Eltern bestimmt nichts dagegen – und die Sache spricht sich rum wie ein Waldbrand.

ERLEBNIS- UND BEZIEHUNGSRAUM WOCHENENDFAHRT

Ein gemeinsames Wochenende ist immer ein Höhepunkt in der Arbeit mit Kindern. Jeder gescheite Mitarbeiter in der Kinderarbeit ist in der Lage, ohne Punkt und Komma mindestens sieben halbwahre Anekdoten von Kinderwochenenden zu erzählen, zu denen er als Kind mitgefahren ist.

Die gemeinsamen Wochenenden komprimieren die „Effekte", die sonst in 15 gewöhnlichen Stundengestaltungen enthalten sind, zuweilen sogar noch mehr als das.

Gemeinsam ein Wochenende verbringen heißt, tatsächlich miteinander leben. Vom Aufstehen bis zum Einschlafen bietet sich die Möglichkeit, mit den Kindern zusammen zu sein, denen man sonst nur ein- oder zweimal in der Woche begegnet. Das beinhaltet Chancen.

Ein gemeinsames Wochenende bietet die Chance, die Kinder richtig, echt und vielleicht sogar ganz neu kennenzulernen. Eingefahrene Gruppenmuster können in dem intensiven Miteinander aufbrechen und geben der gesamten Gruppe die Chance, sich neu zu finden – oder auch zum ersten Mal.

Miteinander zu leben heißt, sich auf den anderen einzulassen und die Chance wahrnehmen, die Beziehung zu vertiefen. Miteinander gestalten heißt, zusammen Erlebnisse genießen. Darin haben die Begegnung mit Christus und das Erleben von biblischen Geschichten ihren Platz.

Die Gestaltung einer ganzen Freizeitwoche oder einer Kinderfreizeit, die über mehrere Wochen geht, ist um so intensiver.

Inhalt
Ritterwochenende 139

Freitagabend
– Narrentoast 139
– Küchendienst 139
– Willkommen im Mittelalter 140
– Nachtspaziergang 145
– Nachtsnack 145
– Dunkelgeschichte 145

Samstagmorgen
– Drachen-Frühstück 145
– Burg in Aktion 145
– Schwert, Schild und Helm 145

– Burgfräulein-Hut 146
– Kostüme 146
– Burgfräulein-Beutel 146
– Schwertgehänge 146

Samstagmittag
– Knappenmahl 146
– Ritterspiel 147

Samstagnachmittag
– Vor dem Fest 148
– Backen 148
– Minnesang 148
– Höfischer Tanz 148
– Dekoration des Raumes 148
– Gaukler AG 148
– Schaukampf 149

Samstagabend
– Abendgestaltung 149
– Rittertafel 149
– Nachtmahl 151
– Dunkelgeschichte 151

Sonntagmorgen
– Burgfräulein-Frühstück 152
– Burg-Gottesdienst 152
– Packen und Putzen 153
– Bauernmahl 154

Ritterwochenende

Die Vorbereitungen für ein gemeinsames Wochenende mit Kindern beginnen in der Regel ein Jahr vor dem Termin. Die Freizeithäuser müssen langfristig vorher angemietet werden. Der Termin wird den Mitarbeitern so früh wie möglich bekannt gegeben. Die Planungen für die Gestaltung beginnen drei Monate vor dem Termin. Zu diesem Zeitpunkt sollte den Kids der konkrete Termin gesagt werden. Fahrdienste, ein Bus oder die Anfahrt mit öffentlichen Verkehrsmitteln sollten ebenfalls um diese Zeit geplant werden. Sechs Wochen vor der Abfahrt sollten die Kids die Einladungen mit den Anmeldungen bekommen, so dass zwei Wochen vor Abfahrt die Rückmeldungen da sind. In der Woche vor dem Wochenende muss der Einkauf erledigt werden.

Freitagabend

Wenn die Fahrtplanung gut gewesen ist, sollten alle irgendwann vor dem Abendessen dasein. Die aufkommende hektische Begeisterung bei einem Rudel Knirpse, die vor einem Wochenende ohne Eltern an einem fremden Ort sind, ist nicht zu vergleichen mit irgendwelchen anderen Phänomenen. Das Mitarbeiternervenkostüm braucht an ersten Abenden eine extra große Panzerung. Es ist erstaunlich, wie viele Anliegen gleichzeitig mit der Einforderung ihrer Erfüllung geäußert werden können. Übrigens, Kinder haben nie komplette Bettwäsche dabei und die, die sie dabei haben, passt weder zusammen noch auf die vorhandenen Betten.

NARRENTOAST – ABENDESSEN

Narrentoast heißt Narrentoast, weil er für die erste Mahlzeit narrensicher ist und schnell geht. Die Toasts werden mit Schinken, Thunfisch oder Salami, Tomate, Paprika, Mais, Pilzen und Käse oder Kochschinken, Ananas und Käse oder sonstigen wohlschmeckenden Kombinationen belegt und überbacken. Kinder können davon Mengen vertilgen, also zum Nachreichen rüsten und auf jeden Fall zwei pro Person für die jüngeren und drei für die älteren Kids rechnen.

KÜCHENDIENST

Eine Freizeit ohne Küchendienst ist wie ein Ohr ohne Schmalz. Das Prinzip „Ein Platz an der Spüle" ist zwar seit „Jugendarbeit kreaktiv" abgegriffen, eignet sich aber auch für die Kids. Die Namen aller Teilnehmer werden in Luftballons gefriemelt, diese werden aufgeblasen und an eine Schnur quer durch den Esssaal gehängt. Mit großem Tamtam kommt der Hofnarr, der die entsprechende Anzahl Luftballons zersticht und die Glücklichen zu ihrem Platz an der Burgspüle beglückwünscht.

WILLKOMMEN IM MITTELALTER

Ein Einstiegsabend beinhaltet verschiedene feste Bestandteile, die ihn in der Gestaltung vorstrukturieren. Die Kinder müssen sich kennenlernen können (es sei denn, sie kennen sich schon), die Mitarbeiter müssen vorgestellt werden, eine Einführung in die Thematik und den Ablauf des Wochenendes findet statt, einige Regeln für den Umgang an diesem Wochenende müssen geklärt werden, und die Kids müssen Spaß haben.

Singen
Singen macht Spaß (meistens), schafft ein Gefühl von Gemeinschaft und lockert auf. Am Anfang dieses Abends stehen also einige Lieder. Vielleicht hat einer der Mitarbeiter auf eine bekannte Melodie einen Rittertext geschrieben und führt dieses Burglied am ersten Abend ein.

Wappen schneiden und bemalen
Ein Ritter weiß um seine Herkunft und braucht einen echten Ritternamen. Das gilt auch für die weiblichen Ritter, die vielleicht lieber Burgfräulein, Prinzessin oder Königin sein wollen. Die Kids schneiden aus Pappe nach einer Vorlage ein Wappen aus und bemalen dies mit einem Symbol oder einem Bild, das zu ihrem Ritternamen passt. Danach stellen sich die Kids (und Mitarbeiter) mit Wappen und Namen vor.

Singen
Beendet die Vorstellungsrunde und bindet wieder zusammen

Ritter, Burgfräulein, Drache
ALTER: ab 5 Jahren (mit Unterstützung)
ART: Kreisspiel (Mal schüchtern, mal mutig, mal feurig: Figuren werden vorgestellt)
MATERIAL: Kein Material erforderlich
DURCHFÜHRUNG: Die drei Figuren werden jeweils von drei Kindern dargestellt.
RITTER
Das mittlere Kind stemmt arrogant die Arme in die Seiten, das linke Kind hält pantomimisch ein Schwert in Angriffsposition und das rechte Kind ruft: „Wehr Dich, Halunke".
BURGFRÄULEIN
Das mittlere Kind schlägt verschämt die Hände vor das Gesicht, das linke Kind fällt in Ohnmacht und das rechte Kind weint: „Oh weh, oh weh, oh weh".
DRACHE
Das mittlere Kind macht sich groß, indem es die Arme über den Kopf austreckt, das linke Kind faucht, als wenn es Feuer spucken wollte, und das rechte Kind hustet.
Die Kids stehen im Kreis. Ein Kind ist in der Mitte und fordert ein Kind aus dem Kreis auf, eine Figur darzustellen. Die Kids rechts und links daneben ergänzen das aufgeforderte Kind. Gelingt die Figur in einer bestimmten Zeit, bleibt das Kind in der Mitte, sonst wird gewechselt.

Auftritt des Hofmarschalls
Abenteuerlich gewandet dringt der Hofmarschall in die letzte Phase des Spiels ein. Er hat die Ritterregeln des Wochenendes dem staunenden Volk zu verkünden. So proklamiert er im besten Knittelvers:
Hört ihr Leut und laßt euch sagen,
was wir euch zu sagen haben.
Ich tue euch zu Kund und Wissen,
was Ritter und Fräulein wissen müssen.
Ein Mitglied in der Ritterschaft,
wird dies nicht nur durch bloße Kraft.
Ein Dummkopf, der sich sowas denkt,
und alles andere verdrängt.
Ein Ritter, Knappen, hört gut her,
der braucht noch erheblich mehr.
Drum ihr Leut, höret zu,
was ich euch gleich sagen tu. (Au weia)

RITTERREGEL Nr. 1
Ritter sind großzügig und großherzig. Auf die Schwächeren wird Rücksicht genommen. Wer immer nur an sich denkt, kann gar kein Ritter werden.
RITTERREGEL Nr. 2
Ritter sind mutig und ehrlich. Wenn mal was schief oder kaputt geht, dann wird es nicht verheimlicht oder versteckt, sondern gesagt.
RITTERREGEL Nr. 3
Ritter sind hilfsbereit. Wenn ein Ritter gefragt wird, ob er helfen kann, tut er es.
RITTERREGEL Nr. 4
Ritter sind vorsichtig. Auch in dieser Gegend gibt es Raubritter. Deshalb bleiben Ritter in Sichtweite der Burg, um jederzeit Hilfe holen zu können. Keiner verläßt das Burggelände, ohne mit mir vorher darüber gesprochen zu haben.
RITTERREGEL Nr. 5
Ritter schlafen nachts. Die Nacht dauert für die jüngeren Ritter von 22.30 Uhr bis 7.00 Uhr und für die älteren Ritter von 24.00 Uhr bis 7.00 Uhr. Ritter, die sich nicht daran halten können, müssen bei mir im Stall schlafen, wo sie keinen stören. Dabei gilt die Finger-Faust-Regel. Wenn ich einmal kommen muss und um Ruhe bitte, zeige ich euch den Finger. Wenn ich ein zweites Mal kommen muss und um Ruhe bitte, seht ihr die Faust. Wenn ich ein drittes Mal kommen muss, nehme ich euch mit.
RITTERREGEL Nr. 6
Das Essen ist zum Essen da. Ein Ritter nimmt soviel, wie er auch tatsächlich essen kann. Ein Ritter, der mit seinem Essen nicht umgehen kann, kann keines mehr anvertraut bekommen und muss hungrig bleiben.

Die Regeln werden je nach Art der Freizeit und Verständnis geändert.

Singen
Löst an dieser Stelle die Spannung, die bei Kids angesichts einer solchen „Regelung" entstehen kann.

Gedanken zum Wochenende
Die Mitarbeiter stellen mit kurzen Szenen oder Sketchen den Verlauf des Wochenendes vor, so dass sich die Kids orientieren können und sich schon auf die Programmelemente freuen. Ein Wochenendplan kann zusätzlich aufgehängt werden.

Burgquiz
Für das Burgquiz werden die Kids in Gruppen zu je sieben Personen eingeteilt, die von einem Mitarbeiter betreut werden. Die Gruppeneinteilung kann spielerisch vorgenommen werden.
GRUPPENFINDUNG
ALTER: ab 5 Jahren (mit Unterstützung)
ART: Spiel zur Einteilung von Gruppen (Magd Schreckenstein sucht Hofnarr Schreckenstein: Grupppen bilden sich nach Zugehörigkeit.)
MATERIAL: Vorbereitete Gruppenzettel
DURCHFÜHRUNG: Es werden Zettel mit Gruppenbezeichnungen vorbereitet. Im vorliegenden Beispiel waren 21 Kinder anwesend. Die Figuren Magd, Hofnarr, Prinzessin, Knecht, König, Königin und Prinz werden mit der Zusatzbezeichnung Schreckenbau, Schreckenburg oder Schreckenstein versehen, so dass jeweils drei unterschiedliche Mägde usw. vorhanden sind. Die Zettel werden in ein Gefäß gelegt, jedes Kind zieht einen Zettel. Dann sollen sich die Kids zusammenfinden. Drei Gruppen mit je einer Magd, einem Hofnarr usw. entstehen.

Burgquiz
ALTER: ab 5 Jahren
ART: Quiz zum Thema Burg/Ritter/Mittelalter (Sau stechen? Froschkönig? Mist fahren? Sind wir im Mittelalter, oder was?)
MATERIAL: Vorbereitetes Gestaltungsmaterial
DURCHFÜHRUNG: Die Fragen oder Aufgaben sind jeweils mit einer Figur verknüpft. Alle Könige, alle Prinzessinnen oder alle Hofnarren sind aufgefordert, die Frage zu beantworten oder die Aufgabe zu lösen. Wer es zuerst schafft, bekommt einen Punkt (oder ein Symbol zum Sammeln).
1.RUNDE:
HOFNARREN
Rate das Märchen: Ein Frosch wandelt sich in einen Prinz? (Froschkönig)
BURGGESELLSCHAFT
   (Aufgabe für die ganzen Gruppen)
   Löst das Rätsel 1. Wer es zuerst löst, erhält den Punkt.
   MÄGDE
   Wo ging man früher einkaufen? (Auf dem Markt)
   PRINZESSINNEN
   Erkenne das Handwerk: Aus Faden wird ein Teppich? (Weben)
   KNECHTE
   Saustechen: Eine Sau wird auf ein Plakat gemalt und mit einer Zielscheibe versehen. Die Knechte bekommen die Augen verbunden und müssen, mit vorheriger Peilung, blind versuchen, mit einem Stift die Sau zu treffen. Wer am nächsten dran ist, bekommt den Punkt.
   KÖNIGE

Rate das Märchen: Der König hat ein schiefes Kinn (König Drosselbart)
PRINZEN
Womit kämpft man auf der Burg? (Schwert, Lanze, Dolch, Wurfmaschine etc.)
KÖNIGINNEN
Wer war das?: Er kämpfte mit dem Bogen für Gerechtigkeit in den Wäldern von Nottingham? (Robin Hood)

2.RUNDE:
BURGGESELLSCHAFT
Setzt das Puzzle zusammen. Wer als erster das Bild zusammen hat, bekommt den Punkt.
PRINZESSINNEN
Rate das Märchen: Eine Prinzessin erwacht durch einen Kuss? (Dornröschen)
KNECHTE
Erkenne das Handwerk: Aus Ton wird ein Topf (Töpfern)
KÖNIGINNEN
Wie ging man im Mittelalter auf Reisen? (Laufen, Reiten, in einer Kutsche)
PRINZEN
Rate das Märchen: An den Haaren klettert der Prinz in den Turm? (Rapunzel)
KÖNIGE / HOFNARREN
Mist fahren: Der Hofnarr nimmt den König als Schubkarre und transportiert mit ihm einen Gegenstand (auf dem Rücken des Königs liegend) über eine Strecke. Die Zeit wird gestoppt. Fällt der Gegenstand, muss er wieder aufgelegt werden.
MAGD
Rate das Märchen: An den Schuhen erkennt man die richtige Braut? (Aschenputtel)
3.RUNDE:
KÖNIGE
Erkenne das Handwerk: Aus Ästen wird ein Korb? (Korbflechten)
PRINZESSINNEN
Wie wurde auf einer Burg geheizt? (Ofen und Holz/Decken)
PRINZEN / KÖNIGINNEN
Ringe stechen: An mehreren langen Stäben werden Ringe aus Pappe befestigt, die in der Mitte immer kleinere Löcher haben. Der Prinz nimmt die Königin huckepack, sie erhält einen Stock als Lanze und muss im wilden Galopp die Ringe herunterreißen (zerreißen), indem sie in die Mitte trifft und herunterzieht. Dazu werden die Stäbe auf einem Parcours hochgehalten. Die Zeit wird jeweils gestoppt.
HOFNARREN
Wo ging man damals ins Kino? (Gar nicht)
MÄGDE
Erkenne das Handwerk: Aus Wolle wird ein Faden? (Spinnen)
KNECHTE
Wer war das?: Er war der König der Tafelrunde? (König Artus)
BURGGESELLSCHAFT
Malt eine Burg. Die Jury wird bewerten, wer den Punkt bekommt.

Singen

Geschichte mit Ritterwörtern
In der folgenden Geschichte sind Wörter versteckt, die mit der Ritterzeit zu tun haben.Die Geschichte wird als eine Art Andacht erzählt. Die Kids sollen dabei die Ritterwörter zählen.

Prinzessin Magdalena
Es war einmal ein kleines Mädchen, das lebte in einem Dorf mit Namen Burgholzhausen. Eigentlich hieß dieses Mädchen Magdalena, aber jeder nannte sie nur Prinzessin, weil sie so blonde Locken hatte. Nach den Sommerferien war es endlich soweit, Magdalena kam von der Grundschule auf das Herzog Max Gymnasium nach Rittersheim.Sie hatte schon ein bisschen Angst, aber ihr Vater sagte: „So schwert wird das schon nicht sein" und ihre Mutter fügte hinzu „Halt die Lanze hoch, Prinzessin". Ein Glück, dass ihre beste Freundin, Jessica König von nebenan, mitgehen würde. Vater König fuhr die beiden am nächsten Morgen nach Rittersheim. So viele Kinder hatte Magdalena noch nie auf einem Haufen gesehen. Wie gut, dass der Weg zur Klasse 5 c ausgeschildert war, sonst hätten die beiden den Raum nie gefunden. In der ersten Reihe waren noch zwei Plätze frei. Als sie sich setzen wollten, kamen zwei Mädchen aus der letzten Reihe nach vorne gelaufen: „Hier sitzen wir"! „Wieso"? wollte Jessica wissen, „wir waren doch zuerst hier"! „Mach mal keine Welle", meinte eine der beiden, „sonst hole ich meinen Bruder und dann gibt es was auf den Helm"! Doch Magdalena wollte nicht klein beigeben. „Spinnt ihr? Wer zuerst kommt, mahlt zuerst! Wir sitzen hier und damit fertig"! Schnell warf sie ihren Schulranzen auf den freien Stuhl. „Wartet ab, morgen bringe ich meinen Bruder mit, der wird es euch zeigen!" Wütend zogen sich die beiden anderen Mädchen in die letzte Reihe zurück. Der Tag verging so schnell, erst am Abend fiel Magdalena die Drohung wieder ein. Angst hatte sie nun doch. Als sich ihre Mutter auf den Bettrand setzte, um mit ihr zur Nacht zu beten, erzählte Magdalena die ganze Geschichte. „Da kann ich dir wenig helfen," sagte die Mutter, „ich muss morgen früh mit Sebastian zum Arzt. Aber wir können Gott bitten, dass er dir morgen hilft. Weißt du, Gott ist wie ein mächtiger König und weil du eine Prinzessin bist, wird er dich beschützen". Sie beteten für den kommenden Schultag.

Mit zitternden Knien betrat Magdalena die Klasse. Tatsächlich, ein großer Junge saß auf ihrem Tisch und dahinter standen die beiden Mädchen und grinsten gehässig. Auf einmal lächelte der Junge: „Du bist doch die Magdalena aus Burgholzhausen, oder"? „Ja", stammelte Magdalena, „woher weißt du das"? „Ich kenne dich vom Tennisplatz – du machst doch dort oft das Ballmädchen, oder?" Magdalena ging ein paar Schritte auf den Jungen zu. „Bist du das, Marco"? „Laßt sie in Ruhe, sie ist in Ordnung" sagte Marco zu den beiden anderen Mädchen und ging. Am Abend betete Magdalena und dankte Gott für den Schutz. War das nicht toll, die Prinzessin eines so mächtigen Königs zu sein?

Singen
Mit einem gemeinsamen Lied endet der Programmteil „Willkommen im Mittelalter"

NACHTSPAZIERGANG
Im Anschluss an die Abendgestaltung werden die Kids aufgefordert, sich warm anzuziehen. Mit den Jüngeren kann man einen Nachtspaziergang machen. Mit den Älteren ist eine Nachtwanderung mit entsprechenden Mutproben oder einem Spiel „Nachtverstecken" an der dunkelsten Stelle des Waldes angesagt.

NACHTSNACK
Im Freizeithaus warten ein warmer Kakao und ein paar Plätzchen auf die Nachtschwärmer.

DUNKELGESCHICHTE
Die Kids machen sich bettfertig und kommen mit Decke und Kissen nochmal in den Gruppenraum. Bei Kerzenschein wird noch eine Geschichte gelesen. Es eignet sich:
„Nicht wie bei Räubers"

Samstagmorgen
Geweckt wird mit Fanfarengetöse – am besten auf einer mitgebrachten Trompete selbst produzieren. Weckt am effektivsten, wenn der Bläser keine Ahnung vom Tuten und Blasen hat.

DRACHEN – FRÜHSTÜCK
Wird als Buffet angerichtet für den großen Morgenhunger. Es gibt Brötchen, Käse, Wurst, Marmelade, Orangensaft, Eier (Rührei), gebratenen Schinken, Nutella, Cornflakes, Brot und Milch.

BURG IN AKTION – KREATIVANGEBOTE
Die Kids werden dem Thema entsprechend ausstaffiert.

SCHWERT, SCHILD UND HELM
ALTER: ab 5 Jahren (mit Unterstützung)
ART: Kreativangebot (Ohne Ausrüstung kein Ritter)
MATERIAL: Holzleisten oder Rundstäbe, starke Pappe, silberner Pappkarton, Scheren, Stichsäge, Schmirgelpapier, Kordel, Tacker, Briefverschlussösen
DURCHFÜHRUNG: Aus den Leisten oder den Rundstäben werden die Schwerter zusammengefriemelt – stumpf schmirgeln und nur zu Schauzwecken verwenden. Die Schilder können entweder aus dünnem Holz ausgesägt oder aus starker Pappe ausgeschnitten werden. Auf die Holzschilder wird ein Griff aus mehrfach zusammengedrehten Stoffstreifen getackert. Die Pappschilder werden mit einer Holzleiste auf der Rückseite verstärkt. Der Griff aus zusammengedrehten Stoffstreifen wird auf die Leiste getackert. Die Schilder müssen natürlich angemalt werden. Für den Helm wird ein entsprechend großes Rechteck aus der Silberpappe ausgeschnitten. Ein Visier wird eingeschnitten. Das Rechteck wird zusammengerollt und festgetackert. Die obere Öffnung kann mit einem Pappdeckel zugeklebt werden.

BURGFRÄULEIN-HUT
ALTER: ab 5 Jahren (mit Unterstützung)
ART: Kreativangebot (Spieglein, Spieglein an der Wand: Aus Pappe und Tüll wird ein eleganter Hut.)
MATERIAL: Tonkarton, Gardinenstoff oder Tüll, Perlen, Federn, Schleifen etc., Tacker, Kleber
DURCHFÜHRUNG: Aus dem Tonkarton wird ein spitztütenförmiger Hut zusammengedreht und an den Enden festgetackert oder geklebt. Die Kopföffnung wird rund zugeschnitten. Mit Tüll, Stoff und sonstigen Assecoires wird der Hut entsprechend dekoriert.

KOSTÜME
ALTER: ab 5 Jahren (mit Unterstützung)
ART: Kreativangebot (Ich werfe nie wieder Decken oder Gardinen weg!)
MATERIAL: Gardinen, Tüll, Stoffe (vorzugsweise Samt), Decken, Laken etc. Nadel und Faden
DURCHFÜHRUNG: Je nach vorhandenen Material werden Umhänge, Wickelkleider, Schultertücher etc. angefertigt.

BURGFRÄULEIN-BEUTEL
ALTER: ab 6 Jahren (mit Unterstützung)
ART: Kreativangebot (Neben Hut und Kostüm fehlt nur noch die Tasche.)
MATERIAL: Goldstoff, Silberstoff, Samtstoff (oder Jute), Lochzange, Schere, Gardinenkordel
DURCHFÜHRUNG: Aus dem Stoff wird ein großes rundes Stück ausgeschnitten. An den Seiten werden mit der Lochzange regelmäßig Löcher angebracht, durch die ein Stück Gardinenschnur gezogen wird. Zuziehen und fertig.
VARIATIONEN: Die Ränder können so umgenäht werden, dass die Gardinenschnur durchgezogen werden kann.

SCHWERTGEHÄNGE
ALTER: ab 6 Jahren (mit Unterstützung)
ART: Kreativangebot (Irgendwo muss das Schwert ja hin.)
MATERIAL: Goldstoff, Silberstoff, Samtstoff (oder Jute), Nadel und Faden
DURCHFÜHRUNG: Das Schwert wird auf den Stoff gelegt. Die Umrisse werden übertragen. Mit etwas Zugabe wird dieses Stück ausgeschnitten und dupliziert. Die zwei Stücke werden aufeinandergenäht. Damit die Schwertscheide am Gürtel befestigt werden kann, muss das hintere Stück Stoff oben länger gelassen werden. Das obere Stück wird dann zur Schlaufe umgenäht. Mit Perlen oder sonstigen Assecoires kann die Schwerttasche natürlich noch verziert werden.

Samstagmittag

KNAPPENMAHL/MITTAGESSEN
Nach dem üppigen Drachen-Frühstück und in Erwartung des fulminanten Abendessens gibt es ein bescheideneres Mittagessen.

Arme Ritter
ZUTATEN (für 20 Personen)
Toastbrot (pro Person 2-4 Scheiben), 2 l Milch, 5 EL Vanillezucker, 5 Eier, Fett, Zimt und Zucker, Vanillesoße
ZUBEREITUNG: Die Milch wird mit dem Vanillezucker und dem Ei verquirlt. Die Toastscheiben werden in der Milch-Ei-Vanillezucker-Mischung eingeweicht und anschließend auf beiden Seiten angebraten (Pfanne oder Ofen). Mit Zimt und Zucker bestreuen oder mit Vanillesoße essen.

RITTERSPIEL
Im Anschluss an das Mittagessen und die Einlösung der Hauptgewinne bei der Lotterie „Ein Platz an der Burgspüle" ist Bewegung angesagt. Ein Stationen-Such-Spiel mit Überfällen steht auf dem Plan. Der böse Feuerdrache Örps hat die lieb-reizende Prinzessin Eleonore Tausendschön in seine Gewalt gebracht. Die Ritter ziehen aus, um drei Schlüssel zu finden, mit denen sie den Kerker, in dem die Prinzessin gefangengehalten wird, öffnen können. Dazu müssen sie Aufgaben lösen. Doch Vorsicht! Die Raubritter überfallen sie und nehmen ihnen die Schlüssel wieder ab.
MATERIAL: Rote Wolle, 20 Schlüssel (echte), Laufzettel, Zettel und Stifte, Überfall-Zettel, Umschlag mit Rätsel
DURCHFÜHRUNG: Ein Weg von ca. 40 Minuten Laufzeit wird mit roten Fäden an Bäumen, Sträuchern oder sonstigen Befestigungsmöglichkeiten markiert. Die Kids teilen sich in 5 Gruppen, die jeweils von einem Mitarbeiter begleitet werden. Der Mitarbeiter erhält den Laufzettel, die Stifte und den Zettel, den Umschlag mit dem Rätsel, einen Satz Kampfkarten und 5 Schlüssel. Vier der fünf Gruppen folgen dem markierten Weg und lösen die Aufgaben, die fünfte Gruppe erhält die Sonderaufgabe der „Raubritter". Der Laufzettel enthält die Aufgaben für die einzelnen Stationen, die durch zwei Wollfäden und ausliegendes Material gekennzeichnet sind. Im Zeitabstand von 5 Minuten machen sich die vier Gruppen auf den Weg, die Raubritter verschwinden als erste Gruppe. Hat die Gruppe eine Station erreicht, erläutert der Mitarbeiter die Aufgabe. Wird die Aufgabe erfolgreich gelöst, bekommen die Kids einen Schlüssel.
STATION 1:
Klugheit
Löst das Rätsel 2 im Umschlag. Schafft ihr das, dann gibt es einen Schlüssel.
STATION 2:
Treffsicherheit
(Tasche mit 10 leeren Wurfdosen hinstellen)
Sucht euch Wurfgeschosse, baut die Dosen zu einer Pyramide auf und beweist eure Treffsicherheit. Jeder der Gruppe hat einen Wurf. Wenn ihr die Pyramide abgeworfen habt, gibt es einen Schlüssel.
STATION 3:
Kreativität
Schreibt ein Rittergedicht mit mindestens acht Zeilen. Habt ihr ein Gedicht fertig, gibt es einen Schlüssel. Werft den Zettel nicht weg, ihr dürft das Gedicht beim Burgfest vortragen.

STATION 4:
Miteinander
Der Schwerste eurer Gruppe muss 20 Meter weit von den anderen getragen werden. Dafür gibt es einen Schlüssel.
STATION 5:
Geschicklichkeit
Macht ein Feuer. Dazu bekommt ihr einen Bogen Zeitung und zwei Streichhölzer. Sucht euch dazu Holz und Zunder. Brennt euer Feuer, bekommt ihr einen Schlüssel.
(Diese Station liegt idealerweise auf dem Hausgelände und wird von einem Mitarbeiter extra betreut. Sicherheitsvorkehrungen treffen!)

Raubritter
Die Raubritter lauern irgendwo auf dem Weg den Gruppen auf. Dazu überraschen sie diese aus dem Hinterhalt und halten ein Kind fest. Die restliche Gruppe muss sich dann der erbitterten Auseinandersetzung stellen. Nach dem Prinzip „Stein, Papier, Schere" wird um einen Schlüssel gekämpft. Dazu deckt der Vertreter der Raubritter und der Vertreter der Gruppe eine Kampfkarte gleichzeitig auf. Siegen die Raubritter, erhalten sie von der Gruppe einen Schlüssel; siegt die Gruppe, gehen die Raubritter leer aus. Jede Gruppe darf nur zweimal überfallen werden. Haben die Raubritter drei Schlüssel gewonnen, können sie ebenfalls die Prinzessin Eleonore befreien.

Kampfkarten
Ein Kartensatz enthält drei Karten mit je einem Symbol. Die Symbole sind „Ritter", „Burgfäulein" und „Drache". Der Ritter erschlägt den Drachen und unterliegt der Prinzessin. Der Drache frißt die Prinzessin, wird aber vom Ritter besiegt. Die Prinzessin betört den Ritter, ist aber des Drachen Nachtisch.

Befreiung von Prinzessin Eleonore
Haben die Gruppen ihre Aufgaben gelöst und ausreichend Schlüssel gesammelt, können sie diese bei Prinzessin Eleonore in der Burgküche gegen Kakao und Kuchen oder Saft und Eis eintauschen.

Samstagnachmittag

VOR DEM FEST
Der Abend wird von den Kids mit vorbereitet. Dazu werden entsprechende Gruppen angeboten.
BACKEN
Die Kids backen zusammen Brot oder Brötchen, die am Abend gegessen werden.
MINNESANG
Auf eine bekannte Melodie wird ein Ritterlied getextet und eingeübt
HÖFISCHER TANZ
Ein Bewegungstanz zum Thema wird erfunden und eingeübt
DEKORATION DES RAUMES
Mit Pappe, Girlanden, Kerzen, Tüchern u.a. wird der Raum hergerichtet
GAUKLER AG
Mit Jongliertellern oder -tüchern wird eine kleine Nummer eingeübt. Ein Zau-

bertrick kann einstudiert oder eine Feuerspuckdarbietung (mit Bärlappsporen) vorbereitet werden. (Literaturhinweise siehe „Indianerwoche": Variante „Zirkuswoche")
SCHAUKAMPF
Eine Schwertkampfdarbietung wird einstudiert

Samstagabend

ABENDGESTALTUNG
Die Kids kommen in der Verkleidung, die sie sich morgens gebastelt haben. Ein Türsteher kann die entsprechenden Gäste mit ihrem Ritternamen hereinrufen. Es können Pärchen gebildet werden, die den Abend gemeinsam verbringen.

RITTERTAFEL
Die Rittertafel ist Bestandteil der Abendgestaltung. Es gibt Hähnchenschenkel, Pommes, Würstchen, Gemüserohkost mit Dipp, Frikadellchen u.s.w. Die Kids essen mit den Fingern. Es darf gerülpst werden. Zum Nachtisch gibt es geschnittenes Obst.
Denkbar ist die Gestaltung eines Gelages, bei dem der Boden mit Decken und Kissen ausgelegt und im Liegen gegessen wird.
Im Anschluss beginnen die Darbietungen.
Tafelspruch
Ein Mitarbeiter hält eine kurze Tafelrede zum Abend
Knittelvers 1
Ein Gedicht, das auf dem Ritterspaziergang geschrieben wurde, kommt zum Vortrag
Lied
Ein Lied wird gemeinsam gesungen
Höfischer Tanz
Der einstudierte Tanz wird vorgeführt
Knittelvers 2
Eine weitere Kostprobe des kreativen Schaffens am Nachmittag wird vorgetragen
Gaukler
Die Gaukler erheitern die Burggesellschaft
Lied
Ein gemeinsames Lied wird gesungen
Fratzenwettbewerb
Die Kids, die am Wettbewerb teilnehmen wollen, gehen raus und bereiten sich auf ihre Fratze vor. Der Rest macht die Jury. Nacheinander kommen die Fratzenschneider rein und führen ihre Fratze vor. Der Sieger wird gewürdigt.
(geht auch als Rülpswettbewerb)
Minnesang
Das selbstgemachte Lied wird zu Gehör gebracht

Knittelvers 3
Und noch einer.....

Gaukler
Wenn die Gaukler noch einen haben, dann jetzt...
Spontantheater
Die Kids übernehmen, während der Text gelesen wird, spontan die Rollen in dem Theaterstück und agieren auf Aufforderung (sprechen und handeln). Die gegenständlichen Rollen äußern sich zumeist über Geräusche.
Die Rollen werden vorher verteilt.
ROLLEN
Prinzessin Eleonore, König Karl, Königin Gunde, Hofnarr, Magd Hilda, Bote, Teekessel, Standuhr, Kamin, Koch, Strickzeug, Betttücher (3), Mond, Wolke, Tanne, Wolf, Blitz, Mann 1, Mann 2, Türsteher, Frosch, Vorhang

SZENE 1
Szenenbeschreibung (die genannten Rollen bauen eine Szene auf)
Der Vorhang ist geschlossen. Die Prinzessin steht im Turmzimmer. Im Thronsaal sitzen der König und die Königin. Die Königin hat das Strickzeug auf dem Schoß. Die Magd steht hinter der Königin, der Hofnarr sitzt dem König zu Füßen. Die Standuhr steht an der Wand neben dem Kamin. In der Küche steht der Teekessel auf dem Herd, der Koch sitzt daneben. Draussen steht ein Bote.
Handlung
Der Vorhang geht auf. Prinzessin Eleonore steht am Fenster ihres Turmzimmers und kämmt sich ihre langen, goldenen Haare. Sie spricht zu sich selbst :..........! Lange schon wartet sie auf einen Prinzen, der sie heiraten will. Da hört sie König Karl rufen: ....! Geschwind verläßt sie ihr Gemach und eilt in den Thronsaal. Königin Gunde blickt von ihrem Strickzeug auf, als Eleonore den Raum betritt und spricht: ....! Dann sagt sie zu ihrer Magd Hilda, die sich gerade am prasselnden Kamin wärmt :........! Die Magd eilt sich, zu tun, was Gunde sie geheißen hat. Sie seufzt: .....! Sofort macht der Hofnarr einen Luftsprung und kräht: ....! Doch nichts kann König Karl erheitern. Wieder seufzt er: ......! Eleonore fragt: ....? Der König berichtet ihr, dass er durch seine Herolde im ganzen Königreich verkündet hat, dass seine Tochter heiraten wolle. Alle heiratswilligen Männer seien eingeladen, im Schloss vorstellig zu werden. Einen Moment lang ist es so still im Thronsaal, dass man die Standuhr ticken hören kann. In der Küche pfeift der Wasserkessel und der Koch schreit: ....! Königin Gunde läßt ihr Strickzeug auf den Boden fallen und sagt: ....! Prinzessin Eleonore fällt schreiend in Ohnmacht. Die Magd kommt ins Zimmer und ruft: ....! Der Bote stürzt herein und verkündet: ....! Es war so, wie es war. Am kommenden Morgen sollten alle heiratswilligen Männer des Landes im Schloss vorstellig werden. Der Vorhang fällt.

SZENE 2
Szenenbeschreibung (Aufbau der Szene)
Der Vorhang ist geschlossen. Eleonore steht in ihrem Zimmer. Der Mond ist am Himmel aufgegangen. Neben dem Mond steht die Wolke. Im Schlossgarten sind einige Tannen sichtbar. Dahinter hockt der Wolf. Drei Betttücher liegen auf dem Boden.

HANDLUNG:
Der Vorhang geht auf. Eleonore läuft aufgeregt durch ihr Zimmer und beginnt weinend, die Bettücher zusammenzuknoten. Dabei sagt sie:.........! Sie wirft das Tuch aus dem Fenster und beginnt, daran herunterzuklettern. Auf halber Strecke angekommen, schiebt sich die Wolke vor den Mond. Die Tanne rauscht im auffrischenden Wind und der Wolf heult schauerlich:.........! Schnell klettert Eleonore wieder in ihr Zimmer und sagt:........! Sie kann es nicht ändern. Morgen wird sie einen Mann wählen müssen. Der Vorhang fällt.

SZENE 3
Szenenbeschreibung (die Szene wird erstellt):
Der Vorhang ist geschlossen. Im Thronsaal sitzen König Karl und Königin Gunde auf ihrem Thron. Das Strickzeug liegt auf dem Boden neben der Königin. Hinter dem König steht Prinzessin Eleonore. Neben dem König hockt der Hofnarr. Die Standuhr steht an der Wand neben dem Kamin, in dem ein Feuer prasselt. An der Tür steht der Türsteher. Draussen vor der Tür stehen Mann 1 und Mann 2, der Blitz und der Frosch.
Handlung
Der Vorhang geht auf. Der Türsteher klopft dreimal auf den Boden und meldet: ......! Sogleich betritt Mann 1 den Saal. Der König fragt: ....und bekommt zur Antwort: ....! Die Prinzessin bittet den Mann, ihr zu sagen, warum er der Richtige für sie sein sollte. Der Mann zögert ein wenig und sagt: ....! Die Prinzessin sagt: ......und bittet dann den Türsteher: ....! Der Türsteher klopft dreimal auf den Boden und meldet: ....! Sogleich betritt Mann 2 den Saal. Die Königin fragt: ....! Doch der Mann schweigt. Die Prinzessin bittet ihn, ihr zu erklären, warum er der Richtige für sie sei. Der Mann schweigt weiter. Schließlich spricht der König: ....! Der Türsteher klopft dreimal auf den Boden und meldet: ....! Sogleich hüpft der Frosch in den Thronsaal. Die Königin fällt stöhnend in Ohnmacht und der Hofnarr kreischt:......! Der Frosch wartet, bis sich das Chaos gelegt hat. Dann spricht er: ....! Die Prinzessin schüttelt ungläubig den Kopf. Der Frosch hüpft dreimal in die Höhe. Sofort kommt der Blitz von draussen in den Thronsaal, trifft die Prinzessin und ruft: ....! Draufhin verwandelt sich Eleonore in einen Frosch. Die Königin erwacht aus ihrer Ohnmacht, sieht die Frösche und fällt sofort in die nächste Ohnmacht. Der König springt auf und ruft: ....! Doch die Frösche hören ihn gar nicht mehr. Arm in Arm springen sie aus dem Raum und werden nie mehr gesehen. Der Vorhang fällt.
Knittelvers 4
Und noch einer.......
Ritterehrung
Alle werden feierlich zum Ritter geschlagen
Feuerspucken
Kann einen schönen Abschluss darstellen. Aber bitte nur im Freien und mit Sicherheitsvorkehrungen

NACHTMAHL
Vielleicht bietet sich Mini-Marshmellow-Making an. Über Teelichtern werden die kleinen Marshmellows, auf einen Schaschlikspieß gesteckt, geröstet.

DUNKELGESCHICHTE
Wie gehabt. Die Kids schlüpfen in ihren Nachtdress und kommen zur Kuschelgeschichte im Dunkeln nochmal nach unten.

Sonntagmorgen

BURGFÄULEIN-FRÜHSTÜCK
Was für den zarten Gaumen. Mit weichem Weißbrot, echter Markenbutter und feinster Konfitüre. Dazu warme Schokoladenmilch mit Haut.

BURG-GOTTESDIENST
Mit dem Burg-Gottesdienst wird das Erleben des vorigen Abends noch einmal aufgegriffen.
DAS GROSSE FESTMAHL (Die Riesenfete)
(Lukas 14, 15-24)
Es soll wichtig werden, dass Gott uns alle eingeladen hat, ein Fest mit ihm zu feiern. Wir wären schön dumm, wenn wir diese Einladung nicht annehmen würden.
SINGEN
Zum Einstieg in den Gottesdienst werden einige Lieder gesungen
PUZZLE
Die Puzzle-Elemente werden im Raum versteckt. Die Kids suchen die Teile und setzen das Puzzle zusammen.
EINFÜHRUNG
Kurze Erläuterung des Themas

Arbeit in Gruppen
Zur Erarbeitung der Geschichte wird die Gruppe nach Älteren und Jüngeren unterteilt.

ÄLTERE:
Weiterspiel
ALTER: hier ab 9 Jahren (ohne Unterstützung)
ART: Einstieg/Vertiefung (Hier: Lösungen entwickeln. Die Geschichte wird ab einem bestimmten Punkt weitergespielt)
MATERIAL: Kein Material erforderlich
DURCHFÜHRUNG: Die älteren Kinder finden sich zu Zweiergruppen zusammen. Sie hören die Geschichte bis zu dem Punkt, wo die Einladung ausgesprochen wird. Ihre Aufgabe ist es, die Geschichte weiterzuspielen – mit der Vorgabe, sich einen Grund auszudenken, an der Feier nicht teilnehmen zu können. Die Szenen werden gut eingeübt.

JÜNGERE:
Bilder-Folge
ALTER: ab 5 Jahren (mit Unterstützung)
ART: Einstieg/Vertiefung (Die Kids malen Einzelbilder zur Geschichte, die dann zur Folgegeschichte aneinandergehängt werden)

MATERIAL
Papier, Malstifte, Tacker
DURCHFÜHRUNG: Jedes Kind malt eine Szene der Geschichte.
1) Male ein Bild, auf der eine Festtafel zu sehen ist – aber kein Mensch ist da!
2) Male ein Bild, auf der ein König zu sehen ist, der mit seinem Diener spricht
3) Male ein Bild, auf dem der Diener zu sehen ist, der wie ein Blitz auf seinem Pferd unterwegs ist.
4) Male ein Bild, auf dem der Diener zu sehen ist, der einem Mann eine Einladung überreicht (können drei verschiedene Bilder werden)
5) Male einen König, der alleine an der festlich gedeckten Tafel sitzt
6) Male einen wütenden König (Nahaufnahme)
7) Male ein Bild, auf dem der König noch einmal mit seinem Diener redet
8) Male den Diener, wie er mit einem Landstreicher redet
9) Male einen vollen Festsaal, in dem alle fröhlich sind
Die Bilder werden in Reihenfolge zusammengetackert.

Singen
„Ein jeder kann kommen" (s.Indianerwoche)

Bilder-Folge und Weiterspiel
Die Gruppen kommen zusammen. Die Bildergeschichte wird erzählt. An der Stelle, wo die Einladung erfolgt, spielt die andere Gruppe ihre „Lösungen" vor. Dann wird die Geschichte zu Ende erzählt.

Übertragung
Einige Gedanken zum Thema: Gott lädt uns ein.
Dazu kann das Lied „Gott lädt uns ein zu seinem Fest" gesungen werden.

Gebet
Die Kinder äußern Anliegen, die ein Mitarbeiter stellvertretend im Gebet aufgreift (oder die Kinder beten selber).

Segen
Ein Segen für die kommende Woche wird gesprochen

PACKEN UND PUTZEN
Vor dem Mittagessen bleibt noch genug Zeit, um sich abreisebereit zu machen. Spätestens jetzt finden sich die Koffer und Taschen, die das ganze Wochenende nicht angerührt wurden und originalgepackt wieder nach Hause mitgenommen werden. Vorsichtshalber ein bisschen zerwühlen und den Eindruck erwecken, als hätte man darauf geachtet, dass sich das Kind umzieht. Keine Panik, es ist schlimmer, wenn man am Ende einer zweiwöchigen Freizeit einen unangerührten Koffer findet.

BAUERNMAHL
Resteverwertung – die Überbleibsel des Abends werden noch einmal apart angerichtet.

Abreise
Einladungen für die nächste Wochenveranstaltung austeilen. Jeder bekommt noch eine Mini-Tafel Ritter-Schokolade in die Hand gedrückt.

GESTALTUNGSIDEEN:
siehe „Special: Tagesgestaltung" (Seite 134ff.)
Vorlagen für Rätsel finden sich im „Markt der Möglichkeiten" auf den Seiten 103 und 104

ERLEBNIS- UND BEZIEHUNGSRAUM KINDERSPIELWOCHE

Diese Gestaltungsform ist aus der Idee der Kinderbibelwoche entstanden und hat sich derweil als Alternative etabliert. Der Kinderspielwoche liegt der Ansatz zugrunde, spielerische und gestalterische Elemente zu einem Thema zusammenzustellen und gleichzeitig an verschiedenen Stellen biblische Inhalte als Bestandteil der Themengestaltung einzubringen.

Der Schwerpunkt dieser Wochengestaltung liegt auf dem Erlebnis- und Beziehungsansatz. Eine Woche lang werden offene Nachmittage für „kircheneigene" Kinder und die Kinder, die sonst nicht kommen, angeboten. Im Rahmen der Nachmittagsgestaltungen bietet sich die Möglichkeit, miteinander zu erleben und Beziehung zueinander aufzubauen. Innerhalb dieser Beziehung liegt neben den Andachten das evangelistisch Eigentliche. Die teilnehmenden Kinder können erleben, dass sie vorbehaltlos angenommen sind. Sie erleben. dass sie den Mitarbeitern vertrauen können. Sie erleben die Zuwendung, die ihnen vom Mitarbeiter entgegengebracht wird.

Im Anschluss an eine solche Wochengestaltung besteht die Möglichkeit, Kinder und Eltern in die Kirche einzuladen und so auch dort Räume für sie zu öffnen.

Inhalt

Indianerwoche
Konzeptionelle Gedanken 157
Vorbereitung 158
Mitarbeiter 158
Geld 158
Räumlichkeiten 158
Presse/Werbung/Einladung 159

Montag
Raum einrichten 160
– Tipi bauen 160
– Schminken und Verkleiden 160
– Namensgebung 160
Indianergeschichte 160
Indianer-Spiele 161
– Indianer am Berg 161
– Häuptling, Häuptling 161
– Grimasse 161

Kreativangebote 162
– Lederarbeiten 162
– Indianerschmuck 162
– Musikinstrumente 162
– Kreidemalerei 162
Indianische Andacht
Tipi: Gott schützt uns 163
Frucht-Schoko-Fondue 163

Dienstag
Indianerspiele 164
– Apachenjagd 164
– Tipi bauen 164
– Mach den Indianer 165
Indianergeschichte 165
Special Guest 165
Kreativangebote 165
– Kopfschmuck 165
– Musikinstrumente 166
– Pappmaschee 166
Indianerspiel 166
– Büffel-Jagd 166
Indianer-Quiz 166
Maisbrot 167
Indianische Andacht
Brot: Gott versorgt uns 167

Mittwoch
Stadtindianer 168
– Schatz der Azteken 168
Indianische Andacht
Feuer: Reden mit Gott 170
Frittierte Kartoffelstücke 170

Donnerstag
Indianerspiele 170
– Indianer, Büffel, Squaw 170
– Wer fürchtet sich vor'm weissen Mann 171
– Atemlos 171
Indianergeschichte 171
Kreativangebote 171
– Pfeil und Bogen 171
– Geheimbilder 172
– Girlanden aus Naturmaterial 172
– Ofenbau 172
Indianerspiel 172
– Apachen und Comanchen 172

Indianische Andacht
Pfeil und Bogen: Mitten ins Schwarze 173
Indianer-Quark 173

Freitag
Indianerkino 173
Indianische Andacht
Friedenspfeife: Gott meint es gut mit uns 174
Fladenbrot aus dem Ofen 174

Samstag
Ausflug 174

Sonntag
Indianer-Gottesdienst 175

Indianergeschichte 179

Konzeptionelle Gedanken

Zum Thema „Indianer" werden eine ganze Woche lang mehr oder weniger nah an historischen Vorbildern kreaktive Nachmittage für Kinder im Alter von 6-13 Jahren angeboten. Dabei liegt der Schwerpunkt der Woche bei freizeitgestaltenden Angeboten, die durchaus eine sozialpädagogisch relevante Komponente beinhalten. Sinnvolle Freizeitgestaltung, miteinander spielen, miteinander essen und miteinander teilen sind Elemente, die für Kinder heute nicht mehr selbstverständlich sind. Neben dem Spaß, der Möglichkeit kreativ zu werden, zu spielen, zu essen und Gemeinschaft mit anderen Kindern und den Mitarbeitern zu erleben, haben die Kinder auch die Möglichkeit, Jesus kennenzulernen. Dies geschieht über Geschichten, Lieder und Gedanken, die im Kontext der Indianerthematik zur nachmittäglichen Gestaltung dazugehören. Als Alternative zur Kinderbibelwoche ist eine solche Wochenveranstaltung gerade für kirchenferne Kinder ansprechend und einladend. Demnach sind die Angebote generell offen für alle interessierten Kinder. Aber auch für die Kinder, die die sonstigen Angebote besuchen, stellt eine besondere Woche einen Höhepunkt dar. Eine solche Woche bietet die Möglichkeit, über einen längeren Zeitraum mit den Kindern zusammenzusein und eine intensive Beziehung zu ihnen aufzubauen. Damit wird die Indianerwoche zu einer Schwellenveranstaltung hin zur Teilnahme an den regelmäßigen Angeboten für Kinder. Verstärkt wird diese Brückenfunktion durch den Familiengottesdienst am Sonntag, der den Kindern mit ihren Eltern den Zugang zur Kirche erleichtert.

Vorbereitung

Ohne eine gute Vorbereitung läuft nix! Sechs Monate vor dem entsprechenden Termin sollte mit ersten Planungen begonnen werden. Die Mitarbeiter, die an den meisten Nachmittagen dabei sein sollten, werden direkt mit angesprochen. Planungstermine zunächst einmal im Monat. Zwei Monate vorher die Vorbereitung intensivieren. Die zusätzlichen Mitarbeiter in der Gemeinde anfragen und dabei die Gemeinde für die Aktion begeistern. Ausflugsziel klären und besichtigen. Fahrdienste anfragen, Bus klären oder die Verkehrsbetriebe anfragen. Im Monat vorher das Material beschaffen und die Absprachen festmachen. In den regelmäßigen Veranstaltungen mit Kindern Einladezettel verteilen. Zwei Wochen vorher die Presse informieren. Plakate aufhängen. Nach Möglichkeit in Schulen Werbung machen.

Mitarbeiter

Für eine Indianerwoche mit einem Besuch von ca. 40 Kindern am Nachmittag sind mindestens drei Mitarbeiter je Nachmittag für die Gestaltung notwendig.

Das reicht aber noch nicht, um die Kreativangebote, die Verköstigung oder den Fahrdienst zu leisten. Hier können Gemeindegleider oder Eltern gefragt werden, ob sie sich für die Mitarbeit an einem Nachmittag, für ein Kreativangebot oder die Verköstigung zur Verfügung stellen.

Wird die Aktion von einem Pädagogen betreut, können Studenten der Sozialpädagogik die Teilnahme an der Aktion als Praktikum anrechnen lassen. Ein Aushang an der Uni oder der Fachhochschule kann sich lohnen.

Geld

Eine Indianerwoche kann gut bis zu 1000 DM kosten. Im Vorfeld muss sichergestellt werden, dass dieses Geld zur Verfügung steht.

Über die sonntägliche Kollekte, die Bitte um Sonderspenden oder besondere Aktionen (die Mitarbeiter machen Pralinen und verkaufen sie nach dem Gottesdienst) kann ein Teil der Kosten gedeckt werden.

Möglicherweise sind Zuschüsse für diese Aktion zu beantragen. Vorher erkundigen und Anträge ausfüllen.

Geschäfte und Firmen in der Nachbarschaft der Gemeinde sind vielleicht bereit, sich mit Sach- oder Geldspenden an dieser stadtteilrelevanten Aktion zu beteiligen. Eine Nachfrage in entsprechenden Western-Stores kann sich lohnen.

Der Ausflug kann von den Kids mitfinanziert werden.

Räumlichkeiten

Die Räumlichkeiten müssen ausreichend groß sein, sowohl Platz für die Zelte als auch zum Sitzen in der Gruppe, für die Kreativangebote und für das gemeinsame Essen bieten. Ein Platz in der Nähe der Räumlichkeiten, der zum Spielen genutzt werden kann, ist unerlässlich. An den Nachmittagen sollte der Raum den Kindern alleine zur Verfügung stehen. Der Gebetskreis muss halt mal weichen.

Presse/Werbung/Einladung

Eine solche Aktion ist für die Presse interessant. Neben dem Werbeeffekt, den ein Bericht haben kann, ist es für die Kirche eine gute Möglichkeit, sich in der Öffentlichkeit zu präsentieren. Zwei Wochen vor dem Termin sollte Kontakt zur örtlichen Presse aufgenommen werden.

BEISPIEL FÜR EINE PRESSEMELDUNG:

– PRESSEMITTEILUNG –
Indianer-Spielaktion in ....
Die Kirche wird zum Tipi
Eine Woche lang Spiel, Spaß und Spannung satt
Zu einer bärenstarken Indianer-Woche lädt die .... Kirche in .... alle Kinder im Alter von 6-12 Jahren herzlich ein. Vom ...... bis zum .... werden die Nachmittage jeweils von ..... Uhr bis .... Uhr von den Mitarbeitern der Kinderarbeit unter der Anleitung von .... erlebnisstark zum Thema „Indianer" gestaltet. Auf dem abwechslungsreichen Programm stehen u.a. Indianerspiele, kreatives Gestalten von Indianerschmuck oder die Herstellung von Pfeil und Bogen, Indianerandachten, Bau von Musikinstrumenten, Lederarbeiten, Indianerkino und indianisches Kochen. Höhepunkt der Woche ist mit Sicherheit der für Samstag geplante Ausflug nach .... Abgeschlossen wird die Aktion mit einem Indianer-Familiengottesdienst am Sonntag, den .... um .... Uhr. Eine Anmeldung ist nicht erforderlich.

Die Werbeplakate und Einladungszettel werden zwei Wochen und in der Woche vorher auf der Strasse, in Schulen etc. aufgehängt und verteilt. Dazu sind Absprachen mit der Schulleitung erforderlich. Die Kids, die an den regelmäßigen Veranstaltungen der Gemeinde teilnehmen, werden schon vier Wochen vorher informiert und laden ebenfalls ein.

Material

Es braucht eine ziemliche Menge an Material. Rechtzeitig Listen schreiben und besorgen. Nach jedem Nachmittag Überblick verschaffen, was neu gebraucht wird.

MONTAG

Der erste Tag. Die Spannung steigt. Werden viele Kinder auf die Einladungen reagieren, werden Eltern auf die Anzeigen oder den Bericht aufmerksam geworden sein und ihre Kinder zur Indianerwoche bringen? Haben die Kinder aus der Kirche viele Klassenkameraden und Freunde mitgebracht? Und dann tummelt sich eine Horde von Knirpsen vor den Räumlichkeiten. Jetzt gehts los!
Damit ein richtiges Indianergefühl aufkommt, müssen die Kinder gleich mit in die Thematik der Woche hineingenommen werden.

Raum einrichten

Der Veranstaltungsraum kann vorher entsprechend gestaltet werden. Bilder von Indianern (aus Büchern großkopieren) können ebenso wie Requisiten aufgehängt werden. Es macht Eindruck, wenn sich die Mitarbeiter entsprechend verkleiden.

Tipi bauen

Als Anfangsaktion wird das Gemeinschafts-Tipi miteinander gebaut – oder gleich ein ganzes Indianerdorf, in dem Kleingruppen von Kindern ihr eigenes Tipi haben. Dazu müssen genügend Bambusstangen und Tücher bereitgestellt werden. Die Bambusstangen werden im Kreis aufgestellt und oben zusammengebunden. Meistens hält das sogar. Die Mitarbeiter helfen den Kinder beim Erstellen der Tipigerüste. Die Tücher werden als erste kreative Aktion am Montag mit Fingerfarbe bemalt. Es ist ratsam, den Raum dazu mit Folie auszulegen und ausreichend Handtücher zur Verfügung zu stellen. Erfahrungsgemäß gibt es eine Monsterschmiererei. Die bemalten Tücher werden über das Gerüst gehängt und befestigt. Da etliche Kinder erst im Laufe der Woche dazukommen, werden leere Tipis zusätzlich aufgebaut. Die dazukommenden Kinder können dann im Verlauf der Woche ein Tipi beziehen und gestalten.

Schminken und verkleiden

Die Kinder werden von den Mitarbeitern zu Indianern geschminkt. Dazu eignen sich einfache Farbschminkstifte, die am günstigsten in der Karnevalszeit zu kaufen sind.

Namensgebung

Die Kinder denken sich einen „Indianernamen" aus. Dieser Name wird zusammen mit dem richtigen Namen des Kindes auf ein Indianersymbol (Feder / Büffel / Wappen) geschrieben, das sich die Kinder ankleben oder anstecken können. In einer erweiterten Aktion können auch die Tipis mit den Namen der Bewohner versehen werden. Dazu werden Wappen oder Schilder aus Pappe von den Kindern gestaltet.

Lieder

Um die Kinder als Gruppe zu sammeln, werden einige „Indianerlieder" gesungen. Wenn die Tipis im Kreis gestellt sind (mit der Türöffnung nach innen), setzt sich ein Mitarbeiter mit Gitarre in die Mitte und fängt einfach an zu singen. Die Kinder kommen dann dazu. Eine Liedsammlung für die Arbeit mit Kindern sollte vor Ort vorhanden sein. Am Ende dieser Beschreibung finden sich einige Liedvorschläge. Trommeln gehören natürlich zu diesem Teil dazu.

Indianergeschichte

Eine indianische Symbolgeschichte begleitet die Kids durch die Woche. Sie erhalten den Zettel mit Symbolen und dem ersten Teil der Geschichte und sollen die Beschreibungen den Symbolen zuordnen und versuchen, die Geschichte zu erzählen. In der Mitte des Tipi-Platzes wird die Geschichte dann gemeinsam erzählt.

Indianerspiele

Indianer am Berg
ALTER: ab 5 Jahren
ART: Bewegungsspiel (Flach auf dem Bauch: In Indianermanier wird Schleichen geübt)
MATERIAL: Kein Material erforderlich
DURCHFÜHRUNG: Das Spielprinzip ist entliehen von dem bekannten Bewegungsspiel „Ochs am Berg". Ein Kind steht mit dem Rücken zu den anderen an einer Wand und macht den „Häuptling". Die anderen Kinder versuchen, zum „Häuptling" zu kommen und ihn zu berühren. Der „Häuptling" dreht sich aber zwischendurch unvermutet um. Wer dann noch in der Bewegung ist und nicht bewegungslos verharrt, wird wieder nach hinten geschickt. Es kann in den verschiedenen Varianten gepielt werden
Variante 1: Alle Kinder kriechen auf dem Bauch
Variante 2: Die Kinder müssen geräuschfrei gehen – bei einem Geräusch dreht sich der „Häuptling" um
Erreicht ein Kind den „Häuptling", wird es neuer Häuptling und das Spiel beginnt von vorne.

Hauptling, Häuptling, wie weit ist die Prärie?
ALTER: ab 5 Jahren
ART: Bewegungsspiel (Quer über die Prärie: Fortbewegen will gelernt sein)
MATERIAL: Kein Material erforderlich
DURCHFÜHRUNG: Nach dem Vorbild von „Fischer, Fischer, wie tief ist das Wasser" wird gespielt. Die Fortbewegungsart kann sein: Schleichen, Kriechen, Rennen wie von Bleichgesichtern gejagt, Reiten etc.

Grimasse
ALTER: ab 5 Jahren (mit Unterstützung)
ART: Gruppenspiel zum Thema „Selbstbeherrschung" (Grinst er oder grinst er nicht: Eine Strapaze für die Gesichtszüge)
MATERIAL: Kein Material erforderlich
DURCHFÜHRUNG: Die Kids bilden zwei Indianerlager. Die eine Gruppe bildet eine Gasse, durch die jeweils Angehörige der anderen Gruppe gehen können. Die „Gassengruppe" hat die Aufgabe, den „Gassenläufer" der anderen Gruppe zum Lachen zu bringen. Dazu sollen sie Grimassen schneiden oder Geräusche machen. Der „Gassenläufer" soll ernst bleiben. Natürlich muss er die Augen offenlassen und hinsehen. Ist die eine Gruppe komplett durch die Gasse gegangen, werden die Gruppen gewechselt. Es kann gezählt werden, wieviele Gruppenangehörige lachen und wieviele nicht.

Kreativangebote

Lederarbeiten
ALTER: ab 6 Jahren (mit Unterstützung)
ART: Kreativangebot (Es wird ein Lederbeutel gebastelt.)
MATERIAL: Lederreste, Schablonen, Stifte, Scheren, Lederschnur, Lochzange
DURCHFÜHRUNG: Aus dem Leder wird ein rundes Stück mit einem Durchmesser von 10 – 20 cm ausgeschnitten (Schablone, Stifte und Schere). Am Rand wird das Lederstück gelocht, so dass sich eine Lederschnur durchziehen läßt. Mit der Lederschnur läßt sich der Beutel zusammenziehen.

Indianerschmuck
ALTER: ab 5 Jahren (mit Unterstützung)
ART:Kreativangebot (Herstellung einer Perlenkette.)
MATERIAL: Lederschnur, Perlen in verschiedenen Farben
DURCHFÜHRUNG: Die Perlen werden in beliebiger Reihenfolge auf die Lederschnur gefädelt
VARIATION
Aus Naturmaterialien kann Naturschmuck gefertigt werden.

Musikinstrumente
ALTER: ab 6 Jahren (mit Unterstützung)
ART: Kreativangebot (Rasseln und Kollegen: Für die Lieder werden Begleitinstrumente gebaut)
MATERIAL: Glühbirnen, Zeitungspapier, Tapetenkleister
DURCHFÜHRUNG: Der Kleister muss vorher angesetzt werden, er darf nicht zu dünn sein. Die Kids reißen Zeitungsstreifen, tauchen sie in den Kleister und umwickeln die komplette Glühbirne mit etlichen Lagen. Die letzte Lage kann mit farbigem Papier gewickelt werden. Die Birnen werden zum Trocknen auf die Heizung gelegt. Ist die Hülle trocken, kann die Glühbirne in der Hülle vorsichtig zerschlagen werden. Die Bruchstücke rasseln in der Hülle.
VARIATION
Dosen können bemalt oder beklebt und mit unterschiedlichem Rasselmaterial gefüllt werden.

Kreidemalerei
ALTER: ab 5 Jahren
ART:Kreativangebot (Der Platz vor der Kirche wird bunt)
MATERIAL: Straßenmalkreide
DURCHFÜHRUNG: Die Kids malen im Stil einer „Höhlenmalerei" Bilder, die ihnen zum Thema einfallen, auf den Platz vor der Kirche.

HINWEIS: Der Bau der Tipis kann viel Zeit in Anspruch nehmen. Damit der zeitliche Rahmen nicht gesprengt wird, können die Kreativangebote an diesem Nachmittag entfallen und an den kommenden Nachmittagen mit eingebaut werden, sollten sich dadurch nicht Überschneidungen bei den Mitarbeitenden ergeben.

Lied
Ein Lied an dieser Stelle beendet den kreativen Gestaltungsteil und sammelt die Gruppe im Tipirund.

Indianische Andacht

Mit den Andachten wird versucht, eine Brücke von der vorhandenen Symbolik oder von vorhandenen Gegenständen aus dem Indianeralltag hin zur biblischen Botschaft zu schlagen. Dies soll aus dem Zusammenhang heraus geschehen und nicht als frommes Muss draufgesetzt werden. Es ist denkbar, mit der gewählten Begrifflichkeit innerhalb der Indianerthematik zu verbleiben – so kann von Gott als dem „Großen Häuptling" und von Jesus als dem „Häuptlingssohn" gesprochen werden – je nach Freiheit und Neigung. Es ist also auch möglich, biblische Geschichten in einem indianischen Kontext zu erzählen und so für die Kids aus dem Zusammenhang heraus verständlich zu machen. Im folgenden werden nur kurze Ideen vorgegeben, wie die vorhandene Symbolik und die vorhandenen Gegenstände innerhalb einer Andacht Verwendung finden können.

TIPI: GOTT SCHÜTZT UNS
Wozu ist ein Tipi gut? Schutz vor wilden Tieren, Regen, Wind, Kälte! Ohne so ein Zelt hätten wir Angst, wir würden frieren und wir wären den Naturgewalten schutzlos ausgesetzt! Wie gut, dass wir eine Wohnung haben, in der wir wohnen können und die uns einen solchen Schutz bietet. Was meint ihr: Haben die Indianer trotzdem noch Angst gehabt? Wovor? Das ist bei uns doch nicht anders, oder? Wir haben manchmal immer noch Angst und fühlen uns schutzlos. Wieso? Wovor haben wir noch Angst? (Dinge berichten lassen) Gott sagt, er will für uns in solchen Situationen wie ein Tipi sein. Wenn wir bei ihm sind, dann brauchen wir keine Angst zu haben. Das ist toll!

Frucht-Schoko-Fondue
Nur äußerst selten ist in den historischen Berichten über die Indianerkultur von diesem Brauch zu lesen. Tatsächlich ist das Frucht-Schoko-Fondue fester Bestandteil einer Indianerfeier, die jährlich am 29. Februar um 25.65 Uhr ihren Anfang nahm und selten vor dem Beginn endete.
ALTER: je hungriger, desto besser
ART: Delikate Schweinerei (Die Kinder in Mülltüten stecken und nur ein Loch für den Mund lassen. Füttern!)
MATERIAL: kleingeschnittene Früchte, 50 kg Schokolade, Schüsseln, Gabeln
DUCHFÜHRUNG: Zunächst müssen die Kinder gefesselt und geknebelt werden. Dann kann in Ruhe das geschnittene Obst und die geschmolzene Schokolade in Schüsseln auf die Tische gestellt werden. Nach Befreiung der hungrigen Indianer durch Old Schokohand wird ein Früchtehappen auf die Gabel gespießt, in die Schokolade getunkt, darin verloren, mit den Fingern herausgefischt und verspeist. Mahlzeit!

Lied
Zum Abschluss des ersten Nachmittags

Nacharbeit
Obwohl die Woche schon angefangen hat, können den Kindern Einladungszettel mitgegeben werden. Wenn ihnen der erste Indianernachmittag gefallen hat, bringen sie andere Möchtegernindianer mit.
Der Raum und die Materialien müssen für den nächsten Nachmittag vorbereitet werden. Eine kurze Reflexion über den Nachmittag bietet sich an.

Dienstag

Die Kinder, die zum ersten Mal da sind, bekommen ein Namensschild und dürfen eines der leerstehenden Tipis beziehen. Während der Kreativangebote haben sie Zeit, ihr Tipi zu gestalten.

Lieder
Zum Einstieg in den Nachmittag werden einige Lieder in der Mitte des Tipi-Platzes gesungen.

Indianerspiele

Apachenjagd
ALTER: ab 6 Jahren
ART: Bewegungsspiel (Immer rundherum: Den Letzten beißen bekanntlich die Kojoten)
MATERIAL: Kein Material erforderlich
DURCHFÜHRUNG: Die Kids setzen sich mit überkreuzten Beinen in Reihen zu viert oder fünft (auch zu dritt oder in Tipigruppen) hintereinander, so daß die Reihen einen Stern bilden. Die Ersten jeder Reihe sitzen in der Mitte eng zusammen. Alle schauen in die Mitte. Ein Kind macht den Kojoten. Es läuft um den Stern herum und schlägt schließlich dem letzten Mitglied in einer Reihe auf die Schulter. Die Kinder in dieser Reihe springen auf, umrunden den Stern und setzen sich wieder in ihre Reihe – der Kojote mogelt sich derzeit in die Reihe ein. Das letzte Kind macht den neuen Kojoten.

Tipi bauen
ALTER: ab 5 Jahren
ART: Balancespiel in der Gruppe (Dehnen und lehnen: Durch das Gewicht aller bleibt ein instabiler Kreis stabil)
MATERIAL: Kein Material erforderlich
DURCHFÜHRUNG: Die Kids bilden einen Kreis. Jeder zweite steht mit dem Gesicht nach aussen, die anderen mit dem Gesicht nach innen. Alle fassen sich an den Händen. Auf Kommando lehnen sich alle in Blickrichtung. Geschieht dies vorsichtig, so balanciert sich der Kreis aus. Möglicherweise müssen einige Positionen gewechselt werden, wenn der 100 kg schwere 14jährige Junge neben dem 28 kg wiegenden 6jährigen Mädchen steht.

Mach den Indianer
ALTER: ab 5 Jahren (mit Unterstützung)
ART: Pantomimisches Bewegungsspiel (Rasieren? Föhnen? Duschen? Tätigkeiten aus dem Indianerleben werden pantomimisch vorgestellt)
MATERIAL: Kein Material erforderlich
DURCHFÜHRUNG: Die Kids teilen sich in zwei Gruppen. Wechselweise übernehmen die Gruppen den darstellenden und den ratenden Part. Die darstellende Gruppe überlegt sich eine Tätigkeit, die im Indianerleben eine Rolle spielt (Schlafen, Essen, Kochen, Holz sammeln, Büffel jagen, Haut schaben, Skalpieren, Kriegsbemalung auflegen etc.). In der Mitte des Spielfeldes stellen sich ratende und darstellende Gruppe gegenüber auf. Die darstellende Gruppe spielt ihre Tätigkeit. Errät die ratende Gruppe die Tätigkeit, darf sie die darstellende Gruppe bis zur Endlinie des Spielfeldes zurückjagen und abschlagen. Wer abgeschlagen wird, wechselt die Gruppe. Nun werden die Rollen getauscht und das Spiel beginnt neu.

Indianergeschichte
Die Kids erhalten den zweiten Teil der Indianergeschichte. Sie sollen die Symbole klären und versuchen, die Geschichte anhand der Symbole weiterzuerzählen.

Special guest
Besonders eindrücklich für die Kids ist der Besuch eines „echten" Indianers. In den meisten größeren Städten gibt es Western Stores, in denen neben der Materialsuche auch nach einem Gast für einen Nachmittag gefragt werden kann. Möglicherweise haben die Stores Kontakte zu Vereinen, die sich mit der Kultur der Indianer befassen und regelmäßige Lager veranstalten. Auf Anfrage kommen Mitglieder dieser Vereine gerne zu einer solchen Woche und erzählen aus dem Indianerleben. Eine zusätzliche Geschichte sollte immer drin sein.
Für den Rhein-Main Raum vermittelt Kontakte:
Friedhelm Baumgardt
Gründenseestrasse 33
60386 Frankfurt

Kreativangebote
Da die Kids am Vortag nicht an allen Kreativangeboten teilnehmen konnten, können einige Angebote wiederholt werden. Dazu kann angeboten werden:

Kopfschmuck
ALTER: ab 5 Jahren (mit Unterstützung)
ART: Kreativangebot (Ist das ein plattgefahrener Frosch? Mit Kartoffelstempeln werden Stirnbänder bedruckt)
MATERIAL: Baumwollstoff, Kartoffeln, Stoffmalfarbe (oder Wasserfarbe), Pinsel, Federn, Tacker
DURCHFÜHRUNG: Der Baumwollstoff wird in ca. 6-8 cm breite und 50 cm lange Streifen geschnitten. Aus den Kartoffeln werden Stempel mit verschiedenen Symbolen hergestellt. Die Kids tragen die Farbe mit den Pinseln auf

die Stempel auf und drucken auf das Stirnband. Sind die Bänder fertig bedruckt, werden die Enden mit einer Feder dazwischen zusammengetackert.

Musikinstrumente
ALTER: ab 6 Jahren (mit Unterstützung)
ART: Kreativangebot (Au Mann, ist das ein Lärm: Es werden Bambusratschen hergestellt)
MATERIAL: Dickes Bambusrohr, dünne Rundfeile, Holzstäbchen; Säge
DURCHFÜHRUNG: Das Bambusrohr wird in ca. 20cm lange Stücke zersägt. In die einzelnen Stücke werden mehrere Kerben gesägt, die die Kids mit der Feile vertiefen. Rubbeln die Kids mit den Holzstäbchen über die Kerben, ensteht ein Geräusch.

Pappmaschee
ALTER: ab 5 Jahren (mit Unterstützung)
ART: Kreativangebot (Matschen ohne Ende: Gefäße aus Zeitung und Kleister)
MATERIAL: Längliche und runde Luftballons, Zeitung, Kleister
DURCHFÜHRUNG: Der Kleister muss am Vormittag (nicht zu dünnflüssig) angesetzt werden. Die Kids blasen einen Luftballon auf, reißen die Zeitung in Streifen und kleben mehrere Lagen auf den Teil des Luftballons, an dem ein Gefäß entstehen kann. Ist die Zeitung getrocknet, kann der Luftballon zerstochen werden. Das Gefäß wird zurechtgeschnitten, mit Farbe angemalt und mit Klarlack gründlich überzogen.
Alternativ: Tipi gestalten

Indianer-Spiel
Büffeljagd
ALTER: ab 5 Jahren
ART: Bewegungsspiel (Auf die Büffel, fertig, los: Zum aus der Puste Kommen)
MATERIAL: Kein Material erforderlich
DURCHFÜHRUNG: Abwandlung des bekannten Spieles „Wer fürchtet sich vor dem schwarzen Mann". In diesem Spiel sind Büffel und Reiter die Mitspieler. Ein Reiterpaar bildet sich – dazu nimmt ein Kind ein anderes (möglichst leichteres) Huckepack. Die restlichen Kids bilden Büffel. Dazu finden sich zwei Kids zusammen, von denen das eine das Vorderteil bildet und das andere das Hinterteil (umfasst die Hüfte des Vorderteils und beugt sich vor). Im Stile des „schwarzen Mannes" wird ohne einleitende Rufphase gespielt. Die abgeschlagenen Büffel mutieren spontan zu Reiter und Pferd und jagen mit.

Lied
Mit dem Lied sammeln sich die Kids auf dem Versammlungsplatz – in der Mitte der Tipis.

Indianer-Quiz
Das Indianer-Quiz ist an dieser Stelle je nach Zeit optional. Je nach Alter der Kids

werden Fragen zusammengestellt. Auf einer Totempfahl- oder Tipivorlage werden Punktwerte aufgezeichnet, die wechselweise von den Gruppen gewählt werden.

Fragen:
- Nenne drei Indianerstämme.
- Nenne einen Indianernamen.
- Wo haben die Indianer gelebt und leben sie auch heute noch?
- Wovon haben die Indianer gelebt?
- Wie haben die Indianer gejagt?
- Wie heißen die Indianerfrauen?
- Nenne drei typische Indianerwaffen.
- Wie heißt die Indianerbehausung?
- Woraus haben die Indianer Kleidung gemacht?
- Wie heißen die Gegenden, in denen die Indianer heute leben müssen?
etc.

Maisbrot
REZEPT: Zutaten für ein Blech
225 g gelbes Maismehl
100 g Weizenmehl
75 g Zucker
1 TL Salz
1 EL Backpulver
2 Eier
6 EL zerlassene abgekühlte Butter
8 EL zerlassene abgekühlte Margarine
3/8 Liter Milch
Ofen auf 200 Grad vorwärmen
Maismehl, Zucker, Salz, Backpulver, Mehl in eine Rührschüssel geben. Die Eier leicht schlagen, die Butter und die Margarine hinzufügen und die Milch hineinrühren. In die Schüssel mit den trockenen Zutaten gießen und etwa eine Minute, d.h. bis der Teig glatt ist, rühren. Ein Blech einfetten und den Teig hineingießen. In der Mitte des Ofens etwa 30min backen, bis sich das Brot von den Seiten des Bleches gelöst hat und goldbraun ist. Warm essen.

Indianische Andacht
Brot: Gott versorgt uns
Wenn die Kids das Maisbrot essen, wird mit der Andacht begonnen. Was gehört alles dazu, damit aus einem Getreidekorn ein Brot wird? (berichten lassen). Ein langer Weg. Gott, der Schöpfer, hat es so gut eingerichtet, dass alle Menschen satt werden könnten. Wie gehen wir mit dem um, was wir haben? Was brauchen wir noch zum Leben? (Brot als Symbol für alles, was wir zum Leben brauchen). Können wir Gott Danke sagen, für das, was wir haben und bekommen? (Kurzes Gebet sprechen)

Lied
Mit einem Lied wird der Nachmittag abgeschlossen.

Nacharbeit
Die Hinweise auf den Ausflug am Freitag oder Samstag können schon verteilt werden, damit die Kinder sich von den Eltern die Erlaubnis geben lassen.
Der Raum muss für den folgenden Nachmittag hergerichtet werden.
Eine Reflexion bietet sich an und das Stadtspiel kann durchgesprochen werden.

Mittwoch

Nach zwei, von ihrer Struktur her ähnlich verlaufenden Nachmittagen steht dieser Nachmittag im Zeichen einer größeren Gruppenaktion, einer Stadtschnitzeljagd. Die neu dazugekommenen Kids erhalten ein Namensschild und dürfen ein Tipi belegen.

Lieder
Wenn die Kids da sind, wird in der Mitte der Tipis gesungen.

Stadtindianer
„Der Schatz der Azteken"
Das Stadtspiel besteht aus drei Teilen. In der ersten Phase wird ein Laufzettel zusammengestellt, der für den zweiten Teil die Aufgaben vorgibt. Für die Bewältigung der Aufgaben gibt es eine Schatzkarte, die im dritten Teil des Spiels die Suche nach dem Schatz der Azteken ermöglicht. Die örtlichen Gegebenheiten spielen für die Durchführung eine wichtige Rolle, von daher kann der hier abgedruckte Vorschlag nur als Modell dienen.

1.Phase
Zusammenstellen des Laufzettels
„Such die Indianer – flüchte vor dem Bär"
Der Laufzettel wird für jede Gruppe kopiert und in mehrere Teile zerschnitten, so dass er später als Puzzle wieder zusammengesetzt werden muss. Einige Mitarbeiter werden als Indianer ausstaffiert (ihnen wird ein typisches Indianersymbol mitgegeben) und verteilen sich in der nächsten Fußgängerzone, in einem Gelände, in einer Kleinstadt oder sonstwo. Die Kids müssen die Indianer aufspüren. Wenn die Mitarbeiter den Kindern nicht bekannt sind (Gemeindeglieder anfragen) müssen sie sehr genau auf die Indianersymbole achten und dieser erste Teil wird noch spannender. Haben die Kids einen Indianer gefunden, bekommen sie von diesem ein Element des Laufzettels. Haben sie alle Elemente beieinander, können sie am Ausgangspunkt das Puzzle zusammensetzen. Die Zeit, die sie zum Aufsuchen der Indianer und zum Zusammensetzen des Laufzettels brauchen, wird gestoppt. (→ Kopiervorlage „Laufzettel" S. 183)
Haben alle Gruppen ihren Laufzettel komplett, beginnt die

2.Phase
Im Wechsel laufen die Gruppen verschiedene Stationen an (die sie mit Hilfe des Laufzettels zuerst finden müssen). Dort haben sie Aufgaben zu bewältigen.
VORSCHLÄGE FÜR STATIONEN
Die Sinne ins Spiel bringen: Kim-Station

Mit geschlossenen Augen müssen mehrere Lebensmittel (typische aus dem Indianerleben: Pemikan und Maischips gibts in der Amerika-Abteilung im Hertie) erschmeckt, verschiedene typische Gegenstände müssen erfühlt und verschiedene typische Gerüche müssen errochen werden. Die Trefferquote wird vermerkt.
– Geschicklichkeit beweisen: Feuer-Station
Die Kids müssen sich Holz und Zunder suchen, aufschichten und zum Brennen bringen. Dazu gibt es ein Blatt Zeitung und ein Streichholz. Der Erfolg oder Mißerfolg wird aufgeschrieben.
– Auf die Schnelle: Schnelligkeits-Station
Die Kinder müssen drei verschiedene Gegenstände so schnell wie möglich besorgen; oder einen Parcours so schnell wie möglich bewältigen; oder eine Strecke unter erschwerten Bedingungen zurücklegen (zwei werden getragen..). Die benötigte Zeit wird vermerkt.
– Voll ins Schwarze: Treffsicherheits-Station
Natürlich wäre es toll, wenn Pfeil, Bogen und eine Zielscheibe vorhanden wären. Wenn das Kreativangebot „Pfeil und Bogen" vom Donnerstag vorgezogen wird, kann mit den selbstgebauten Bögen geschossen werden. Ansonsten lassen sich Bälle und Eimer, Katapulte etc. verwenden. Die Trefferquote wird eingetragen.
– Mit Köpfchen: Weisheit-Station
Der dritte Teil der Indianergeschichte wird enträtselt und erzählt.

Weitere Stationen sind denkbar. An regnerischen Tagen können eher kreative Bestandteile gewählt und drinnen veranstaltet werden. Ein Indianerquiz, Mal-Station etc. kann eingesetzt werden.

Haben die Gruppen die Aufgaben bewältigt, beginnt die
3.Phase
Zunächst gibt es einen Mini-Snack für alle – Getränk und Keks. Während die Mitarbeiter die ersten beiden Teile des Spiels zu einem Zwischenergebnis auswerten, erhalten die Kids Kartoffeln und Messer. Die Kartoffeln sollen geschält und in Pommesformat geschnitten werden. Die Pommes werden in der Zeit der Schatzsuche frittiert. Das Zwischenergebnis bestimmt die weitere Vorgehensweise. Die Gruppe mit dem besten Zwischenergebnis erhält als erste Gruppe die Schatzkarte und darf sich auf die Suche machen. Im Abstand von 30 Sekunden bis zwei Minuten, je nach voraussichtlicher Dauer der Schatzsuche (der ganze Stadtteil, die nähere Umgebung, das Gemeindehaus können Suchgebiete werden) werden die folgenden Gruppen auf die Suche geschickt.
Im Schatzversteck stehen mehrere Kisten mit Inhalt. Eine gewisse Staffelung der Inhaltsmenge ist fair. So gibt es eine sehr volle, eine volle, eine weniger volle etc. Kiste – für jede Gruppe ist aber eine da. Die Gruppe, die den Schatz entdeckt, hat auch die erste Wahl.

Lied
Mit dem Lied sammeln sich die Kids in der Mitte der Tipis.

Indianische Andacht
Feuer: Reden mit Gott
Hat es euch Spaß gemacht, das Feuer zu machen? Ist ja auch spannend. Wofür ist denn so ein Feuer gut? (Sammeln – das Stichwort „Signalfeuer" aufgreifen. Wenn das Stichwort nicht von den Kids genannt wird – überleiten) Die Indianer haben Feuer auch gebraucht, um sich damit zu verständigen. Wie ging das? (Berichten lassen und, falls Zeit und Möglichkeiten da sind, selber ausprobieren) Wir haben an den vergangenen Tagen von Gott gesprochen. Er will uns beschützen und er versorgt uns. Wir können Gott sogar Rauchzeichen senden. Es wäre anstrengend, wenn wir jedesmal ein Feuer und mit einer Decke Rauchzeichen machen müßten.
Mit Gott kann man reden. Einfach so, wie wir zu anderen Menschen reden. Gott können wir alles erzählen, worüber wir uns freuen und was uns traurig macht. Das ist klasse! Das können wir auch jetzt tun. (Anliegen sammeln und daraus ein Gebet formulieren)

Frittierte Kartoffelstücke
Inzwischen müßten die selbstgemachten Pommes fertig sein. Mit dem Verspachteln der Fritten ist für diesen Nachmittag Schicht.

Nacharbeit
Die Kids bekommen Einladungen für den Ausflug mit der eindringlichen Aufforderung, die Zettel von den Eltern unterschreiben zu lassen und dann wieder mitzubringen. Zusätzlich kann auf den Indianergottesdienst am Sonntag hingewiesen werden. Auch dafür werden Einladungen ausgegeben.
Der Raum muss für den kommenden Nachmittag hergerichtet werden.
Ein Nachgespräch bietet sich an.

Donnerstag
Nach dem Stadtspielnachmittag wieder ein „normaler" Indianernachmittag. Wer heute noch neu dazukommt, ist selber schuld. Trotzdem bekommt er ein Namensschild und darf ein Tipi besetzen.

Lieder
Die Lieder sind inzwischen den Kids bekannt und als Signal geläufig, sich in der Mitte der Tipis zu sammeln. Die neuen Kinder werden sich an die anderen halten.

Indianerspiele
Die Spiele an diesem Nachmittag finden im Kreis statt.

Indianer, Büffel, Sqaw
ALTER: ab 5 Jahren (mit Unterstützung)
ART: Kreisspiel (Wie ging doch gleich der Büffel? Die drei Figuren werden in einer Gruppe spontan umgesetzt)
MATERIAL: Kein Material erforderlich
DURCHFÜHRUNG: Die drei Figuren „Indianer, Büffel und Squaw" werden jeweils von drei Kids dargestellt.

INDIANER: Das mittlere Kind führt die Hand zum Herz und streckt den Arm dann weg, der Mitte des Kreises entgegen – ein Willkommensgruß. Das linke Kind macht ein Indianergeheul und das rechte Kind schießt pantomimisch einen Pfeil ab.
BÜFFEL: Das mittlere Kind legt seine Arme kreisförmig um den Kopf – als Zeichen für den dicken Büffelschädel. Das linke Kind bricht getroffen zusammen und das rechte Kind scharrt mit dem Fuß, als wolle es angreifen.
SQUAW: Das mittlere Kind stemmt die Hände in die Hüften, das linke Kind stampft pantomimisch Getreide und das rechte Kind schaukelt pantomimisch ein Kind.
Ein Kind ist in der Mitte des Kreises, deutet auf ein Kind aus dem Kreis und nennt eine Figur. Dies gilt als Aufforderung, die Figur darzustellen. Das aufgeforderte Kind bildet dabei immer den mittleren Teil der Gesamtfigur. Die Nachbarkids müssen aufpassen und dementsprechend die Figur vervollständigen. Schafft die Dreiergruppe die Darstellung nicht (in einer bestimmten Zeit), kommt das mittlere Kind in den Kreis.

Wer fürchtet sich vorm weißen Mann?
ALTER: ab 5 Jahren
ART: Kreisspiel (Älter als die indianische Kultur, aber immer noch gut: Alle rennen vor dem weissen Mann weg)
MATERIAL: Feder
DURCHFÜHRUNG: Das Spiel „Plumpsack" ist Vorbild für dieses Kreisspiel. Alle stehen im Kreis. Ein Kind umrundet den Kreis und läßt hinter einem Kind im Kreis eine Feder fallen. Das aufgeforderte Kind versucht, das weglaufende Kind zu fangen, bevor es seinen Platz im Kreis einnehmen kann.

Atemlos
ALTER: ab 5 Jahren
ART: Kreisspiel (Schnauf, schnauf: ohne Luft durch den Kreis)
MATERIAL: Kein Material erforderlich
DURCHFÜHRUNG: Die Kids versuchen, so lange wie möglich die Luft anzuhalten. Ein Kind holt Luft und beginnt, auf der Außenbahn den Kreis zu umrunden. Dabei berührt es jedes im Kreis stehende Kind und sagt dazu „Du". Es wird gezählt, wieviele Runden ohne einen zweiten Atemholer geschafft werden.

Indianergeschichte
Der vierte Teil der Indianergeschichte wird ausgeteilt, von den Kids enträtselt und erzählt.

Kreativangebote

Pfeil und Bogen
ALTER: ab 5 Jahren (mit Unterstützung)
ART: Kreativangebot (Haben wir alle früher gemacht: Aus Stöcken, Federn und Schnur werden Pfeil und Bogen gebaut)

MATERIAL: Geeignete Stöcke, Schnur, Messer und Säge, Federn, Klebeband
DURCHFÜHRUNG: Die Stöcke für den Bogen auf geeignete Länge zurechtsägen und an den Enden einkerben, damit die Bogenschnur befestigt werden kann. Die Pfeile zurechtschnitzen, am Ende die Federn mit Klebeband befestigen. Die Spitze wird ebenfalls mit Klebeband stumpfgewickelt. Die Sehne aufspannen und trainieren gehen. Bitte Vorsicht walten lassen!

Geheimbilder
ALTER: ab 5 Jahren
ART: Kreativangebot (Ich seh ja gar nix! Ist ja auch geheim!: Malen mit Wachs und Farbe.)
MATERIAL: Blätter, weiße Kerzen, Wasserfarbe, Pinsel
DURCHFÜHRUNG: Die Kids malen mit den weißen Kerzen auf das Blatt. Das so entstehende Bild ist nur sehr schlecht zu erkennen. Nun wird das Bild mit Wasserfarbe flächig übermalt. Die Konturen werden sichtbar und das Bild entsteht. Wow!

Girlanden aus Naturmaterial
ALTER: ab 5 Jahren
ART: Kreativangebot (Was man draußen im Park so alles findet: Blätter, Stöcke, tote Mäuse, Hundesch..., und alles wird auf eine Schnur gefädelt.)
MATERIAL: Alles, was Mutter Natur uns gibt
DURCHFÜHRUNG: Die Kids sammeln draußen Blätter und andere Materialien, die sich auf eine Schnur fädeln und zur Dekoration aufhängen lassen. Damit können die Tipis, der Raum oder der Gottesdienstraum gestaltet werden.

Ofenbau
ALTER: ab 5 Jahren
ART: Kreativangebot (Stein auf Stein: Der Ofen soll tatsächlich funktionieren.)
MATERIAL: Backsteine, Grillrost, Bodenblech
DURCHFÜHRUNG: Wir bauen eine einfache Version. Die Steine werden in U-Form dreiseitig aufgeschichtet – an einer Stelle wird das Gitter eingefügt.
Wer sich mehr Mühe machen will, kann ein wenig Zement anrühren und den Ofen mauern. Oben bleibt der Ofen offen.
Am Freitag wird in dem Ofen Fladenbrot gebacken.
ALTERNATIV: Tipi bemalen
ALTERNATIVE: Gefäße bemalen

Indianerspiel

Apachen und Comanchen
ALTER: ab 5 Jahren
ART: Bewegungsspiel (Auf die Füße, fertig, los: Wer verjagt wen?)
MATERIAL: Kein Material erforderlich
DURCHFÜHRUNG: Die Kids bilden zwei Gruppen, Apachen und Comanchen. An der Mittellinie eines Spielfelds kommen die zwei Stämme zusammen und setzen sich im Indianersitz (Schneidersitz) Rücken an Rücken hin. Ein Mitarbeiter nennt

eine der zwei Gruppen. Die genannte Gruppe ist für diesen Moment die überlegene und jagt die andere Gruppe zu der Endlinie des Feldes. Wer abgeschlagen wird, wechselt in den anderen Stamm. Gespielt wird, bis einer keine Lust mehr hat.
VARIATION
Neben dem Indianersitz sind andere Ausgangspositionen denkbar

Lied
Die Kids sammeln sich in der Mitte des Tipidorfes.

Indianische Andacht
Pfeil und Bogen – Mitten ins Schwarze
Es bieten sich verschiedene Andachtsvarianten an.
Zum einen kann die Geschichte von David und Jonatan erzählt werden. Das würde dann eher den Begriff „Freundschaft" betonen und eine Übertragung in den Alltag der Kinder ermöglichen.
Zum anderen kann über „Zielen und Treffen" im Sinne von „Sinn des Lebens" gesprochen werden. Was ist für mein Leben wichtig? Es ist gut, Gott zum Freund zu haben – das ist wichtig für mein Leben.
In Negierung der Pfeil-und-Bogen-Symbolik (Feindlichkeit) kann Gott als Freund nähergebracht werden. Das Symbol für eine Beziehung zu Gott ist nicht Pfeil und Bogen, sondern...?

Indianerquark
Ist eine Art „Quark-Buffet". Eine ausreichende Menge Quark wird mit Zucker, Milch und Zitrone angerührt. Dazu werden verschiedene Zutaten wie Dosenananas, Dosentuttifrutti, Dosenpfirsich, Dosenmandarinen, Choco-Pops, Smacks, Cornflakes etc. in Schüsseln gefüllt. Die Kids stellen sich ihre eigene Quarkspeise zusammen.

Lied
Ein Lied beendet diesen Nachmittag.

Nacharbeit
Der Raum muss für den folgenden Nachmittag als „Kino" umgestaltet werden. Einladungen für den Indianergottesdienst und Anmeldungen für den Ausflug werden ausgeteilt. Ein Reflexion kann stattfinden.

Freitag
Indianerkino
Die Kids kommen an eine Indianerkinokasse und erhalten ihre Kinokarte. Der Raum ist als Kino gestaltet. Im Vorfeld kann Werbung gemacht werden – die Wochenkinderstunde stellt sich vor, die Jungschar wirbt für sich, ein Mitarbeiter aus der Sonntagschule sagt ein paar Worte. Zudem kann für den Indianergottesdienst Werbung gemacht werden.
Bevor der Film beginnt, wird gesalzenes Popcorn ausgegeben.

Als Filme bieten sich an:
Winnetou I, II oder III
Der mit dem Wolf tanzt

Lied
Die Kids sammeln sich nach dem Film im Tipi-Kreis

Indianische Andacht
Friedenspfeife: Gott meint es gut mit uns
Gott macht Frieden mit den Menschen. Es ist möglich, heilsgeschichtliche Aspekte in kindgemäßer Form hier aufzugreifen. Da für Kinder die Thematik „Sünde" nicht leicht zu verstehen ist, wäre für mich ein Ansatzpunkt die Zuwendung Gottes zum Menschen – als Freundschaftsangebot. Mit Gott zusammen die Friedenspfeife rauchen – als Symbol für die Beziehung zu Gott.

Fladenbrot aus dem Ofen
Der Ofen wird angeworfen – am besten mit Holz oder mit Grillkohle. Die Kinder bekommen ein Stück Hefeteig, der nicht süß, sondern mit Gewürzen verknetet ist. Aus den Stücken Teig formen sie Fladen, die auf dem Rost über der Glut gebacken werden können (mit Alufolie abdecken).

Mit dem Backen des Fladenbrotes endet der Nachmittag.

NACHARBEIT
Die Anmeldungen für den Ausflug werden eingesammelt. Die Abfahrtzeiten müssen den Kindern deutlich gemacht werden.
Die Mitarbeiter sprechen den Ablauf des kommenden Tages noch einmal durch.

Samstag
Ausflug
Auf dem Programm kann der Ausflug in einen Freizeitpark (in dem man auch reiten kann) oder zu einem Reiterhof stehen. Vielleicht ist es auch machbar, dass die Kinder ein in der Nähe stattfindendes Western-Treffen für einen Nachmittag besuchen dürfen – manche Vereine sind offen dafür. Auf jeden Fall ist Planung notwendig.
Geklärt werden muss das Ziel des Ausfluges. Die Kinder müssen sich mit Unterschrift der Eltern anmelden. Ein Fahrdienst, ein Bus oder die Fahrt mit öffentlichen Verkehrsmitteln muss geplant und organisiert werden.
Es bietet sich ein gemeinsames Picknick (Grill) an.

BEISPIEL FÜR EINEN ANMELDEZETTEL
Liebe Eltern!
Am ...., den ...., machen wir im Rahmen unserer Indianerspielwoche einen Ausflug in den Freizeitpark .... „Wir" sind die Mitarbeiter der Kinderarbeit in der .... Kirche, Musterstrasse 18 in .... Gerne möchten wir ihr Kind an diesem Tag mitnehmen. Damit Ihr Kind mitfahren kann, brau-

chen wir Ihre Erlaubnis. Bitte geben Sie Ihrem Kind diesen Zettel unterschrieben zum morgigen Indianernachmittag mit. Der Ausflug beginnt am ...... um ...... Uhr in .... und endet dort um .... Uhr. Bitte geben Sie Ihrem Kind ..... DM für den Eintritt und die Fahrt mit, für Verpflegung sorgen wir.
Mit freundlichen Grüßen

Pastor   Mitarbeiter

Mein Kind fährt am .... mit in den Freizeitpark ....:
Name des Kindes_____
Anschrift_____
Unterschrift eines Elternteils_____

Sonntag
Indianer-Gottesdienst
Der Gottesdienst ist auf die Wochenthematik zugeschnitten und bildet gleichsam eine Abschlussaktion. Die Kids sind mit ihren Eltern zur (aktiven) Teilnahme eingeladen. Es ist ratsam, die Gemeinde am Sonntag vorher auf den besonderen Gottesdienst hinzuweisen.
Es bieten sich zwei inhaltliche Linien an. In Anlehnung an die Indianergeschichte der Woche und ein indianisches Gebet kann das Thema „Natur – Umgang mit der Schöpfung" in den Vordergrund gestellt werden. Gleichzeitig oder in Verbindung dazu kann das Thema „Hören – auf Gott hören" (in Anlehnung an eine indianische Geschichte) aufgegriffen werden.

RAUMGESTALTUNG
Einige Tipis können in den Gottesdienstraum gestellt werden, ebenso kann die Dekoration aus dem Indianerraum in den Gottesdienstraum übernommen werden.
Natürlich kommen die Kinder und Mitarbeiter als Indianer verkleidet. Vielleicht hat sogar der Pastor Lust, sich als Indianer aufzumachen.

Ansingen
Das Indianderlied und die Lieder der Kinder können angesungen werden.

Begrüssung
Ein Mitarbeiter begrüßt die Kinder, die Eltern und die Gemeinde und spricht ein Eingangsgebet.

Lied
„Ein jeder kann kommen", „Einfach spitze" oder „Kommt alle her".

Vorstellen der Wochenaktion
Ein Mitarbeiter berichtet von der Woche. Die Kids können dazu mit nach vorne kommen und ihre Erzeugnisse vorstellen. Vielleicht erzählen auch die Kinder von ihren Erlebnissen in der Woche.

Geräusch-Chor
Die Gemeinde wird mit dieser gemeinsamen Aktion mit in die Woche hineingenommen. Es werden vier Gruppen gebildet, die jeweils ein typisches Geräusch machen. So wird nacheinander ein Geräusch-Bild erstellt, das an die Woche anknüpft.
GRUPPE 1 – Fluss
Schschschschsch – sprechen, an- und abschwellen lassen.
GRUPPE 2 – Wind
Die Handflächen werden wie beim Händewaschen aufeinander gerieben. Damit dieses Geräusch gut zu hören ist, muss diese Gruppe größer als die anderen Gruppen sein.
GRUPPE 3 – Pferdegetrappel
Dieses Geräusch erfordet eine gewisse Begabung zur Feinmotorik. Zunächst wird einmal in die Hände geklatscht. Sofort nach dem Klatscher wird mit beiden Händen kurz hintereinander auf den Oberschenkel geschlagen, so dass insgesamt ein schneller Dreiklang erzeugt wird, der wie Pferdegetrappel klingt. Je schneller der Dreiklatscher geklatscht wird, desto schneller galoppiert das Pferd.
GRUPPE 4 – Indianergeheul
In bester Manier wird geheult (wie damals, als man noch jung war und zu Karneval das Squawkostüm der älteren Schwester auftragen musste). Damit der bekannte Trillereffekt zustandekommt, muss mit den Fingern der flachen Hand auf die Lippen geschlagen werden (auf die eigenen!).
Ein Mitarbeiter übt die Gruppen ein und läßt dann das Geräusch-Bild entstehen. Natürlich sind der Phantasie für weitere Geräusche keine Grenzen gesetzt.

Lied
„Ja Gott hat alle Kinder lieb"

Bekanntmachung und Kollekte
Besonderer Hinweis auf die normalen Wochenveranstaltungen für die Kids. Vielleicht läßt sich die Kollekte für die Gestaltung der Indianerwoche bestimmen.

Indianergeschichte und Deutung
Die Teile der Indianergeschichte aus der Woche werden als eine Art Textlesung vorgetragen. Dazu wird die Geschichte auf Folie kopiert und an die Wand projeziert. Vielleicht haben die Kids Lust, anhand der Bilder die Geschichte zu erzählen. Vorher kann es eine kurze Einführung zu den Bildsymbolen geben.
In der Deutung geht es um den Umgang mit der Natur und den Auftrag zur Bewahrung der Schöpfung.

Lied
„Du hast uns deine Welt geschenkt"; „He's got the whole world"
Sprechszene und Deutung
„Worauf wir achten"
ERZÄHLER
Ein Indianer besuchte einen weißen Mann. In einer Stadt zu sein, mit dem Lärm, den Autos und den vielen Menschen – das alles war ganz neuartig und auch verwirrend für ihn. Die beiden Männer gingen die Straße entlang, als plötzlich der Indianer seinem Freund auf die Schulter tippte.
INDIANER
Hörst du auch, was ich höre?
FREUND
Alles, was ich höre, ist das Hupen der Autos und das Rattern der Omnibusse.
INDIANER
Ich höre ganz in der Nähe eine Grille zirpen.
FREUND
Du musst dich täuschen; hier gibt es keine Grillen. Und selbst wenn es eine gäbe, würde man ihr Zirpen bei dem Lärm nicht hören.
ERZÄHLER
Der Indianer ging ein paar Schritte und blieb vor einer Hauswand stehen. Wilder Wein rankte an der Mauer. Er schob die Blätter auseinander – und da saß tatsächlich eine Grille.
FREUND
Indianer können eben besser hören als Weiße.
INDIANER
Du täuscht dich. Ich will es dir beweisen.
ERZÄHLER
Er nahm ein Geldstück aus der Tasche und warf es auf das Pflaster. Es klimperte auf dem Asphalt, und Leute, die mehrere Meter entfernt gingen, wurden auf das Geräusch aufmerksam und sahen sich um.
INDIANER
Siehst du, das Geräusch, das das Geldstück gemacht hat, war nicht lauter als das der Grille. Und doch hörten es viele der weißen Männer. Der Grund liegt darin, dass wir alle stets auf das gut hören, worauf wir zu achten gewohnt sind.

Als Deutung oder Übertragung bieten sich Gedanken zum Thema „Hören – auf Gott hören" an.

Kanon oder gemeinsames Lied

Maisbrot
Damit die Gemeinde auch an den kulinarischen Genüssen der Woche Anteil haben kann, wird Maisbrot, das am Morgen von den Mitarbeitern gebacken wurde, verteilt.
Jeder darf schmecken.

Gebet
Indianisches Gebet
O Herr der Welt, höre mich.
Von der Himmelshöhe, von der Meerestiefe,
wo immer du bist, Schöpfer der Welt.
Du Schöpfer der Menschen, Herr aller Herren.

Zu dir komme ich,
allein und mit schwachen Augen,
voll Sehnsucht, Dich zu erkennen.
Du siehst mich. Du kennst mich.

Sonne und Mond, Tag und Nacht,
Frühling und Winter,
sie alle eilen, wie du es gebietest,
von ihrem Anfang zu ihrem Ziel.

O höre mich an,
laß mich zu dir, meinem Ziel, kommen,
dass ich nicht ermatte auf dem Wege,
und gib mir das Leben.

Lied

Segen

Begegnung (mit Indianermusik vom Band)
In der Begegnungszeit können Kontakte mit den Eltern der Kids gemacht und Einladungen für die Wochenveranstaltungen verteilt werden.

Nacharbeit
Neben den Aufräumarbeiten bietet es sich an, die Kids, die in der Woche da waren, auch schriftlich zu Veranstaltungen einzuladen. Dazu ist es notwendig, die Namen und Adressen der Kids zu notieren (ist möglicherweise zur Zuschussbeantragung ebenfalls notwendig).

LIEDVORSCHLÄGE
Aus dem Liederheft „Papa, du bist der Allerbeste" von D.Kallauch stammen die Lieder „Hast Du schon mal Gott gedankt" und „Volltreffer" (Oncken Verlag 1992)
Das Lied „Das wünsch ich sehr" ist aus dem Liederheft „Licht auf meinem Weg" von Lele und Detlev Jöcker (Menschenkinder Musikverlag 1986)
„Alle Kinder dieser Erde" ist aus dem Liederheft „Und weiter gehts im Sauseschritt" von Lore Kleikamp und Detlev Jöcker (Menschenkinder Musikverlag 1987)
Das Lied „Vor Gott muss ich mich nicht verstecken" ist von Dagmar Heizmann-Leucke und Klaus Heizmann aus dem Liederheft „Klein aber oho" (Musikverlag Klaus Gerth 1995)

„Gott, dein guter Segen" ist von Detlev Jöcker und R.Bäcker aus dem Liederheft „Heut ist ein Tag, an dem ich singen kann" (Menschenkinder Musikverlag 1987) Die Lieder „Hast Du schon gehört" (B.Jacobi, Oncken Verlag 1986), „Ja Gott hat alle Kinder lieb" (M.Birkenfeld, Turmberg Verlag) und „Heut ist ein Tag, an dem ich singen kann" (L.Kleikamp, D.Jöcker, Menschenkinder Musikverlag) fand ich in „Unser Kinderliederbuch" (Oncken Verlag, Christliches Verlagshaus Stuttgart, Bundes Verlag Witten).

Indianergeschichte
Bildvorlage S. 181 und 182

TEIL I
Vor vielen Monden gab es den Indianer und den weißen Mann gab es noch nicht. Der Indianer war glücklich. Es gab viele Bäume. Es gab viele Tiere. Es gab viele Vögel. Es gab viele Fische. Viele Jahre lebte der indianische Mann in seinem Tipi.

TEIL II
Mit einem Schiff kam der weiße Mann. Er fällte die ganzen Bäume mit der Axt. Er schoß viele Tiere ab. Er tötete viele Fische und Vögel. Er fing an, das Land zu bearbeiten. Der Indianer war traurig. Er musste seine Heimat verlassen

TEIL III
Der grosse Geist/Gott wurde ärgerlich mit dem weißen Mann. Er sprach zu ihm: „Weil du die Vögel tötest, überleben die Insekten. Die vielen Insekten fressen die Ernte und das Gras. Sie zerstören die Bäume. Wenn es regnet, hat der gute Boden keinen Halt mehr. Der gute Boden wird fortgespült. Deshalb gibt es schwere Sandstürme. Der weiße Mann muss sehr traurig sein.

TEIL IV
Der weiße Mann soll dies seinen Kindern erzählen, damit sie klüger werden. Er soll ihnen sagen, dass sie Bäume pflanzen sollen. Sie sollen keine Fische mehr töten, sondern er soll Fische aussetzen, damit sie sich vermehren können. Er soll den Vögeln Häuser bauen, damit die Vögel wiederkommen und die Insekten fressen. Wenn der weiße Mann das tut, wird er fröhlich werden. Und der Indianer auch. Der weiße Mann wird dann viele Jahre in dem Land leben können."

Beweise Deine Treffsicherheit

Beweise Deine Schnelligkeit

Beweise Deine Weisheit

Beweise Deine Sinne

Beweise Deine Geschicklichkeit

Alternative Wochenthemen
Zirkuswoche

Als Kindermitmachzirkus bietet die Thematik einen unerschöpflichen Fundus an Gestaltungsangeboten – zudem übt dieses Thema auf Kinder eine unglaubliche Faszination aus.

Als Gestaltungsmöglichkeiten bieten sich an:
- Zirkusspiele und Zirkuslieder;
- Clownerie, Artistik, Jonglage, Raubtiere, Zaubern;
- Musikinstrumentenbau und Zirkusorchester;
- Requisitenbau und Zirkusdekoration;
- Bauchladenbau und Kartenverkauf;
- Kostümschneiderei;
- Schminken und Verkleiden;
- Zirkusandachten und Zirkussnacks;
- Ausflug in einen Zirkus;
- Zirkusgottesdienst mit Vorführung der Ergebnisse.

Literatur gibt es zu diesem Thema reichhaltig. Empfehlenswert sind:

- E. Müller, Manegenzauber, Don Bosco Verlag 1989
- E. Wüpper und Zirkus Kralle, Kinder, Clowns und Kapriolen, rororo 1988
- N. Erhard, W. Zacharias, Aktionsbuch – Mach mit beim Zirkus Pumpernudel, Ravensburger 1980

Special: Projektarbeit

Nicht nur im städtischen Umfeld nehmen die Belastungen für die Kinder zu. Die schulischen Anforderungen steigen genauso wie die Anzahl der Nachmittage, an denen die Kinder anderweitig verplant sind. Das Phänomen der Verweigerung von langfristiger Verbindlichkeit nimmt in der Arbeit mit Kindern langsam die Ausmaße an, die es in der Arbeit mit Jugendlichen schon hat. Immer weniger Kinder (oder Eltern) lassen sich langfristig auf eine verbindliche Teilnahme ein.
Das Angebot einer Projektarbeit behebt dieses Phänomen nicht, bietet aber die Möglichkeit, besser damit umzugehen. Als befristete und zeitlich überschaubare Aktion bietet es die Beteiligungsmöglichkeit für Kinder, die sich sonst schwerlich festlegen können.
In der Art der Gestaltung ist ein Projektangebot an den Interessen der Kinder orientiert, bietet also für die verschiedenen Interessenslagen ein Angebot. Mit der Zielvorstellung einer Festgestaltung, Gottesdienstgestaltung oder Präsentation ermöglicht sich die Einladung der Eltern und die Beteiligung der Gemeinde. Innerhalb der festen Projektgruppen erleben die Kinder die Anbindung an den Mitarbeiter und über ihr selbstgewähltes Gestaltungselement die Verbindung mit einem biblischen Thema.

Projektablauf

In Abgrenzung zu anderen Gestaltungsformen wie Kinderstunde oder Jungschar geht die Arbeit innerhalb einer Projektgestaltung wohl von einem Thema aus, bietet den Kindern aber über mehrere Arbeitseinheiten die Möglichkeit, dieses Thema umzusetzen.

Projektbeispiel Schöpfung

Als Alternative zur wöchentlichen Sonntagschulgestaltung wird das Thema „Schöpfung" für einen Zeitraum von 5 Wochen in den Mittelpunkt gestellt. Zum Abschluss soll ein Gottesdienst gestaltet werden, der für die gesamte Gemeinde, die Eltern der Kinder und sonstige Interessierte offen ist.

Projektvorbereitung

Für die einzelnen Projektgruppen müssen Verantwortliche gefunden werden. Für den Zeitraum von 5 Wochen werden die Mitarbeiter regelmäßig anstelle des Gottesdienstes mit den Kindern Projektgruppenarbeit machen. Es ist sinnvoll, für den begrenzten Zeitraum zusätzliche Mitarbeiter zu gewinnen, damit Gruppen doppelt besetzt werden können und die Belastung für den einzelnen Mitarbeiter nicht ganz so groß ist.
Die Kinder werden vier Wochen vorher informiert. Gleichzeitig werden Einladungen für die Teilnahme an diesen Projektsonntagen verteilt, damit Freunde mitgebracht werden können.

Die Projektgruppen, die angeboten werden sollen, werden auf den Einladungen bekanntgegeben, so dass sich alle Kinder schon überlegen können, was sie machen wollen.

Projektgruppen

Zum Thema Schöpfung werden verschiedene Gruppen angeboten.

Tanzgruppe
Es wird ein „Schöpfungstanz" entwickelt und eingeübt. Dazu müssen eine passende Musik gefunden, eine Choreographie entwickelt und Kostüme gefertigt werden.

Theatergruppe
Zum Thema wird ein Theaterstück entwickelt und eingeübt. Dazu muss ein Text geschrieben werden, Requisiten und Verkleidungen müssen hergestellt werden. Es eignet sich die Theaterform „Schwarzlichtheater".

Musikgruppe
Verschiedene Titel können aufgegriffen, selbst geschrieben und mit den Kindern eingeübt werden. Dazu können Instrumente mitgebracht oder gebaut werden.

Naturgruppe
Die Naturforscher durchstreifen dieselbe und stellen einen Bericht über den Zustand der Schöpfung zusammen. Dazu gehört der Besuch in einem Naturkundemuseum und ein Gesprächstermin mit dem Förster im nächsten Wald.

Foto- oder Filmgruppe
Die Teilnehmer dieser Gruppe erstellen eine Reportage über die Schöpfung. Dazu stellen sie eine Dia-Serie oder eine Bildwand her oder machen einen Videofilm. Das Erlernen des Umgangs mit der Hardware gehört genauso dazu wie die Auseinandersetzung mit Umweltthemen.

Ateliergruppe
Hier wird künstlerisch gearbeitet. Je nach Neigung kann man malend, gestaltend, formend tätig werden. Die Arbeit mündet in eine Austellung im Kirchenraum.

Puppenspiel
Inhalt dieser Gruppe ist die Herstellung von Puppen und die Erarbeitung eines Theaterstückes, das vorgeführt werden kann.
usw.

Projektverlauf

Am ersten Sonntag der Projektphase gibt es einen Moment der Eröffnung im Gottesdienst, so dass die Gemeinde von Anfang an eingebunden ist. In der Folge können jeden Sonntag einzelne Mitarbeiter berichten und die Gemeinde teilhaben lassen.

Die Kids sammeln sich danach im Gruppenraum. Es gibt eine spannende Einführung in die Schöpfungsthematik (über einen Film beispielsweise). Danach stellen die Mitarbeiter der einzelnen Projektgruppen ihr Angebot lebendig vor. Die Kids ordnen sich im Anschluss den Gruppen zu und beginnen mit der Arbeit. In den einzelnen Gruppen wird immer wieder am Text gearbeitet. Dies ist notwendig, damit die Kinder für die Umsetzung in den Gruppen Ideen und Anhaltspunkte bekommen. Im Vordergrund steht aber die Arbeit am gewählten Projekt. An den folgenden Sonntagen sammeln sich die Kinder immer direkt in den Gruppen, können aber auch für die ersten Minuten im Gottesdienst sein und von der Arbeit berichten. Zuweilen kann es nötig sein, den Vormittag über die des Gottesdienstdauer hinaus zu planen auszudehnen.

Projektabschluß

Zu dem Gottesdienst wird breit eingeladen. Auch die örtliche Presse wird mit einbezogen, Plakate werden aufgehängt, Handzettel werden verteilt. Der Gottesdienst lebt von den Beiträgen der Projektgruppen. Allen Kindern wird eine Erinnerung an diese Projektarbeit mitgegeben.

Projektarbeit – Zukunft der Arbeit mit Kindern?

Die Projektarbeit wird die übliche Arbeit mit Kindern bereichern. Tatsächlich kommt sie den Kindern entgegen, die sonst nicht an den regelmäßigen Angeboten teilnehmen würden. Es bleibt abzuwarten, ob zukünftig vermehrt mit solchen überschaubaren Angeboten gearbeitet werden wird. Wichtig für mich ist, ob die Chance genutzt wird, mit den Kindern, die an einer solchen Projektphase teilnehmen, Beziehung zu knüpfen und sie die Inhalte erleben zu lassen. Dazu eignet sich eine Projektarbeit mit Sicherheit.

Projektthemen

Aus fast allen biblischen Geschichten lassen sich Projektthemen ableiten. Mit ein wenig Phantasie fällt jedem etwas ein.

Variationen

Die Möglichkeit, über einen begrenzten Zeitraum im Projektstil mit verschiedenen Angeboten zu arbeiten, bieten auch Theaterstücke oder Musicals. Auch hier können verschiedene Gruppen angeboten werden, die schließlich zu einem ganzen Gestaltungsbild zusammengefügt werden.

Soziale Projekte

Arbeit mit Kindern heißt heute, Kinder ganzheitlich zu sehen und ihnen Erlebnis- und Beziehungsräume anzubieten. Wenn ich Kinder ganz im Blick habe, kann ich an ihren Nöten und Problemen nicht vorbei. Es ist gut, diese soziale Komponente im Blick zu haben. Dies kann sich in Projekten auswirken und Folgen haben.

Hausaufgabenbetreuung

Es kann regelmäßig eine Hausaufgabenhilfe angeboten werden. Gerade die

„Elltengeneration" in der Kirche kann sich daran beteiligen, so dass genügend Mitarbeiter vorhanden sind. Aus dieser Arbeit für die Kinder entstehen Kontakte zu Kindern und Eltern.

Spielstube
In der Spielstube werden Kinder freizeitgestaltend betreut. In einer Gesellschaft, in der es üblich wird, dass beide Elterteile erwerbstätig sind, trifft ein solches Angebot eine konkrete Notlage der Kinder.

Wer mit Kindern Leben teilt, wird schnell feststellen, was Kinder brauchen. Mit einem entsprechenden Engagement kann eine Gemeinde hier eine Verantwortung im Stadtteil oder in der Nachbarschaft entdecken.

ERLEBNIS- UND BEZIEHUNGSRAUM KIRCHE

Kinder gehören vollwertig und gleichberechtigt zur Kirche dazu. Nicht nur die Kinder lernen innerhalb einer kirchlichen Kinderarbeit von Erwachsenen, auch die Erwachsenen sollen von den Kindern und ihrer Art zu glauben lernen. Dies geschieht in der Gemeindepraxis selten (siehe „Kind und Gemeinde"). Aus der Perspektive des Erlebnis- und Beziehungsansatzes betrachtet, muss sogar die Frage gestellt werden, ob die „Erwachsenen"-Kirche eher abweisende Signale den Kindern gegenüber aussendet. Fest steht: Die Kirche vor Ort muss sich fragen lassen, ob sie Erlebnis- und Beziehungsräume für Kinder bereitstellt, in denen sich die Kinder vollwertig und gleichberechtigt wohlfühlen können.
Der vermehrte Einsatz von Familiengottesdiensten muss an dieser Stelle sehr positiv bewertet werden. Zudem darf nach neuen Modellen gesucht werden, die das Miteinander Leben und Glauben von Kindern und Erwachsenen in der Kirche möglich machen.
Die Gestaltungselemente „Kids in der Kirche" wollen dazu einen Beitrag leisten.

Inhalt

Kids in der Kirche 190
Gemeinsam Singen 190
Kreativ für Kids 190
Kreativ mit Kids 192
Aktionen mit Medien 195
Spielerische Elemente 169
Sonstige Aktionen 198
Theater für Kinder/mit Kindern 199
Aktionen für alle 199
Anteil nehmen an den Kids 201

Kids in der Kirche

Wenn Kinder vollwertig und gleichberechtigt zur gesamten Gemeinde dazugehören, dann muss sich dies zeigen. Dann muss es Gelegenheiten und Momente geben, in denen sich Kinder, Erwachsene und Senioren begegnen und miteinander Gemeinde und Gemeinschaft leben. Dies passiert bedauerlicherweise eher selten. Gerade in der zentralen Veranstaltung der Gemeinde vor Ort, dem Gottesdienst, sind die verschiedenen Altersgruppen fein säuberlich getrennt. Das kann nicht der optimale Zustand sein (siehe auch: „Kind und Gemeinde", S. 21). „Kids in der Kirche" ist eine Sammlung von methodischen Gestaltungselementen, die dazu genutzt werden können, eine kurze Zeit im sonntäglichen Gottesdienst gemeinsam mit allen zu gestalten. Üblicherweise hat ein solches Gottesdienstelement für alle seinen Platz am Anfang der Veranstaltung. Dabei sind nicht die Kids diejenigen, die zur Freude der sonstigen Gemeinde aktiv werden, sondern alle sollen mit eingebunden werden. Auf dem Weg hin zu einer Gemeinde für alle, die im sonntäglichen Gottesdienst ihren ganz eigenen Ausdruck findet, mag dies ein weiterer Schritt sein. Dennoch ist mit den Aktionen sensibel zu verfahren. Nicht selten empfindet die restliche Gemeinde die Aktionen mit den Kids als störend. Es dauert eine Weile, bis sich eine Gemeinde an ihre Gesamtheit gewöhnt hat.

Im „Markt der Möglichkeiten" sind die methodischen Elemente, die sich für eine Verwendung im Gottesdienst eignen, mit „Kids in der Kirche" gekennzeichnet. Sie werden im Folgenden ebenfalls mit aufgegriffen und kurz erläutert.

Gemeinsam singen

In vielen Gemeinden hat es sich eingebürgert, mit den Kindern (und den Erwachsenen) ein Lied (häufig mit Bewegungen) zu singen. Es würde den Rahmen dieses Arbeitsbuches sprengen, wollte ich auch nur eine Auswahl dieser Lieder aufführen. Deshalb nur eine Liste von Liederbüchern, die Kinderlieder (mit Bewegungen) enthalten.

– U.Gohl, G.Mohr, Jesus erzählt von mir und dir. Spiellieder und Singspiele zur Bibel, Verlag Junge Gemeinde 1994
– D.Kallauch, Papa, du bist der Allerbeste, Volltreffer Kinderliederheft (auch als Kassette erhältlich), Oncken Verlag
– H.Heizmann, Bärenstark und kinderleicht, Neue Kinderlieder, Hänssler music Verlag
– K.Heizmann, Klein, aber oho!, Neue Kinderlieder, Musikverlag Klaus Gerth 1995
– L.+D.Jöcker, 1,2,3 im Sauseschritt, Menschenkinder Musikverlag
– ders., Licht auf meinem Weg, Menschenkinder Musikverlag
– ders., Heut ist ein Tag, an dem ich singen kann, Menschenkinder Musikverlag

Kreaktiv für Kids

Die Aktionen stellen mehr oder weniger eine klassische Form der Beteiligung der Kinder im Gottesdienst dar. Ein Mitarbeiter liest oder erzählt eine Geschichte für die Kinder.

Folge-Geschichte
Über einen längeren Zeitraum werden Sequenzen einer zusammenhängenden Geschichte erzählt. Dazu wird ein Bild oder eine Collage erstellt, die mitwächst

Verfremdete Geschichte
Die Geschichten werden verschlüsselt oder verfremdet erzählt und müssen dann erraten werden.
Thema: Der barmherzige Samariter
Text: Lukas 10, 25-37
Geschichte: „Ein Esel erlebt einen Raubüberfall auf offener Strasse. Die Verbrecher konnten entkommen. Bis heute fehlt jede Spur. Als Zeugen konnten vernommen werden: ein hoher geistlicher Würdenträger..."

Tagesschau
Die Geschichte wird als eine Nachricht in der Tagesschau verlesen oder in einem Interview dargestellt.

Die Speisung der Fünftausend
Text: Markus 6, 30-44
Nachricht (am Schreibtisch mit Telefon): „Israel. Die Lösung der Welthungerproblematik steht kurz bevor. Wie erst soeben gemeldet wurde, hat der Wanderprediger Jesus aus Nazareth mit einer Handvoll Broten und einigen Fischen 5000 Menschen ernährt. Wir sprechen live mit unserem Korrespondenten vor Ort..."

Nachrichtensendung (S. 91)
Die erarbeitete Tagesschau kann in einem Gottesdienst oder nach einem Gottesdienst vorgestellt werden. Alle kommen und schauen zu.

Comic-Sequenzen
Inzwischen gibt es auf dem christlichen Sektor einige gute Comic-Hefte mit biblischen Geschichten. Die entsprechende biblische Geschichte kann in Einzelbilder zerlegt und groß-kopiert werden. Es gibt verschiedene Möglichkeiten, die Geschichte dann zu präsentieren:
a. Die Einzelbilder werden gezeigt
b. Es wird ein Fernseher aus einem großen Karton gebaut. Die Bilder werden dann nacheinander in die „Mattscheibe" eingelegt.
c. Die Bilder werden aneinandergetackert, an einem Aufroll- und Abrollmechanismus angebracht und ab- bzw. aufgerollt (auch im „Fernseher" denkbar)
Unter Großcomics (S. 112) finden sich einige Buchtips für gutes Ausgangsmaterial

Schlüsselwortgeschichte
Mit Musikinstrumenten/Geräuschen/Bewegungen wird auf Wörter/Personen im gelesenen Text reagiert.

Der Knecht des Hauptmanns wird geheilt
Text: Matthäus 8,5-13
Aktionsthema: Glauben
Die Kinder bekommen Musikinstrumente und werden gebeten, beim Wort „Glauben" mit den Musikinstrumenten zu reagieren. Damit eine belebtere Aktion möglich ist, kann der Text frei formuliert werden und das Schlüsselwort kann dabei häufiger verwendet werden.

Hörspiel
Der Text kann zu einem kurzen Hörspiel umfunktioniert werden und für die Kinder/mit den Kindern gelesen werden (es können Geräusche von den Kindern gemacht werden).

Geräuschmontage
Das Hörspiel, das die Kids fabriziert haben, wird zum Ende des Gottesdienstes vorgespielt.

Kreaktiv mit Kids
Es wird weniger etwas für die Kinder als vielmehr etwas mit den Kindern gemacht.
Symbolisieren und Visualisieren
Um für Kinder (und Gemeinde) die Thematik oder den Text lebendiger werden zu lassen, wird in den folgenden Vorschlägen und Ideen zumeist nach einem grundlegenden Prinzip gearbeitet. Der Text oder die Thematik wird (vereinfacht) visualisiert und/oder symbolisiert. Dabei wird ein Bild aus dem Text oder der Thematik herausgegriffen oder ein Symbol gewählt, mit dem dann kreativ und/oder interaktiv gearbeitet werden kann. Fast jeder Text und jede Thematik bietet ein solches Symbol oder ein Bild, das in den fünf Minuten mit Kindern Verwendung finden kann.

Bild malen lassen
Die Kids bekommen Stifte/Fingerfarbe/Kreide/Farbpinsel und sollen auf einem geeigneten, frontal angebrachten Untergrund ein Bild entstehen lassen oder ein Symbol malen.

Puzzle erstellen lassen
Ein Bild oder ein Symbol wird groß-kopiert und in Puzzleteile zerschnitten. Diese Puzzleteile werden vor Gottesdienstbeginn im Raum versteckt. Die Kids suchen die Teile und setzen das Puzzle vorne auf einer frontalen Fläche zusammen (kleben/tackern/aufhängen). Auch die Textlesung kann als Puzzle zuerst gesucht und zusammengesetzt werden.

Collage erstellen

Gleiches System wie das Puzzle. Das Bild/das Symbol wird dabei aber nicht in festgefügte Puzzle-Elemente zerlegt, sondern in beliebige Teile, die (gesucht und) frontal zusammengesetzt werden. Zur Verwendung kommen Pappe, Holz oder Styropor.

Seht die Blumen auf dem Felde
mögl.Text: Matthäus 6,24-33
Aktionsthematik: Wir lassen Blumen entstehen
a) Aus verschiedenen Blumen-Einzelelementen (Blüten/Blätter/Stengel) wird auf einer vorbereiteten Unterlage die Gesamtblume frontal zusammengesetzt.
b) (Aktion mit der Gesamtgemeinde) Aus Papierservietten und Pfeifenputzern sollen Blumen gebastelt werden. Anschließend wird vorne ein großer Blumenstrauss erstellt.

Baum
Aus verschiedenen Baum-Einzelelementen (Stamm/Äste/Blätter/Früchte) wird auf einer vorbereiteten Unterlage der Gesamtbaum zusammengesetzt.

Ernte-Dank
Aktionsthema: Gaben-Korb wird zusammengesetzt
Obst/Gemüse/Brot u.a. ausschneiden und in einen Korb einkleben

Arche Noah
Text: 1.Mose 6,5 – 7,24
Aktionsthematik: Tiere zusammensetzen
Verschiedene Tiere werden aus Einzelteilen vorne zusammengesetzt (Pappe/Holz/Styropor)
Aktionsthematik: Alle Tiere in die Arche
In ein vorbereitetes Schiff aus Pappe werden Tiere eingeklebt.

Verheißung Gottes
mögl.Text: 1.Mose 15,1-7
Aktionsthema: Sterne der Verheißung an den Himmel werfen
Mit den Kindern (und der Gemeinde) Aussagen sammeln zu der Frage: Welche Zusagen hat Gott den Menschen gemacht? Die Aussagen werden kurz zusammengefaßt auf (vorbereitete) Sterne geschrieben. Es gibt mehrere Möglichkeiten, die Verheißungssterne an den Himmel zu bringen.
a) Himmel erstellen aus blauen Krepp-Papier-Bahnen/blau eingefärbten Tüchern oder Gardinen/blauem Pappkarton und vorher anbringen; gelbe/goldfarbige Papp-Sterne aufbringen.
b) Front-Aktion mit dem Overhead-Projektor: Tageslichtschreiber-Folie blau bemalen und auflegen. Einige Sternenformen dabei unbemalt lassen. An die Wand oder die Decke projizieren und die Zusagen eintragen.

Gemeinde
Aktionsthema: Hausbau
Mit Steinen aus Styropor oder Kartons wird die Gemeinde gebaut. Auf die Steine können Arbeitskreise/Gemeindeveranstaltungen/Namen geschrieben werden.
Text: 1.Korinther 12,12-20
Aktionsthema: Körperbau
Aus verschiedenen Körperteilen wird ein Körper frontal zusammengesetzt. Die einzelnen Körperteile können mit Namen der Kinder beschriftet werden.

Turmbau zu Babel
Text: 1.Mose 11
Aktionsthema: Turmbau

Kampf um Jericho
Text: Josua 2 und 6
Aktionsthema: Wir lassen eine Mauer einstürzen

Jesus als Hirte
Text: Lukas 15,1-7
Aktionsthema: Wir basteln Schafe
Pappschaf ausschneiden und aufstellen. Mit Wattebäuschen bekleben lassen.

Bei Jesus bleiben
Text: Johannes 15,1-8
Aktionsthema: Weinreben an den Weinstock bringen
Weinstock ausschneiden. Mit gefärbten Wattebällchen bekleben lassen.

Szenario erstellen

Im Gegensatz zum Puzzle und zur Collage, die eher zweidimensional aufgebaut sind, hat das Szenario einen dreidimensionalen Aufbau. Es wird ein Bild (Szenario) erstellt, in dem dann auch eine Handlung passieren kann. Neben Materialien wie Pappe, Styroporplatten und -kugeln, Holz, Pappmaschee können auch Menschen in dieses Bild eingebaut werden. Dabei übernehmen sie eine figürliche Funktion oder werden gegenständlich (als Baum/Strauch/Boot/Haus etc.) verwendet.

Schöpfung
Text: 1.Mose 1
Aktionsthema: Wir erstellen ein Schöpfungsszenario
Sonne, Mond und Sterne werden an einen Himmel gehängt, Blumen werden zusammengepuzzelt, Fische auf einer Wasserfläche angebracht, Menschen als Tiere, Bäume und Sträucher eingebaut. Zwei Kinder werden Adam und Eva.

Aktionen mit Medien

Die „medialen" Aktionen basieren ebenfalls auf dem System von Visualisierung und Symbolisierung. Bild oder Symbol entstehen aber nun mit Hilfe von Tageslichtschreiber, Dia-Projektor etc.

Tageslichtschreiber

Bild auf dem Tageslichtschreiber ausmalen lassen
Ein Bild/ein Symbol wird in den Umrissen vorgegeben und wird von den Kindern ausgemalt.

Bild aus farbigen Folien auf dem Tageslichtschreiber puzzeln lassen
Gelingt bei einfachster Verbildlichung oder Symbolisierung.

Bildbetrachtung/Bildergeschichte
Ein Folienbild wird zu einer Geschichte betrachtet oder es wird mit verschiedenen Folienbildern eine Geschichte erzählt.

Bilderbuchgeschichte
Es ist unter Umständen möglich, einfache Comicbilder auf Folie zu kopieren und vorzuführen.

Detailgeschichten
Auf den Tageslichtschreiber werden Details aus Geschichten gemalt. Die Geschichte muss erraten werden.
FOLIEN-BILDER (S. 97)

Dia Projektor

Dias malen
Auf leere Diarähmchen werden Bilder oder Symbole der Geschichte gemalt und vorgeführt. Man kann die Kinder auch die Bilder malen lassen.
RUSS-DIAS (S. 97)

Fernseher

Es kann ein kurzes Video gedreht werden oder ein Ausschnitt aus einer Sendung gezeigt werden.

Spielerische Elemente

DALLI-KLICK
Ein Bild oder ein Symbol wird groß-kopiert und mit einem zweiten, zerschnittenen weißen Blatt bedeckt, das in Einzelteilen entnommen werden kann. Das Bild wird frontal angebracht (es empfiehlt sich die Verwendung eines stabilen Holzrahmens mit aufklappbaren Deckelementen, der mehrfach verwendet werden kann). Nacheinander werden einzelne Teile des Deckblattes weggenommen bis das untere Bild erraten werden kann.
Dalli-Klick (S. 119)

DOMINO
Die Kinder erhalten überdimensionale Dominosteine aus Pappe, auf denen zwei Bilder der anstehenden Thematik aufgemalt/geklebt sind. Die Steine werden vorne zu einer Dominoschlange zusammengesetzt (aufgeklebt).
Auch als methodisches Element verwendbar

KREUZWORTRÄTSEL
Auf eine Tapete wird ein Kreuzworträtsel mit Begriffen des Themas gemalt. Die Kinder füllen das Rätsel.
Kreuzworträtsel (S. 102)

GALGENMÄNNCHEN
Ein Satz oder ein Begriff muss durch Zuruf von Buchstaben erraten werden. Der Begriff ist mit Leerfeldern auf einer Pappe oder auf einer Tapete sichtbar.
Galgenmännchen (S. 105)

MEMORY
Bilder oder Symbole der Thematik werden paarweise groß-kopiert, auf Pappe geklebt und frontal befestigt. Die Kinder kommen nach vorne und versuchen, die Paare zu finden.
Memory (S. 115)

THEMA VERSENKEN
Auf einem großen verdeckten Spielraster müssen Symbole oder Bilder, die auf das Thema oder die Geschichte hinweisen, gefunden werden. Die Kids und die restliche Gemeinde spielen mit.
Thema versenken (S. 102)

BILDERRÄTSEL
Ein überdimensionales Bilderrätsel wird von den Kids gelöst und weist auf das Thema oder die Geschichte hin. Alle können das Rätsel auf einer Tapete sehen.
Bilderrätsel (S. 105)

WORTSUCHRÄTSEL
Verschiedene Begriffe, die auf das Thema hinweisen, müssen aus einem überdimensionalen Buchstabenraster herausgefunden werden. Die Kids spielen und der Rest hilft. Das Rätsel ist dabei für alle sichtbar auf einem großen Stück Tapete.
Wortsuchrätsel (S. 105)

BUCHSTABEN FINDEN
Große Buchstaben für ein Schlüsselwort sind im Gottesdienstraum versteckt. Unter Mithilfe der restlichen Gemeinde suchen die Kids die Buchstaben und setzen sie vorne zusammen.
Buchstaben finden (S. 107)

VERSCHLÜSSELTE BOTSCHAFT
Ein verdrehter Satz muss mit Hilfe der gesamten Gemeinde gelöst werden. Der Satz steht für alle sichtbar auf einem großen Stück Tapete.
Verschlüsselte Botschaft (S. 107)

LÜCKENTEXT
In einem Text, der für alle lesbar ist (Tapete oder Overhead-Projektor) fehlen einige Wörter. Die Kids suchen Zettel mit Lösungswörtern im Gottesdienstraum und vervollständigen mit der Hilfe der restlichen Gemeinde den Text.
Lückentext (S. 107)

LABYRINTH (S. 108)
Wird überdimensional groß von den Kids gelöst.

SPINNENNETZ (S. 109)
Wird überdimensional groß von den Kids gelöst.

SPIELPLAN
Es wird ein einfacher Spielplan mit Ereignisfeldern auf eine Tapete gezeichnet und auf einem Styroporuntergrund befestigt. Die Spielfiguren können aus Pappe gebastelt und auf Zahnstochern befestigt werden. Der Spielplan hängt frontal, die Figuren werden eingestochen. Die Kinder würfeln sich einen Weg durch die Geschichte und erleben Ereignisse.

Der vierfache Acker
Text: Matthäus 13,1-23
Aktionsthema: Saat und Erntespiel
Es wird ein großer Spielplan mit ca. 30 Feldern gemalt. Zwölf Felder werden als Ereignisfelder markiert. Zwei Gruppen spielen gegeneinander. Mit einem großen Schaumstoff-Würfel wird gewürfelt.
Ereignisfelder:
1. Der Same wurde von den Vögeln gefressen – zum Anfang zurück
2. Das Saatgut ist ausgegangen – 3 Felder zurück
3. Die Vogelscheuche hat geholfen – 2 Felder vor

4. Du musst einen großen Stein aus dem Acker entfernen – es geht nur mit einer geraden Zahl weiter
5. Heute ist Ruhetag – 1mal aussetzen
6. Seit das Feld gedüngt wurde, wächst die Frucht noch besser – noch einmal würfeln
7. Du musst Dornen und Unkraut entfernen – 1 mal aussetzen
8. Heute hilft dir jemand bei der Arbeit – rücke drei Felder vor
9. Eine Krankheit des Getreides muss bekämpft werden – 1 mal aussetzen
10. Es hat lange nicht geregnet, das Wachstum hat sich verzögert – 3 Felder zurück
11. Die neue Scheune wurde rechtzeitig fertig – 2 Felder vorrücken
12. Du musst Erntehelfer anheuern, das kostet Zeit – 2 Felder zurück
(Spielidee: A. Els)
Würfel-Spiel (S. 124)

Sonstige Aktionen
Einige Ideen, die den vorangegangenen Rubriken nicht zuzuordnen waren.

GEGENSTÄNDE ANGELN
Berufung des Petrus
Text: Lukas 5,1-11
Aktionsthema: Es sollen Menschen geangelt werden
Fische aus buntem Karton ausschneiden und eine Büroklammer in ihr Maul stecken. Einen großen Karton als Aquarium bereitstellen. Angelschnüre mit Magneten versehen.
Die Kinder (und die Gemeinde) beschriften Fische mit Erfahrungen, bei denen Menschen andere Menschen brauchen. Die Fische kommen ins „Aquarium". Ein Kind nach dem anderen angelt einen Fisch und liest den Text.
Angeln (S. 83)

LUFTBALLONS
Den Vers des Sonntags in einzelne Schnipsel schneiden und in Luftballons tun. Aufblasen. Platzen lassen und die Kinder den Vers zusammensetzen lassen.

GEHEIMSPRACHE
Ein Textwort oder ein Vers des Textes wird in Geheimschrift (auf Pappe/mit Tageslichtschreiber) auf die Wand gebracht. Mit Hilfe eines Lösungscodes soll der Vers entschlüsselt werden.
Geheimschrift (S. 107)

Theater für Kinder/mit Kindern

Theater für Kinder und mit Kindern nimmt zumeist einen zeitlichen Rahmen ein, der nicht in die 5 Minuten mit Kindern im Gottesdienst passt. Dennoch lassen sich ein kurzes Anspiel, eine dialogische Szene oder eine Pantomime für die Kinder in diesem Rahmen vorbereiten. Folgende theatralische Elemente sind möglich:

BIBLIODRAMA
Problemorientiertes Anspielen der biblischen Situation. Für die Kids wird eine kurze Sequenz gespielt.
Rollenspiel (S. 132)

SPONTANTHEATER
Ein kurzer Dialog wird schriftlich vorbereitet und kopiert. Einzelne Gemeindeglieder lesen und spielen spontan den Dialog für die Kids / die Kids spielen spontan den Dialog.
Stegreifspiel (S. 132)

STANDING IMPRESSIONS
meint: Lebendige Dias. Einige Szenen der Geschichte werden als Standbilder mit Personen umgesetzt. Die Standbilder werden dargestellt (ähnlich wie beim Dia: Standbild darstellen, Vorhang vor, Vorhang auf, neues Standbild ist aufgebaut, Vorhang vor, Vorhang auf, neues Standbild ist aufgebaut usw.)
Standbilder (S. 131)

KASPERLE-THEATER
Mit Kasperlefiguren wird eine kurze Sequenz für die Kids angespielt.

BAUCHREDNERPUPPE
Eine Puppe erzählt eine kurze Geschichte (ist meistens auch dann schon eindrücklich, wenn das Bauchreden nicht klappt – verstellte Stimme).

Aktionen für alle

Unter diesen Vorschlägen finden sich die Ideen zur Gottesdienstgestaltung, die nicht im eigentlichen Sinne die Kinder im Auge haben, sondern von der Beteiligung der gesamten Gemeinde leben.

VERNETZUNGSAKTION SPINNE
Gemeinde als vernetztes Ganzes
Mehrere Wollknäuel durch den Gemeinderaum werfen: Wer immer eins auffängt, hält den Faden fest, wirft das Knäuel aber weiter. So vernetzt sich nach und nach die gesamte Gottesdienstgemeinde.

GERÄUSCHE-CHOR
Mit Geräuschen kann das Szenario, in dem die Geschichte spielt, nachgestellt werden.

Sturmstillung
Text: Markus 4,35-41
Aktionsthema:Schifffahrt
Geräusche:
Wind – Handflächen aufeinander reiben
Wellen – Rauschen mit der Stimme nachstellen („Schschschsch" lauter/leiser)
Dampfer – lautes „Tuuuut"
Kapitän – ruft: „Steuer backbord"
Seekrankheit – Würggeräusche
Mannschaft – ruft „Mann über Bord"
Möwen – kreischen („Argh" mit hoher Stimme)
Die Geräusche werden nacheinander zu einer Geräuschkulisse addiert.

Sturm entsteht
Geräusche:
Wind – Handflächen aufeinader reiben
Regentropfen – leises/lauteres Schnippen mit den Fingern
Regen – leises/lauteres schnelles Händeklatschen
Blitz – auf Signal klatschen alle in die Hand
Donner – trampeln mit den Füssen
Die Geräusche werden nacheinander von der ganzen Gemeinde gemacht, so dass sich ein Gewitter aufbaut

Tier-Geräusche
Kommen in der Geschichte Tiere vor, kann man einen Geräusch-Chor mit Tier Geräuschen erstellen (Bauernhof-Szenario/Zoo-Szenario)

WEITERREICHEN
Ein Gegenstand oder ein Symbol wird unter gewissen Vorbedingungen weitergereicht oder ausgeteilt
BEDINGUNGEN
An das älteste/jüngste Gemeindeglied etc.

ASSOZIATIONSKETTE
Die Gemeinde wird in zwei Gruppen geteilt. Ein Begriff wird genannt. Abwechselnd müssen die Gruppen zu diesem Schlagwort weitere Begriffe nennen. Wer keinen Begriff mehr weiß, hat verloren.
Assoziationskette (S. 119)

SONNTAGSMALER
Die Erwachsenen malen im Stil von „Montagsmaler" einige Schlüsselbegriffe, die von den Kids geraten werden müssen.
Montagsmaler (S. 119)

QUIZ-SHOW
Die Gottesdienstgemeinde wird samt Kids für 10 Minuten in zwei Mannschaften geteilt und muss wechselweise Fragen zum Thema beantworten. Dazu wird eine große Quiztafel vorbereitet, die alle sehen können.
Quiz-Show (S. 123)

KNUBBEL (S. 124)
Wir spielen Knubbeln mit der ganzen Gottesdienstgemeinde.

DINGSDA-SPIEL (S. 128)
Wir teilen die Gottesdienstbesucher in zwei Gruppen und spielen Dingsda.

Anteil nehmen an den Kids

BILDER-FOLGE (S. 84)
Die Bilderfolge wird zum Ende des Gottesdienstes vorgestellt.

VIDEOFILM (S. 85)/FILMCOLLAGE (S. 85)
Zum Ende des Gottesdienstes oder im Anschluss an den Gottesdienst gibt es eine Filmvorführung bei den Kids, zu der alle anderen kommen.

INFOPLAKAT (S. 89)
Das Infoplakat wird im Gemeinderaum aufgehängt

GALERIE (S. 89)
Die Gemeinde wird im Anschluss an den Gottesdienst zu einem Besuch in der Galerie eingeladen. Dazu gibt es eine kurze Eröffnungsansprache, Orangensaftempfang und Künstlerinterviews.

ZEITUNG (S. 90)
Die Wandzeitung wird im Gemeinderaum ausgehängt. Die Zeitung wird kopiert und für eine Spende zugunsten der Arbeit mit Kindern nach dem nächsten Gottesdienst verkauft.

WAHLKAMPF (S. 93)/DEMONSTRATION (S. 93)
Die Kids wandern auf ihrer Demonstration während des Gottesdienstes durch den Gottesdienstraum (vorher absprechen) oder warten zum Ende des Gottesdienstes am Ausgang. Die Wahlkampfplakate werden im Gottesdienstraum ausgestellt.

KREATIVES GESTALTEN (S. 95)
Die Ergebnisse werden im Gottesdienstraum oder im Vorraum ausgestellt und präsentiert.

GUCKKASTEN (S. 101)
Am Ende des Gottesdienstes darf gegen eine wohlwollende Spende in den Guckkasten geguckt werden.

KIM-GESCHICHTE (S. 113)
Auch die Erwachsenen dürfen nach dem Gottesdienst mal kosten, fühlen oder riechen.

DENKMAL (S. 131)
Die Kids stellen eine Denkmallandschaft vor dem Gottesdienstraum auf.

Special: Elternarbeit

Ohne die Zustimmung der Eltern kann keine Arbeit mit Kindern auf Dauer Bestand haben. Die Zustimmung der Eltern, dass die Kinder die Angebote besuchen können, sind minimale Ausgangsbasis; die Unterstützung der Eltern, die für die eigenen Kinder Fahrtdienste leisten und sich an den verschiedenen Stellen an der Arbeit beteiligen, ist beinahe der Garant für eine kontinuierliche Arbeit. Fest steht: Ohne Eltern geht es nicht!

Informieren

Die Eltern wollen wissen, was abgeht. Deshalb müssen sie informiert werden. Wichtig ist, dass die Informationen eindeutig, gut verständlich und klar sind.

Programme
Die anstehenden Veranstaltungen werden in einer guten Regelmäßigkeit (alle 12 Wochen) als Programmübersicht den Kindern mitgegeben oder zugeschickt. Die Eltern werfen dann mit Sicherheit einen Blick darauf.

Handzettel
Auf besondere Veranstaltungen wird in Form eines Handzettels, der den Kids mitgegeben wird, hingewiesen. So wissen die Eltern, wann was läuft.

Zeitung
Eine Jungschar-Zeitung kann verfasst werden. In regelmäßigen Abständen kann darin über Ereignisse, Neuigkeiten etc. berichtet werden.

Präsenz
Zu den Schlüsselzeiten (Anfahren und Abholen) stehen die Mitarbeiter für Fragen zur Verfügung oder übermitteln Informationen.

Informationsabend
In regelmäßigen Abständen wird ein Abend oder Nachmittag für die Eltern eingerichtet. Dort werden Informationen ausgetauscht und die Mitarbeiter berichten von der Arbeit.

Telefon
Die Eltern haben die Möglichkeit, bei einem Mitarbeiter anzurufen, wenn es dringende Informationen gibt. Dazu kann auch eine Telefonkette zwischen den Eltern eingerichtet werden.

Schwarzes Brett
Im Eingangsbereich der Kirche oder auf dem Weg zum Treffpunkt der Kinder wird

eine Tafel oder eine Pinnwand aufgestellt, auf der Informationen angeheftet werden können.

Informationsbroschüre
Für die Eltern der Kinder, die neu dazukommen, wird eine Informationsbroschüre zusammengestellt, die Infos über die Kirche und die Arbeit mit den Kids enthält.

Interessieren

Die Übermittlung von Informationen ist die Basis der Arbeit mit den Eltern. Mehr ist wünschenswert. Dazu muss bei den Eltern ein Interesse für die Arbeit geweckt oder verstärkt werden. Aus dem Interesse entsteht nicht selten die Bereitschaft, sich aktiv zu beteiligen.

Dokumentation
Die Aktionen mit den Kids werden fotografiert, gefilmt oder sonstwie dokumentiert.

Bildwände
Mit den Bildern lassen sich Bildwände gestalten, die den Eltern zugänglich gemacht werden. Die Bildwände werden auch in anderen Veranstaltungen ausgestellt, um Interesse zu wecken.

Dia- oder Filmabend
Die Dias oder Filme lassen sich an einem Abend vorführen.

Bildredaktion
Die Eltern bekommen zu Festtagen ein Bild von ihrem Kind in der Gruppe geschenkt.

Eltern-Schaukasten
Mit den Bildern kann ein Elternschaukasten gestaltet werden, der im Eingangsbereich aufgehängt wird.

Ausstellung
Die „Arbeitsergebnisse" der Kids werden im Eingangsbereich oder in anderen Veranstaltungen ausgestellt.

Tag der offenen Tür
Die Eltern werden eingeladen, an einer Stundengestaltung teilzunehmen.

Themenabende
Zum Thema „Erziehung" oder zu anderen relevanten Themen wird ein Referent eingeladen.

Integrieren
Die Eltern nehmen mit den dazu vorhandenen Möglichkeiten an der Arbeit mit ihren Kindern teil. Es ist dabei auch möglich, die Eltern in die Veranstaltungen der Kirche einzuladen.

Sitzecke
Der Heimweg für die Eltern, die ihre Kids fahren, lohnt manchmal nicht. Es können Kaffee und Kekse in einer Sitzecke für diese Eltern bereitgestellt werden.

Aufgaben delegieren
Viele Eltern sind bereit, sich an Aktionen zu beteiligen. Dazu müssen Möglichkeiten bestehen. Vergeben werden können Kuchenbackdienste, Salatmachdienste, Fahrdienste, Begleitdienste bei Tagesveranstaltungen, Wochenenden oder Freizeiten, Mitarbeit an einer Info-Zeitschrift, Mitarbeit in der Dokumentation der Arbeit, organisatorische Aufgaben, etc.

Veranstaltungen
Es werden gemeinsame Veranstaltungen angeboten, zu denen die Eltern eingeladen werden.

Familiengottesdienste
Zu besonderen Festtagen oder einfach zwischendurch. Wenn der Sprössling mitmacht, fehlen die Eltern selten.

Picknick
Im Sommer wird anstelle einer Nachmittagsgestaltung zum Picknick eingeladen.

Feste feiern
Dazu bieten sich etliche Gelegenheiten an.

Als Literatur kann ich empfehlen:
– W.Bort-Gsella, Lebendige Elternarbeit, Ökotopia Verlag

Der Autor:

Michael Jahnke,
Jahrgang 1967, Studium zum Diplom-Pädagogen mit den Schwerpunkten Sozial-, Spiel- und Freizeitpädagogik an der Uni Köln; studienbegleitende Arbeit in sozialpädagogischen Kinder- und Jugendprojekten; seit 14 Jahren in verschiedenen Bereichen der Jugendarbeit tätig, als Gründer des „Projekt Kreativ" u.a. Durchführung von Schulungen, Seminaren und Projekten; z.Zt. Referent für missionarische Arbeit mit Kindern und Jugendlichen bei der Evangelisch methodistischen Kirche in Frankfürt/Südwest.

Der Zeichner:

Daniel Franke,
Jahrgang 1979, geht in Frankfurt zur Schule, zeichnet für die Bibellese „pur" und sucht seine Zukunft im zeichnerischen Bereich.

Im gleichen „Format" bereits erschienen...

Michael Jahnke
Patrick Depuhl

Jugendarbeit kreaktiv

240 Seiten; Paperback
ISBN 3-7615-4906-7
Best.-Nr. 154 906

Jugendarbeit kreaktiv:
Es ist toll, was sich Michael Jahnke und Patrick Depuhl hier geleistet haben.

Jugendarbeit kreaktiv...
...weist nach vorne und bereichert den, der sich darauf einläßt, auf allen Ebenen: persönlich, geistlich, geistig und natürlich in bezug auf die eigene Jugendarbeit.
Mein Urteil: Dieses Buch ist ein Muß. Für jeden, der Jugendliche gern hat und ihnen das Beste nicht vorenthalten will.
Denn schließlich hat jeder, auch der heutige Jugendliche, ein Menschenrecht darauf, Jesus zu kennen. Und wir haben die Verpflichtung, ihm Jesus nicht zu vergraulen, sondern mit allen Mitteln der Kunst lieb zu machen. Mit der Phantasie der Liebe und der Begeisterung, die dann entsteht, wenn man wirklich von der Sache überzeugt ist.
Jugendarbeit kreaktiv. Hier lernen wir nicht nur Wie, sondern auch Was, Warum, Womit, Wozu und vieles mehr. Wow!

Aus dem Vorwort von Roland Werner

Aussaat Verlag · Neukirchen-Vluyn